Malve Gräfin Rothkirch
Der »Romantiker«
auf dem Preußenthron

Kronprinz Friedrich Wilhelm von Preußen
Büste von Christian Daniel Rauch

Friedrich Wilhelm IV. im August 1850:
»Sprechen Sie mir nicht – norddeutsch sentimental – von
der Wahrheit, die sich doch Bahn bricht! Gottes Ordnung ist
wohl, daß die Wahrheit im Bettlergewande siegt, aber nicht –
im Narrenkleide.«

Malve Gräfin Rothkirch

Der »Romantiker«
auf dem Preußenthron

Porträt
König Friedrich Wilhelms IV.

Droste Verlag

Abbildungen:
Zeitgenössische Quellen und
aus Privatbesitz

Für Hilfen zu diesem »Porträt Friedrich Wilhelms IV.« danke ich vor allem
meinem Mann und
dem väterlichen Freund Fürst Wolodja Tschelistscheff,
dazu Herrn Brinks,
Frau Dipl.-Bibl. Büchler,
Herrn Dr. Valentin v. Massow
für die Beschaffung schwer zugänglicher Unterlagen.

Dem besonderen Einsatz von
Herrn Dr. Lotsch,
Frau Ahlertz und
Frau Lehmann
vom Droste-Verlag verdanke ich die Herausgabe meiner Arbeit.

CIP-Titelaufnahme der Deutschen Bibliothek

Rothkirch, Malve Gräfin:
Der »Romantiker« auf dem Preußenthron: Porträt König
Friedrich Wilhelm IV., 1795–1861 / Malve Gräfin Rothkirch. –
Düsseldorf: Droste, 1990
ISBN 3-7700-0800-6

© 1990 Droste Verlag GmbH, Düsseldorf
Schutzumschlagentwurf: Helmut Schwanen
Gesamtherstellung: Ebner Ulm
ISBN 3-7700-0800-6

Inhalt

An die Leserinnen und Leser

Die bisher veröffentlichten Bewertungen des Lebens Friedrich Wilhelms IV. ergeben zusammengenommen ein unstimmiges Bild. Viele dieser Darstellungen wirken sogar wie Karikaturen aus dem »Kladderadatsch«, jenes 1848 von David Kalisch in Berlin begründeten Wochenblattes, das seinerzeit insbesondere gegen die Politik Preußens und seines Monarchen polemisierte.

Gegenüber solchen Zerrbildern, mit denen einige herausragende wissenschaftliche Darstellungen insbesondere der jüngsten Zeit kontrastieren, möchte das vorliegende »Porträt« den König gleichsam entzerrt, vor allem aber ihn als Menschen zeigen. Deshalb läßt die Autorin die Unmittelbarkeit von Briefen und Zeugnissen von ihm selbst und auch von Personen, die ihn aus nächster Nähe miterlebten, den Vorrang. Dabei ließ sie sich leiten von einem Gedanken des preußischen Reformers Freiherrn v. und zum Stein: »Mit dem Innern der vaterländischen Geschichte wird man nur durch das Lesen der Zeitgenossen bekannt.«

So entstand eine Lebensgeschichte, die bewußt das Zeugnis der Zeitgenossen respektiert und sich so als Forum für die unmittelbare Begegnung mit Geist, Erlebniswelt und Sprache jener Epoche deutscher Geschichte versteht.

Beim Auswählen und Kürzen der Zitate war sich die Autorin der Fragwürdigkeit, historische Objektivität und Distanz möglichst wahren zu können, sehr wohl bewußt. Getrost wählte sie dennoch aus, was ihr persönlich zur Porträtierung des »Romantikers auf dem Preußenthron« wesentlich erschien. Dabei nahm sie sich nicht vor, das Wirken und Reagieren Friedrich Wilhelms – das mit dem Historiker Treitschke von vielen als »rätselhaft« empfunden wird – »enträtseln« zu wollen, sondern vielmehr einen Zugang zum Verständnis seines Wesens, seines Handelns und seines tragischen Schicksals zu suchen. Was sie auf diesem Weg fand, die Entdeckung persönlicher Tiefen inmitten der Überlieferung allgemeiner, politischer Vergangenheit, möchte sie den »geneigten Lesern« hier in die Hände legen.

Im Juni 1990

Die preußische Königsfamilie

Eltern
Friedrich Wilhelm III.   3. 8. 1770– 7. 6. 1840
∞ 24. 12. 1793
Luise Przssin von Mecklenburg-Strelitz   10. 3.1776–19. 7.1810

Kinder
1.
Friedrich Wilhelm IV.   15. 10. 1795– 2. 1. 1861
∞ 29. 11. 1823
Elisabeth Przssin von Bayern   13. 11. 1801–14. 12. 1873
2.
Wilhelm I.   22. 3. 1797– 9. 3. 1888
∞ 11. 6. 1829
Augusta Przssin von Sachsen-Weimar   30. 9. 1811– 7. 1. 1890
3.
Charlotte (Alexandra Feodorowna)   13. 7. 1798– 1. 11. 1860
∞ 13. 7. 1817
Nikolaus I. von Rußland   25. 6. 1796–18. 2. 1855
4.
Friederike   14. 10. 1799–30. 3. 1800
5.
Carl   29. 6. 1801–21. 1. 1883
∞ 24. 5. 1827
Marie Przssin von Sachsen-Weimar   3. 2. 1808–18. 1. 1877
6.
Alexandrine   23. 2. 1803–21. 4. 1892
∞ 25. 5. 1822
Paul Friedrich Ghzg von Mecklenburg-Schwerin   15. 9. 1800– 7. 3. 1842
7.
Ferdinand   13. 12. 1804– 1. 4. 1806
8.
Louise   1. 2. 1808– 6. 12. 1870
∞ 21. 5. 1825
Friedrich Pr. der Niederlande   28. 2. 1797– 8. 9. 1881
9.
Albrecht   4. 10. 1809–14. 10. 1872
1. ∞ 14. 9. 1830 (gesch. 1849)
Marianne Przssin der Niederlande   9. 5. 1810–29. 5. 1883

2. ⚭ 13. 6. 1853
Rosalie v. Rauch, Gfin Hohenau   29. 8. 1820– 5. 3. 1879

I. 1795–1810

Kindheit in der »napoleonischen Zeit«

»Ich muß den Saiten meines Gemüts jeden Tag einige Ruhe gönnen, um sie gleichsam wieder aufzuziehen, damit sie den rechten Ton und Anklang behalten«; das sagte Königin Luise, die Mutter des »Romantikers« auf dem Preußenthron, und sie sollte ihr beschwingbares Wesen gerade ihm vererben. Luise konnte sich ursprunghaft freuen oder traurig sein und ihren Gefühlen unmittelbar, ungestutzt Ausdruck verleihen. So schrieb sie einmal mit nach außenhin übersprudelnder Freude: »Ich bin tull und varucki!« Aber da sie zugleich im Glauben an die »andere« Welt lebte, schrieb sie auch: »Ich bin so innerlich glücklich, daß ich immer Psalmen singen möchte an Gott.« Beide Welten zu sein, gleichzeitig in der äußeren und in der inneren Welt, charakterisieren auch ihren ältesten Sohn. Friedrich Wilhelm kam am 15. Oktober 1795 in Berlin zur Welt. »Durch 72 Kanonenschüsse wurde der Residenz die frohe Begebenheit kund gethan.« Seine 19jährige Mutter mag an diesem Tag nicht nur von Hoffnungen, sondern auch von Ängsten erfüllt gewesen sein. Ein Sohn, dazu bestimmt, einst als König zu regieren?

Vor fast genau zwei Jahren, am 16. Oktober 1793, wurde Königin Marie Antoinette enthauptet. In Frankreich tobte die »Schreckensherrschaft« der Revolution. War die Idee des Königtums »von Gottes Gnaden« nicht durch die »geheiligten Menschenrechte Freiheit und Gleichheit« bereits an den Wurzeln getroffen? »Der Ursprung jeder Herrschaft liegt wesensmäßig beim Volk; keine Körperschaft, kein einzelner kann Herrschaft ausüben, die nicht ausdrücklich von ihm ausgeht«,

11

hatte es in der feierlichen und öffentlichen Erklärung der französischen Nationalversammlung vom August des Jahres 1789 geheißen.

In dieser Zeitströmung wurde Friedrich Wilhelm geboren. Sein damals 25jähriger Vater – selbst noch Kronprinz – sollte die Regierung 1797 als König Friedrich Wilhelm III. übernehmen. Nach dem Urteil vieler Zeitgenossen trat er auffallend bescheiden und scheu auf und hatte trotz seines als »väterlich« empfundenen Regierungsstiles einen steifen und ungelenken Umgangston. Um so gewinnender wirkte die natürliche Ausstrahlung seiner Frau. Die Königin Luise wurde nach ihrem frühen Tod für alle zu einer verklärten Symbolfigur. Auch ihre Ehe galt als Ideal. Und diese muß wirklich besonders glücklich gewesen sein, schrieb doch Friedrich Wilhelm III. einmal: »Sollte man nicht bald sagen, daß es töricht wäre, sich eine Frau zu nehmen, der man so mit Leib und Seele zugetan ist?«

Luise bekam in der kurzen Spanne ihrer Ehe – von 1794 bis 1810 – neun Kinder, von denen zwei früh verstarben: 1795 Friedrich Wilhelm, 1797 Wilhelm, 1798 Charlotte, 1799 Friederike, 1801 Carl, 1803 Alexandrine, 1804 Ferdinand, 1808 Luise und 1809 Albrecht. Taufzeugen des kleinen Kronprinzen am 28. Oktober 1795 waren: Königin Elisabeth Christine, die 80jährige Witwe Friedrichs des Großen, dessen jüngere Brüder, die Prinzen Heinrich und Ferdinand und die Großeltern, preußischerseits König Friedrich Wilhelm II. und Königin Friederike, mütterlicherseits der verwitwete Herzog Carl von Mecklenburg-Strelitz.

Als er etwa fünf Monate alt war, ließ die Königin Friedrich Wilhelm gegen Pocken impfen. Der Impfstoff war damals noch wenig erprobt und das Impfen deshalb ein großes Risiko. Allerdings hatten Kinder, die es überlebten, einen Schutz gegen die Krankheit. »Nun gehet eine Prüfungszeit für mich an, nämlich mein Engel ist schon in der Vorbereitung zu seiner Impfung, die heute über acht Tage erst vor sich gehen wird, und alsdann bekömmt er sie 14 Tage drauf. Bete für mich und für ihn«, schrieb

Luise am 28. März 1796 an ihren Bruder Georg, den Erbherzog von Mecklenburg-Strelitz. Und am 10. April erzählte sie ihm weiter: »8 Tage hatte ich kein trockenes Auge, grämte mich heimlich, ... daß ich sichtlich abnahm, und mein Kind, mein armes einziges Kind litt alle Leiden der Welt; und ich, ich mußte ausgehen, mußte tanzen, aber mit welchem Herzen, ach! das weiß Gott allein, der die heimlichsten Gedanken des menschlichen Herzens sieht. Ihm allein, dem gütigen Schöpfer, habe ich die Erhaltung meines Jungen zu danken.«

Nach Aussagen von Zeitgenossen war »Fritz« der Königin am ähnlichsten. Er kam zunächst in die Obhut einer Kinderfrau, »Madame Flesche«. Als er fünf Jahre alt war, erhielt er den Erzieher Friedrich Delbrück, der zuvor Rektor am »Pädagogium« in Magdeburg war. Delbrück mußte sich aber erst auf die Königin einstellen. Dabei machte ihm besondere Schwierigkeiten, daß es in der preußischen Königsfamilie – für damalige Verhältnisse – recht unkonventionell zuging. Eines Tages wurde das dem neuen Mentor des kleinen Kronprinzen einfach zuviel. Als er mitansehen mußte, wie der Knabe im Beisein der Hofgesellschaft unter den Tisch kletterte und allerlei Schabernack trieb, beklagte er sich hinterher bei Ihrer Majestät. Aber die Königin lachte wohl nur und bestand darauf, ihre Kinder alle Tage fröhlich um sich zu haben, auch wenn sie »gymnastische Übungen« im Teezimmer machten.

Ein Brief der Königin vom 9. September 1801, den sie in der ländlichen Idylle des Gutshauses von Paretz (in der Mark Brandenburg) geschrieben hat, läßt uns das harmonische Zusammenleben der preußischen Königsfamilie unmittelbar miterleben:

»Lieber Fritz! Lieber Wilhelm! Liebes Charlottchen!

Guten Morgen, liebe liebe Kinderchen. Papa küßt Euch alle in Gedanken mit mir und trägt mir auf, Euch zu sagen, daß ihm wie mir die Mohrrüben, Erbsen, Kerbel, Petersilie, Bohnen, Kohl und Salat aus Eurem Garten außerordentlich viel Vergnügen gemacht haben. Das sind recht fleißige Kinder! hat Papa gesagt, ich will alles auf ihre Gesundheit essen; und ich sagte, die guten Kinder haben es so gerne gegeben, es machte ihnen so viel Freude, es zu schicken, weil sie wußten, Papa und Mama würden sich recht freuen, und das tat ihren kleinen Herzen wohl! – Ja, liebe Kinderchen, wir haben uns recht dazu gefreut, und es allen Menschen gezeigt und herbeigerufen, daß sie Euren Fleiß bewundern sollten. Heute mittag essen wir ein Gericht Mohrrüben, das Ihr gepflanzt und gezogen habt. Das wird schmecken! Nun hört einmal recht aufmerksam zu, was nun kömmt.

Papa und Mama erlauben Euch, da Ihr Euch gut und folgsam aufgeführt habt, Sonntag zum Erntekranz hierher nach Paretz zu kommen, um die Freude der Bauern zu sehen ... Papa freut sich recht darauf, Euch zu küssen, und ich auch. Kommt hübsch beizeiten ... Nun lebet wohl, liebe Kinder, ich liebe Euch von ganzer Seele und von ganzem Herzen und bin ewig Eure zärtliche Mutter Luise.«

Im ganzen unterstützte Königin Luise natürlich den Erzieher ihrer Kinder. So haben ihre Zeilen aus Paretz den Nachsatz: »Das Briefchen, welches Du Delbrück diktiert hast, macht mir viel Freude, aber der Name Fritz war nicht hübsch gemacht.« Und im Juni 1803 lobte sie: »Mit sehr viel Freude hab' ich bemerkt, daß Deine Hand viel besser und hübscher geworden ist, welches mir ein Beweis Deines Fleißes und Deiner Aufmerksamkeit ist, fahre so fort ...« Sie liebte und umsorgte »ihre lieben Kleinen«, auch wenn sie auf Reisen war: »Mein Segen begleitet Euch auf jedem Schritt.« Aus Königsberg schrieb sie ihrem Ältesten am 7. Juni 1802: ».. . Es gibt noch rudra [Ruinen] von alten Ritterschlössern hier in Preußen mit Türmen; da sehe ich Dich, lieber Fritz, gleich hubzen und springen in Gedanken, wenn Du die sehen könntest. Auch habe ich für jeden von Euch ein paar Muscheln gesammelt längs dem Frischen Haff.«

Vom Sommer des Jahres 1800 an bis fast zu seinem 15. Geburtstag blieb Friedrich Delbrück Erzieher des Kronprinzen, ab

1801 nahm er auch den Bruder, Prinz Wilhelm, unter seine Fittiche. Er gewann schnell die Herzen seiner Zöglinge und war ihnen zugleich Lehrer und Vertrauter. Als er sich schließlich vom Kronprinzen trennen mußte, floß ihm selbst einmal die Anrede »Geliebter Freund« in die Feder. Und Friedrich Wilhelm erwiderte: »Ich bin immer und ewig Ihr treuster Freund Fritz.«

Der Erzieher führte ein Tagebuch, in das er sowohl seinen Unterrichtsplan als auch die täglichen Beobachtungen und Beurteilungen über seine Zöglinge eintrug. Wir erfahren hieraus, daß Delbrück alles Wissen am liebsten durch lebendige Anschauung vermittelte. Er unternahm deshalb mit den Prinzen viele Spaziergänge und Fahrten, auf denen er ihnen sowohl die Natur als auch die Geschichte des Landes erklärte. Seit sich das besondere Interesse Friedrich Wilhelms für Kunst zeigte, wurde die Gemäldesammlung Friedrichs des Großen genau betrachtet. Zur Erklärung der Antiken im Schloß und Park Sanssouci konnte der damals beste Kenner, Alois Hirt, herangezogen werden. Auch zum Zeichnenlernen erhielt Fritz – wie er im Familienkreis genannt wurde – bald einen eigenen Lehrer. Alle spürten die außergewöhnlichen Begabungen ihres Zöglings. Delbrück mußte sich aber eingestehen, daß es ihm nicht immer gelang, Begeisterungsfähigkeit und Phantasie des kleinen Kronprinzen zu bändigen. So hielt er einmal sorgenvoll in seinem Tagebuch fest, daß Friedrich Wilhelm in der Berliner Oper bei einer Aufführung von Mozarts »Don Juan« »die Zuschauer durch seine Lebendigkeit« belustigte. Ein anderes Mal bewunderte er wiederum die Aufmerksamkeit des Prinzen. Beim Vorlesen von Goethes »Tasso«: »Die Stätte, die ein guter Mensch betrat, ist eingeweiht –«, hielt Delbrück inne, sah seinen Zögling an, der ihm sofort die Frage stellte, »wie geht es weiter?«, worauf der Lehrer fortfuhr: »Nach hundert Jahren klingt sein Wort und seine Tat dem Enkel wieder!« Da unterbrach ihn Friedrich Wilhelm: »Das Wort Enkel hast du meinetwegen zugesetzt!«

*König Friedrich Wilhelm III. stellt der Königin seinen
Ältesten als Offizier vor*

*

Mit seinem zehnten Geburtstag am 15. Oktober 1805 begann
ein neuer Lebensabschnitt: Ganz in der Tradition des preußischen Königshauses wurde Friedrich Wilhelm Offizier. Ein
Kupferstecher hielt das in Paretz gefeierte Ereignis zur Erinnerung fest: König Friedrich Wilhelm III. stellt seinen Ältesten
der Mutter vor.

»Fritz« trägt die Uniform des 1. Bataillons Garde, weiße Hosen, dunkle Stiefel und Frack, genau wie sein Vater als Chef der Garde. Die anmutige Königin sitzt in einem klassizistischen Sessel, vor ihr auf einem Bänkchen die damals zweieinhalbjährige Prinzessin Alexandrine. Charlotte, die 7jährige Lieblingsschwester des Kronprinzen, schmiegt sich stehend an die Mutter. Etwas abseits bestaunen Wilhelm und Carl (acht- und vierjährig) gerade das Offizierspatent: Ihr Bruder Fritz ist Leutnant geworden! Er darf die Insignien des Ordens vom Schwarzen Adler tragen. Sie alle gehören seit der Geburt diesem Ritterorden an. Doch erst ab dem 10. Geburtstag darf der Stern mit dem Adler in der Mitte und dem Wahlspruch »suum Cuique« getragen werden.

Natürlich mußte Delbrück den Kronprinzen auf diesen Tag vorbereiten. Er sollte selber einen Leitsatz für den künftigen Beruf finden. Fritz entschied sich für die Worte des Königs Salomo aus dem Alten Testament: »Fromm sein und wahrhaftig sein behüten den König, und sein Thron bestehet durch Frömmigkeit.«

Begann nun auch für ihn der Ernst des Lebens?

*

Es herrschte Krieg in Mitteleuropa. Napoleon, der Kaiser der Franzosen, war in Deutschland einmarschiert. Er besetzte am 25. Oktober 1805 München, am 13. November sollte Wien folgen. Zur Verstärkung suchten die Alliierten – Rußland, England, Österreich und Schweden – Preußen auf ihre Seite zu ziehen. Doch Friedrich Wilhelm III. blieb zunächst noch strikt bei seiner Neutralitätspolitik. Zar Alexander I., der sich bereits zum Kampf gegen Napoleon entschieden hatte, eilte nach Berlin, um den König umzustimmen. Doch erreichte er nicht mehr als die Zusage, mit russischen Truppen durch preußisches Gebiet marschieren zu dürfen. Während dieser Begegnung wurde Alexander I., Ende Oktober 1805, auch der gerade zehnjährige

Kronprinz in seiner neuen Uniform vorgestellt, was der Zar zum Anlaß nahm, dem Knaben einen russischen Freundschaftsorden zu verleihen. An einer der prächtigen Paraden zu Ehren des Zaren durfte »Fritz« allerdings nicht teilnehmen, weil er sich wieder einmal an einer, wie sich Delbrück ausdrückte, »Tosalerei« beteiligt und sich dabei auf seinen weißen Beinkleidern »Bratenbrühe logiert« hatte.

Der Chronist der »Lebens- und Regierungsgeschichte Friedrich Wilhelms des Dritten«, Karl Friedrich Klöden, hielt die täglichen Ereignisse von damals fest, zuweilen eigene Betrachtungen hinzufügend: »Den 3. (November) 1805 trat der König der russisch-österreichischen Convention bei ... Der 4te war zur Abreise des Zaren bestimmt; er äußerte den Wunsch, vorher noch die Gruft Friedrichs II. (in der Potsdamer Garnisonskirche) zu sehen ... Um halb ein Uhr nachts begaben sich der Zar, der König und die Königin nach der in aller Eile mit Wachslichtern erleuchteten Gruft ... Der Zar, überwältigt von seinen Empfindungen, küßte den Sarg (Friedrichs des Großen) und reichte dem Könige über demselben die Hand ...

Im Heere erregte diese Wendung der Politik große Freude, man freuete sich der künftigen Siege und gab dies etwas zu laut zu erkennen.« Klöden sollte mit seinem Tadel leider recht haben. Am 2. Dezember 1805 besiegte Kaiser Napoleon bei Austerlitz – in der »Dreikaiserschlacht« – den Zaren Alexander I. und Kaiser Franz II. Zwei Tage später schon wurde zwischen Frankreich, Rußland und Österreich Waffenstillstand geschlossen. Der Zar mußte darauf seine Truppen nach Rußland zurückziehen.

*

So begann das Jahr 1806 für die preußische Königsfamilie voller Sorgen. Der Königin ging es gesundheitlich nicht gut, sie mußte eine Brunnenkur in Bad Pyrmont machen. Friedrich Wilhelm III. bewegte der Gedanke, dem Krieg nicht mehr ausweichen zu können. Nachdem sich 16 süddeutsche Staaten unter dem Protektorat Kaiser Napoleons zum »Rheinbund« zusammengeschlossen hatten, »war damit das bisherige Deutsche Reich aufgelöset«, wie sich Klöden ausdrückte, »und der Kaiser Franz sprach dies am 6. August aus, indem er die deutsche Kaiserkrone niederlegte«.

»Das Heilige Römische Reich Deutscher Nation« war aufgelöst! Der bisherige Kaiser Franz II. regierte nunmehr als Kaiser Franz I. nur noch Österreich.

Drei Tage später, am 9. August 1806, entschloß sich Friedrich Wilhelm III. zur Mobilmachung seiner Truppen. Damit begannen die preußischen Kriegsvorbereitungen. Die Königin, erst am 29. Juli aus Bad Pyrmont nach Berlin zurückgekehrt, wollte ihrem Gemahl ins Hauptquartier folgen. Schnell sandte sie dem Kronprinzen noch einen letzten Brief aus Schloß Charlottenburg: »Wirst Du einmal unter den Kriegern gezählt, so wirst Du gewiß Deine Schuldigkeit tun, Papa beistehen als ein gutes Kind.«

Dann fuhr Luise ins Hauptquartier nach Naumburg. Von hieraus berichtete sie ihrem Sohn: »3. Oktober 1806: Morgen bricht das Hauptquartier auf und wird (zunächst) . . . nach Erfurt verlegt . . . Auf große Ruhetage kann man nicht mehr rechnen, da Napoleon schon in Person in Würzburg . . . ist.« Am 13. Oktober, dem Tage vor der Doppelschlacht bei Jena und Auerstedt, in der die preußischen Truppen vollständig besiegt werden sollten, vertraute sie ihrem Tagebuch an: »Mit zerrissenem Herzen nach dem Abschied vom König, niedergedrückt von tausend schweren Sorgen um den Ausgang der Schlacht und über das Schicksal so vieler geliebter Menschen, raffte ich mich zusammen und hielt meine Tränen zurück, damit man mir nicht eines Tages den Vorwurf machen könnte, ich hätte eine unangebrachte Empfindsamkeit gezeigt . . .«

In Begleitung ihrer Oberhofmeisterin, der Gräfin Voß, floh die Königin dann zunächst über Braunschweig nach Berlin. Da aber die Franzosen bereits in Richtung der preußischen Hauptstadt eilten, waren ihre Kinder schon abgereist, und sie selbst mußte auch sofort weiterfahren. In Schwedt gab es ein kurzes Wiedersehen, weiter ging es nach Stettin. Von hier aus fuhr die Königin zum König nach Küstrin, während die Oberhofmeisterin Voß den Transport des Hofstaates und der Kinder nach Danzig organisierte. Diese notierte am 31. Oktober in ihr Tagebuch: »Ich habe hier (in Danzig) große Mühe und Noth, den Haushalt für die Königlichen Kinder einzurichten.« Prinzessin Alexandrine erkrankte an der Ruhr. Schon kam der Befehl, weiter nach Königsberg zu flüchten. Die Oberhofmeisterin stöhnte – 9. November: »Mittags zwölf Uhr in Königsberg . . . Unsere Koffer sind endlich da und endlich auch meine Kammerfrauen, die Gott weiß wo waren – Napoleon in Sanssouci!« Frau von Voß mußte jetzt die Mutter vertreten: »Mittags esse ich mit den Königlichen Kindern und abends sind sie immer bei mir.« Am 9. Dezember kam endlich auch die Königin nach Königsberg, Friedrich Wilhelm III. folgte am nächsten Tag. Krankheiten und politische Nachrichten machten das Weihnachtsfest 1806 zu einem sehr traurigen: »Der König wollte keine Christbescheerung, weder für die Königlichen Kinder noch für sonst jemand.« Aber die Oberhofmeisterin verteilte doch einige Geschenke.

Ende Dezember 1806 hielten russische und preußische Truppen bei Pultusk, nördwärts von Warschau, den Angriffen der Franzosen nicht mehr stand; Königsberg war gefährdet. So mußte die preußische Königsfamilie bei »furchtbarstem Wetter« nach Memel fliehen. Die erhaltenen Briefe der Königin Luise spiegeln Hoffnung und Niedergeschlagenheit über den Ausgang des Krieges. Nachdem Napoleon Mitte Juni bei Friedland einen entscheidenden Sieg errungen hatte, hatte sie die Befürchtung, gänzlich des Landes vertrieben zu werden.

Am 18. Juni 1807 zogen die Franzosen in Tilsit ein, am 21. kam ein Waffenstillstand zunächst zwischen Frankreich und Rußland, Ende des Monats auch mit Preußen zustande. Kaiser Napoleon, der am 25. Juni mit Zar Alexander auf einem Floß in der Memel bei Tilsit zusammengetroffen war – Friedrich Wilhelm III. durfte einen Tag später an ihren Unterredungen teilnehmen – forderte derartig einschneidende Friedensbedingungen für Preußen, daß man der Königin vorschlug, in einem persönlichen Gespräch zu versuchen, Napoleon zum Einlenken zu bewegen. So fuhr Luise schweren Herzens nach Tilsit. Über den 7. Juli 1807 verfaßte sie selbst »Aufzeichnungen«. Im Tilsiter Quartier ihres Mannes traf sie zuerst den Zaren Alexander. Er sagte zu ihr: »Nehmen Sie es auf sich und retten Sie den Staat.« Wenig später trat Napoleon zu ihr in den Salon. Luise empfand: »Er war recht verlegen, ich aber, erfülllt von der großen Idee meiner Pflichten, ich war es nicht . . .« Doch die Königin sollte tief enttäuscht werden. Anfang August erzählte sie ihrem Bruder Georg noch einmal von ihrer Begegnung mit Napoleon: »Ich sprach nicht zu einem Menschen, sondern zu einem – zu einem Wesen ohne menschlich Herz.« Und im Oktober schrieb sie diesem Bruder, wie ihr ältester Sohn auf die Erlebnisse seiner Mutter reagiert hatte: »Als ich von Tilsit zurückkam, sagte ich ihm sehr bewegt: ›Ich werde Dir einmal recht umständlich erzählen, welches große Opfer ich dem Könige, meinen lieben Kindern und dem ganzen Land gebracht habe, es hat mir viel Kraft gekostet, aber Euer Glück war mir lieber, es ist mir alles –‹, da fing er so an zu weinen, daß er sich den ganzen Abend nicht erholen konnte und ganz in sich gekehrt war.«

Dieses Kind, das einst Preußen regieren sollte, lag ihr besonders am Herzen. Einen Tag nach seinem 12. Geburtstag am 16. 10.1807 sandte sie ihm ihre ermahnenden Gedanken: »Aus der ersten Kindheit bist Du nun heraus, und ernstes Nachdenken tritt nun an die Stelle von mancher Spielerei. Unter traurigeren Umständen hast Du noch keinen Geburtstag gefeiert. Preußens Größe ist dahin, Dein Vater recht unglücklich durch das Elend, welches sein Volk ohne seine Schuld leidet, der Staat aufgelöst und verarmt. Viel, ja unendlich viel wird es wieder kosten, Kräfte, Nachdenken, fester Wille und Aufopferung jeder

Art, um das wieder aufzubauen, was zehn Monate Krieg vernichtet. Muß nicht der so natürliche Wunsch in jedes Guten Brust erwachen, alle seine Kräfte aufzuwiegen, um dem Ganzen zu helfen und zu nützen? Der Kräfte hat, wendet sie an und nützet schon, der sie erwerben kann, um einmal zu nützen, bilde sie mit Anstrengung und Fleiß aus, und dieses ist der heilige Entschluß, den ich von Dir, lieber Fritz, gewiß erwarte.«

Die Königin hatte bei Napoleon nichts erreicht. Nach dem Friedensvertrag von Tilsit verlor Preußen alles Land westlich der Elbe und in Polen – fast die Hälfte seines Staatsgebietes. Es behielt Pommern, Schlesien, ein Stück von Westpreußen, Alt-Ostpreußen und die Mark Brandenburg. Luise hoffte nun, bald nach Berlin zurückkehren zu können. Aber die Königsfamilie mußte noch über zwei Jahre in Ostpreußen ausharren. Am 1. Februar 1808 wurde hier Prinzessin Louise geboren und am 4. Oktober 1809 Prinz Albrecht.

»Der Kronprinz machte zu Ende Juni und anfangs Juli (1809) mit dem Obristlieutenant von Gaudy und seinem Erzieher Delbrück eine Reise durch Ost- und Westpreußen in Beziehung auf Kriegswesen, Staatskunde und Geschichte.« Vierzehn Jahre war er damals alt!

*

»Der 23. Dezember 1809 war endlich der frohe Tag, an welchem der König und die Königin ihren Einzug in Berlin hielten«, und mit ihnen die königlichen Kinder und der Hofstaat.

Ist es verwunderlich, daß Wochen überschwenglicher Freude mit Festen, Theater und Karneval folgten? Der Kronprinz war nicht zu halten, sein Erzieher tadelte ihn; er habe einen seiner Bestimmung und seinen »trefflichen Anlagen nicht angemessenen Hang zur Gemächlichkeit und zur Belustigung«. Die Königin hatte sich schon seit einiger Zeit – noch in Königsberg – um einen Nachfolger für Delbrück bemüht. Als Friedrich Wilhelm davon erfuhr, reagierte er mit Krankheit. Seine Mutter schrieb ihm: »Du kannst unmöglich an meiner innigsten Zärtlichkeit für Dich zweifeln, lieber Fritz . . . Dein Schmerz ist gerecht, natürlich und macht Dir Ehre. Es wäre mir sehr leid, wenn Du unerkenntlich gegen Delbrücks Pflege geblieben wärest; aber ebenso gewiß erwarte ich von Delbrück, daß er Dich auf der natürlichen Idee zurück gebracht hat, daß diese Trennung vorherzusehen war . . . Ich wünsche bald zu hören, daß es Dir besser geht . . . Auch ich bin nicht wohl.« Noch konnte niemand ahnen, daß die Königin bereits im Sommer 1810 sterben sollte. Sie hatte sich nach der Flucht und nach der Rückkehr zum allerersten Besuch – in ihrer Funktion als Königin – bei ihrem Vater in Mecklenburg angesagt. Luise war »tull und varucki« vor Freude und schrieb dem Herzog: »Welche Belohnung nach dem Vergangenen! Die schönste gewiß für mein Herz und die beste in der Welt«, und an ihre Geschwister: »In meinem Kopf sieht es aus wie in einem illuminierten Guckkasten. Alle Fenster mit gelben, roten und blauen Vorhängen sind hell erleuchtet.« Des Königs Historiograph hielt den Ablauf der Reise nüchterner fest: »Am 25. Juni reisete die Königin Luise von Berlin nach Strelitz zu einem Besuche bei ihrem Vater. Drei Tage später folgte ihr der König. Es war beabsichtigt, daß sie am 3. Juli mit dem Könige wieder zurückkehren sollte, allein am 30. Juni wurde sie auf dem Lustschlosse Hohenzieritz von einem Fieber befallen, welches ihr Zurückbleiben rathsam machte.« Am 18. Juli erhielt Friedrich Wilhelm III. die Nachricht, daß sich die Lungenentzündung der Königin verschlechtert habe und das Schlimmste zu befürchten sei. Noch kurz vor seiner Abfahrt nach Hohenzieritz, und dann die Tage danach, schrieb er seine Gedanken in einer Art Selbstgespräch auf Zettel, die er sorgsam versteckte: »18. July . . . Die fürchterlichste Unruhe plagt mich, ich bin in einem nie zuvor gefühlten, selbst geahndeten Zustand . . . Mein ganzes Glück auf Erden steht aufs Spiel . . . nur Gott allein kann helfen . . . Mit Beben denke ich an das Wiedersehen. Gilt es Leben oder – Tod. O. Nein. Nein. Erbarmen, erbarmen . . .« Er fuhr dann mit seinen beiden ältesten Söhnen,

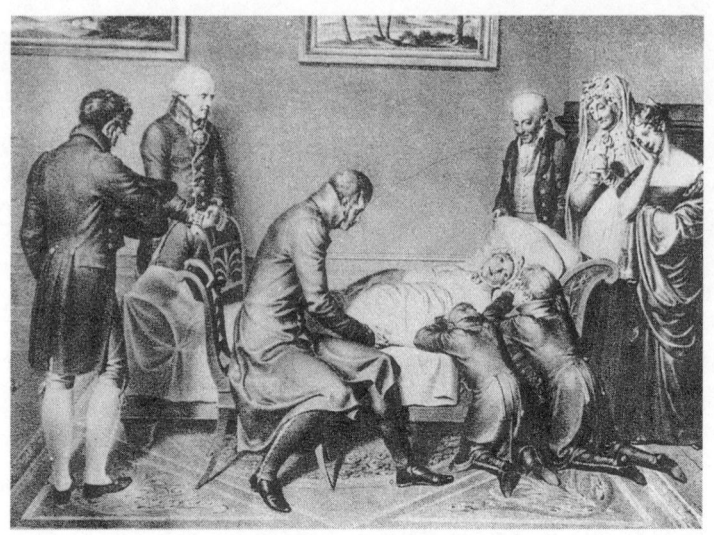

Abschied von der sterbenden Mutter

Friedrich Wilhelm und Wilhelm nach Hohenzieritz, Prinzessin
Charlotte und Prinz Carl kamen nach: »19. July – Der unglück-
lichste Tag meines Lebens ... Wie erschrak ich, als ich sie bereits
durch die heftigen anhaltenden Krämpfe und andern Leiden äußerst verändert aussehend fand ... Sobald sie mich gewahr
wurde, war ihr die lebhafteste Freude in den Gesichtszügen zu
lesen ... Bis zu ihrem Ende mußte ich ihre Hand halten, die sie
öfter mit der zärtlichsten Innigkeit an ihren Mund drückte und
küßte ... Wie ich zu meiner Frau sagte, daß Fritz und Wilhelm
da wären, ... begehrte sie sie sogleich zu sehen ... Als ich ihr
frug, ob sie etwa etwas auf dem Herzen oder sonst einen Wunsch
hätte, sagte sie zuerst nein, nach wiederholter Frage aber: Dein
Glück und die Erziehung der Kinder ... Als die Krämpfe ihr beinah schon ganz den Atem nahmen (sagte sie): Herr Jesus, mache
es kurz, und wenige Augenblicke nachher ... verschied sie. –
   Mein Gebet hat Gott nicht erhört – «

»20. July: Ich ging mit meinen Kindern des Morgens früh in den Garten . . . Wie uns allen dabey ums Herz ward, fühlt sich nur.« Charlotte band einen Kranz aus weißen Rosen. »Fritz, Wilhelm und Carl pflückten auch ein jeder für sich eine weiße Rose, und ich wählte eine schöne weiße Rose mit drei Knospen, als eine Anspielung auf die drei jüngsten abwesenden Kinder, Alexandrine, Luise und Albrecht. Mit diesen Blumen gingen wir . . . ganz im stillen in das Zimmer und legten mit tausend Thränen unsere Blumen auf das Sterbebett – «

Über die Beisetzung am 23. Dezember 1810, kurz vor Weihnachten, schrieb die achtzigjährige Oberhofmeisterin Gräfin Voß in ihr Tagebuch: »Ach, welch ein Tag! – Ich stand früh um 7 Uhr auf und fuhr . . . nach Charlottenburg. Es war entsetzliches Wetter; der König und die Prinzen waren schon vor uns fort. Morgens 4 Uhr hatte man die theure Leiche aus dem (Berliner) Dom nach Charlottenburg gebracht mit einer Eskorte der Garden und dem Gefolge der Herren vom Hofe. Nach 10 Uhr ging man in das Mausoleum, wo Ribbeck eine Rede hielt; man sagt, sie sei sehr schön gewesen; ich weiß es nicht, denn meine Thränen erstickten mich beinahe. Der König war mit seinen Kindern zu Fuß dem Sarge gefolgt und nach ihm alle andern, nur Massow (der Obermarschall Valentin v. Massow) und ich fuhren. Der König und die Königlichen Kinder befanden sich in einem saalartigen Raum oberhalb des Grabgewölbes, wir anderen im Peristyl. Nach der Rede und den Gebeten ging der König mit seinen Kindern hinab zum Sarge . . .; es war mehr als erschütternd, ihn zu sehen. Er fuhr mit seinen beiden ältesten Söhnen nach Potsdam zurück, ich blieb mit den kleineren Kindern hier (im Schloß Charlottenburg).«

*

II. 1811–1824

Jahre des Lernens in und nach den Freiheitskriegen

Zu Anfang des Jahres 1811 stiftete Friedrich Wilhelm III. für besondere Verdienste das »Eichenlaub« zum Roten Adlerorden, das zugleich eine Erinnerung an die Königin bedeutete, denn die mittlere Blattrippe hat die Form eines L. Dieses goldene Blatt zeigt zudem links vier und rechts drei Ausbuchtungen, die die vier Söhne und die drei Töchter Luises symbolisieren, und zwei ganz kleine Blattspitzen erinnern an ihre beiden früh verstorbenen Kinder.

Wilhelm v. Humboldt schrieb damals seiner Frau Karoline über diese »geheimnisvolle Deutung« des Ordens, sie mache »die Sache noch viel hübscher und für den König individuell zart«. Und besonders hob er hervor: »Die Idee soll ursprünglich vom Kronprinzen herkommen, der die Zeichnung gemacht hat.«

Friedrich Wilhelm III. hatte sich demnach von seinem künstlerisch veranlagten Sohn zur Form des »Eichenlaubes« anregen lassen.

Der inzwischen 16jährige Kronprinz wurde nun – dem Wunsch seiner verstorbenen Mutter entsprechend – in die erzieherische Obhut von Johann Peter Ancillon gegeben. Dieser, ursprünglich Theologe, der seit 1792 auch Professor für Geschichte an der Kriegsakademie und seit 1803 Mitglied der Akademie der Wissenschaften war, empfand es als eine besondere Auszeichnung, den künftigen König von Preußen zu erziehen. Schon nach den ersten Unterhaltungen mit Friedrich Wilhelm hatte der dreißig Jahre Ältere den Eindruck, daß sich so etwas wie eine geistige Verwandtschaft zwischen ihnen abzeichnete. Es drängte ihn daher geradezu, das Beste seines Wissens dem Jüngeren weiterzugeben. Die Methode seiner Erziehung war das Gespräch. Er unterrichtete den Kronprinzen, indem er sich mit ihm unterhielt und dabei dessen Wissen erweiterte. Die künstlerische Veranlagung seines Zöglings aber versuchte Ancillon energisch einzudämmen: »Sie haben die Neigung, sich ausschließlich, wenn Sie sich selbst bestimmen, nur mit der Kunst und namentlich mit dem ewigen Zeichnen zu beschäftigen!« Und ein andermal ermahnt er den Kronprinzen: »Ich sehe Sie schon (wieder) die ganze Zeit mit der Bleifeder in der Hand zubringen. Für einen künftigen Schinkel wäre dieses eine sehr nützliche Anwendung, allein da der Staat nicht in einem gothischen Tempel bestehet und noch nie ein Volk vermittelst romantischer Bilder regiert worden ist, so wird dieses ewige Zeichnen für Sie eine wahre Verschwendung der edlen Zeit!«

Doch es sollte Ancillon nicht gelingen, Friedrich Wilhelm die Passion für alles Schöne, verbunden mit dem schöpferischen Antrieb zur eigenen Gestaltung, auszutreiben. Was er aber mit Erfolg vermochte, war, in seinem Zögling Verständnis und sogar Begeisterung für seine Ideen über das Zusammenleben der Völker zu erwecken. Als er dem Kronprinzen die Entwicklung der europäischen Staaten durch die Epochen der Geschichte darstellte, formulierte Ancillon folgende Sätze: »Es gab nur ein Mittel, um zu dem erwünschten Ziele zu gelangen, nämlich die Kraft der Kraft entgegenzusetzen, der Tat durch Gegentat entgegenzuwirken, Ordnung, Harmonie und Ruhe durch dieselben Mittel in der Welt der Staatskörper zu erhalten, durch welche in der physischen Welt Ordnung, Harmonie und Ruhe bestehen, und endlich durch geschickt vereinte Attraktionen ein Gleichgewicht hervorzubringen zu suchen.« An anderer Stelle schrieb Ancillon: »Europa schreitet zwar langsam und ruhig, doch fest und sicher auf der Bahn der Zivilisierung vorwärts, und die Fortschritte der Macht der Nationen sichern ihre Existenz. Das Gleichgewicht der Kräfte und der Leidenschaften

kommt bis zu dem Grade, daß es jedes drohende und unter-
drückende Übergewicht verhindert ... Der Friede wird immer
die größte aller Wohltaten bleiben. Heil den Fürsten, die ihn
ihren Völkern zu erhalten wissen!« Diese Gedanken sollten die
spätere Politik Friedrich Wilhelms IV. ganz wesentlich mitprä-
gen.

Bei aller Verehrung für seinen Lehrer und aller Bereitschaft,
dessen Ratschläge zu befolgen, zeigte sich aber bereits, daß der
junge Kronprinz selbstbewußt genug war, die Grenzen seiner
innersten Persönlichkeit gegen Beeinflussung von außen hartnäckig zu verteidigen. Als Ancillon ihn nämlich mahnte: »Bewahren Sie sich vor allen Dingen den hohen Sinn für das Höchste im Menschen, für die Religion«, entgegnete er: »Ich habe
den Werth inbrünstiger Gebete erfahren, und ich weiß, was es
heißt, der Erlösung und Heiligung zu bedürfen und daran zu
glauben, und welchen unendlichen Trost und welche wahre heilige seelige Freude dieser Glaube gewährt. Dies sei das Letzte
hierüber; lassen Sie uns nimmermehr davon sprechen.« Das re-
spektierte Ancillon.

Nur über die Art und Weise, wie sich der Kronprinz zuweilen
ausdrückte, vor allem im Geschwisterkreis, war Ancillon wirklich ungehalten und meinte darüber nicht schweigend hinweg-
gehen zu dürfen. So schrieb er ihm: »Gestern haben Sie einige
Male eine gar zu kräftige Sprache gesprochen; Sie drücken sich,
wenn Sie wollen, so ausdrucksvoll und dabei so edel aus, daß
Sie gemeine Würze andern überlassen können und müssen!«
Friedrich Wilhelm hatte bei einem Diner mehrmals das Wort
»verflucht« benutzt. Nun, auch hierin ließ er sich nicht beirren.
Die »Würze« der Sprache nahm er niemals für etwas ganz Ernstes, sie war ihm Ausdruck seines Humors. Der für ihn auch
späterhin so typische, bilderreiche und witzig lässige Ton – der
oft überheblicher klang, als er gemeint war – zeigte sich darin,
wie er zum Beispiel seinem Vater über einen Gottesdienst in der
Potsdamer Garnisonkirche berichtete:

»Der Pastor der Garnison ist ein junger abgeklärter dummer

Mann. Er las die Liturgie wie eine langweilige Reisebeschreibung, der Chor brüllte falsch, nachher predigte er über die Natur und bewies in einigen poetischen Sätzen, aus den Knospen, aus den Kieseln, aus einem Glas Wasser, aus dem Fell der Thiere, in welchem Läuse und Flöhe hausen, und aus dem glätteren Haus des Menschen, daß es ein höchstes Wesen geben dürfte. Von Christus kein Gedanke. Ich ließ ihm nachher die größten Grobheiten sagen.«

Für die militärischen Fächer hatte der Kronprinz natürlich andere Lehrer. Im Reiten und im Truppendienst unterwies ihn schon seit der Zeit in Memel der damalige Kommandeur des 1. schlesischen Infanterieregiments Friedrich Wilhelm v. Gaudy. Grunsätze der »Kriegskunst«, also der Militärwissenschaft, lehrte ihn kein geringerer als der nur fünf Jahre ältere Karl v. Clausewitz, dessen Persönlichkeit Friedrich Wilhelm sehr beeindruckte. Doch gerade diesem Unterricht bereitete die außenpolitische Entwicklung ein Ende. Clausewitz trat 1812 in die russische Armee ein und machte den Winterfeldzug von 1812/13 mit. Er sollte erst im Frühjahr 1815 in preußische Dienste zurückkehren.

Anfang September 1812 zog Kaiser Napoleon bereits in den Kreml ein. Aber der russische Gouverneur hatte schon den Brand Moskaus vorbereitet. Hierdurch wurde die sogenannte »Große Armee« zum Rückzug gezwungen, geriet in den strengen Winter und wurde fast ganz vernichtet.

Der Ernst dieses schrecklichen Geschehens war dem jugendlichen Kronprinzen damals noch nicht voll bewußt. Seine Gedanken waren im Herbst 1812 ganz in die romantische Dichtung de la Motte-Fouqués vertieft. Davon berichtete er seinem Vater nach Teplitz: »Das geliebte Charlottenburg ist noch so schön, wie Sie es verlassen haben. Der weise (Schloßgärtner) Steiner hat jetzt sieben himmelblaue Hortensien, welche mit den roten vermengt einen sehr schönen Anblick gewähren. Ich machte diesen Blumigkeiten gestern meine Visite ... Das junge Charlottenburger Volk (er und seine Geschwister) läßt sich jetzt des abends eine neue Geschichte vom Undinischen Dichter Fouqué, der Zauberring genannt, vorlesen.«

Friedrich de la Motte Fouqué hatte 1811 die »Jahreszeiten, eine Vierteljahresschrift für romantische Dichtung«, gegründet. Hier war im Frühjahrsheft seine Erzählung »Undine« erschienen. In diesem Sommer 1812 veröffentlichte er den Ritterroman »Der Zauberring«. Beim Hören erlebten nun die königlichen Geschwister alles mit; sie traten gleichsam mit dem Dichter »in den großen, von reichen Schwibbogen durchzogenen Saal« ein, an dessen Gewölbe »reingoldne Reifen über und durcheinander kreiseten«. Vor ihren inneren Augen tauchten mittelalterliche Bilder auf; »Marktplätze mit Schranken und turnierenden Rittern«. Besonders beeindruckt waren sie von der »Muhme Frau Minnetrost«, von der der Dichter berichtet:

»Sie hat, was nur Eur Herz begehrt,
Hat Spiel und Fest und sichern Herd,
Hat auch des Friedens Blume,
Die ist den Menschen wert.«

Das erinnerte sie an ihre Tante Marianne von Preußen, die ihnen die verstorbene Mutter ersetzte; sie nannten sie also hinfort »Tante Minnetrost«.

Ein zeitgenössisches Porträt zeigt die Prinzessin im Lehnsessel sitzend, mit puffärmligem hellem Biedermeierkleid. Auf ihrer linken Schulter trägt sie den – allerdings erst 1814 gestifteten – Luisenorden, deren Protektorin sie war. Seine Mitglieder verpflichteten sich zu patriotischen Handlungen, wie zum Beispiel die Pflege und Sorge für Verwundete in Kriegen.

Wie sehr der junge Kronprinz der Bildwelt des Mittelalters anhing, zeigte sich besonders 1813 zu Beginn des »Befreiungskrieges«. Er verglich ihn mit einem Kreuzzug und nahm seinen Lieblingsroman, den »Zauberring«, mit ins Feld und mit ihm auch den folgenden Vers:

»Man geht aus Nacht in Sonne,
Man geht aus Graus in Wonne,
Aus Tod in Leben ein.«

Tante »Minnetrost«

Zwei Tage nach seiner Konfirmation – die am 20. Januar
1813 gefeiert wurde – durfte Friedrich Wilhelm zusammen mit
seinem Bruder Wilhelm den König nach Schlesien begleiten,
wo die Vorbereitungen zum Kampf gegen Napoleon getroffen
werden sollten. Kurz vor der Abfahrt von Berlin besuchten sie
noch einmal das Grabmal der Königin Luise im Charlottenburger Schloßpark. Davon erzählte er seiner Schwester Charlotte:
»Welch ein Augenblick, als Papa leise und langsam die Tür des
Mausoleums wieder schloß, ... draußen ein Himmel ohne
Wolken, ringsum knospende Bäume, das fröhliche Gezwitscher
von tausend Vögeln, und aus weiter Ferne das feierliche Geläute.« Auf der Reise nach Breslau lernte dann der Kronprinz
neue Städte und Landschaften kennen, die er seiner Schwester
in Briefen begeistert beschrieb und skizzierte.

Mitte März 1813 erklärte Preußen den Krieg an Frankreich.
Friedrich Wilhelm III. ließ einen »Aufruf« veröffentlichen:

Der Kronprinz im Freiheitskrieg

»An mein Volk! – So wenig für mein treues Volk, als für Deutsche, bedarf es einer Rechenschaft über die Ursachen des Krieges . . .«, und er befahl die Bewaffnung des gesamten Volkes.
Die neuen Landwehrmänner »trugen an der Mütze ein Kreuz
mit der Inschrift: Mit Gott für König und Vaterland.« Klöden
fügte diesem Bericht stolz hinzu: »Nach allen Seiten hin wurde
eine Thatkraft entwickelt, die Europa in Erstaunen setzte.«
    Kronprinz Friedrich Wilhelm erlebte im Mai 1813 die
Schlachten von Großgörschen und Bautzen mit, Schlachten,
die – wie er meinte – »nicht nach Wunsch ausgefallen« waren,
aber »geschlagen sind wir keineswegs«. Von einer Anhöhe aus,
wo Zar Alexander mit König Friedrich Wilhelm III. zusam-

mentraf, konnte er durch ein Fernrohr Napoleon sehen und berichtete das sogleich stolz den zu Hause gebliebenen Geschwistern: »Denkt Euch, Ihr Kinder, wir sahn den großen Schinder!«

Nach dem Zeugnis eines Flügeladjutanten des Königs befand er sich bei Bautzen in unmittelbarer Nähe des Gefechtes. Als er für diese »Teilnahme« vom Vater das Eiserne Kreuz und von Zar Alexander die 4. Klasse des Georgskreuzes erhielt, empfand Friedrich Wilhelm die Unverhältnismäßigkeit der Auszeichnung und schrieb Charlotte: »... so ein Taugenichts und Tuenichts und zwei der auszeichnendsten Orden auf der Brust!!!... Ich hoffe zu Gott, die Zeit wird kommen, wo ich meine Brust ohne zu erröten betrachten kann.«

In den Tagen des 16. bis 19. Oktober 1813 entschied dann die berühmte »Völkerschlacht von Leipzig« den weiteren Verlauf des Freiheitskrieges. »Nöppel« war besiegt, das französische Heer zog sich allmählich bis hinter den Rhein zurück. Als der König mit seinen beiden ältesten Söhnen im November vorübergehend in Berlin weilte, wurden die Prinzen in ihren Uniformen mit den weißen Armbinden, dem Kennzeichen der Alliierten, porträtiert.

Friedrich Wilhelm und Wilhelm begleiteten anschließend den Vater weiter auf der Fahrt ins Hauptquartier. Es ging über Weimar. Bezeichnenderweise beeindruckte hier den Kronprinzen am meisten das von Herzog Karl August im Schloßgarten erbaute »Römische Haus«. Schwärmerisch erzählte er: »Unter demselben ist in einer gewölbten offenen Halle ein kleiner Springbrunnen in einem antik geformten Becken.«

Zu Anfang des Jahres 1814 erlitt die preußische Armee – unter dem Oberbefehl von Generalfeldmarschall Blücher – bei Brienne le Château eine Niederlage.

Noch immer lenkte der Kronprinz seine Gedanken am liebsten über alles hinweg, was mit Krieg und Politik zu tun hat, wie er es selbst seiner Schwester Charlotte gestand: »Mich zum wenigsten beengt so etwas bei Gedanken und Gefühlen, die mich auf Unendliches und Ewiges leiten.« Er wünschte sich »daß die Sonne nicht aufginge und der Mond und die Sterne immer schienen«, daß »diejenigen, die mit der Sonne nur zum Morden und Politisieren aufstehen« liegen blieben, »und nur durch schönen Schmerz verwandte Seelen . . . sich begegnen – «. Und er fügte hinzu »darin erkennst Du Deinen tollen Bruder? Nicht wahr?«, doch »heute scheint weder Sonne und Mond, es ist abscheuliches Wetter.«

Die Gegenwart holte ihn wieder auf den Boden der Realitäten zurück.

Im März 1814 siegten die Verbündeten über Napoleon. Der Kronprinz und Prinz Wilhelm durften im Stabe der drei Monarchen Zar Alexander, Kaiser Franz und König Friedrich Wilhelm den Einzug der siegreichen Truppen der Alliierten in Paris miterleben. Nachdem Kaiser Napoleon abgedankt hatte, erhielt er die Insel Elba als Fürstentum zugewiesen. Ludwig XVIII. aus dem Hause Bourbon setzte nun die alte Reihe der französischen Könige wieder fort. Schließlich sollte auch der erzene Triumphwagen, den Napoleon 1807 vom Brandenburger Tor geraubt und nach Paris gebracht hatte, der preußischen Hauptstadt zurückgegeben werden. Diese »Quadriga«, ein von der Friedensgöttin gelenkter römischer Wagen mit vier Pferden – das Werk des Bildhauers Gottfried Schadow – war und ist ja bis heute ein besonderes Wahrzeichen Berlins.

Den 7. August 1814, als den Feiertag der Rückkehr der preußischen Truppen und der Quadriga, beschrieb Klöden sehr anschaulich: »Die ganze Garnison von Berlin war vom Schloß bis zum Brandenburger Tor in zwei Reihen aufgestellt, im Lustgarten und Schlosse die Bürgergarde. Die Prinzen und Generale erwarteten den von Charlottenburg kommenden König im Stern des Tiergartens. Von hier setzte sich der Zug in Bewegung. In der Nacht war der aus Paris zurückgekehrte Siegeswagen auf das Brandenburger Tor gestellt. Unmittelbar vor dem Tore bildeten 10 dorische Säulen einen Halbkreis auf hohen Fußgestellen, welches mit Adlern besetzt war. Jede Säule trug eine Kränze

Quadriga, der Siegeswagen auf dem Brandenburger Tor

spendende Viktoria. In der Mitte jeder Säule hing ein Schild mit
dem Namen einer Schlacht, dahinter zwei Fahnen. Die Säulen
waren durch Laubgewinde verbunden, und mit diesen auch das
Tor geschmückt. (Schinkel hatte diese Dekorationen entworfen). Der heute ganz freie Gang unter den Linden bildete vom
Tore bis zum Schlosse eine große Siegesstraße, zu beiden Seiten
mit Feuerbecken tragenden Kandelabern und Fahnen durch
Laubwerk miteinander verbunden, eingefaßt. Zu beiden Seiten
der Brücke am Opernhause erhoben sich zwei hohe, aus Waffen
aller Art zusammengesetzte Trophäen, Säulen, jede mit einer
Siegesgöttin besetzt. Im Lustgarten, aber in der Verlängerung
der Linden, war ein großer Siegesaltar erbaut, auf einem 50 Fuß

hohen Unterbau ruhend, mit 16 in Regenbogenfarben gehaltenen Stufen . . .
Als der König sich an die Spitze der Truppen setzte, bewill-
kommte ihn ein allgemeines Hurra, und nun fiel die zeltähnli-
che Bedachung, welche bis dahin den Siegeswagen des Brandenburger Tores verhüllt hatte. Unter Glockengeläute und dem
unbeschreiblichen Jubel zogen die Truppen ein bis zu dem Sie-
gesaltare am Schlosse. Hier wurde Gottesdienst gehalten. Auf
den obersten Stufen stand die gesamte Geistlichkeit, auf zwei
Bühnen hinter dem Altare befanden sich die Prinzessinnen und
die Staatsbehörden. Auf der Erhöhung vor dem Altare nahm
der König mit seinem glänzenden Gefolge Platz. In weiten
Kreisen standen die Truppen umher. Das Geläute schwieg, und
unter Posaunentönen begann der Gesang. Während desselben
und der folgenden Rede war jedes Haupt entblößt. Beim
Schlußgebet sank Alles, dem Beispiele des Königs folgend, auf
die Knie, und den darauf folgenden Gesang des ›Herr Gott
Dich loben wir‹ begleiteten Posaunen, Glockengeläut und Ka-
nonendonner.«
   Nach Beendigung des Krieges mit Frankreich nahm König
Friedrich Wilhelm III. am Wiener Kongreiß teil, auf dem die
Neuordnung Europas beraten wurde.
   Zu Hause aber, in Berlin, setzte sich »der alte Lauf der
Dinge« fort. Die Ausbildung des preußischen Kronprinzen erhielt nun den Charakter eines Studiums. Zu den ausgewählten
Dozenten gehörten unter anderen Friedrich Karl v. Savigny, der
juristische Vorträge hielt, und Barthold Niebuhr, der Kenntnisse der Finanz- und Staatswissenschaft vermitteln sollte. Bereits nach den ersten Besuchen bei Friedrich Wilhelm im Dezember 1814 bemerkte Niebuhr: »Ich freue mich, wenn der Tag
kommt, zu ihm zu gehen. Er ist aufmerksam, nachfragend, voll
Interesse – und alle die herrlichen Gaben, womit die Natur ihn
so reichlich ausgestattet hat, entfalten sich in diesen Stunden vor
mir. Oft wendet unsere Beschäftigung in Gespräch ab, aber
nicht in Geschwätz. Sein fröhlicher Sinn tut tieferem Ernst kei-

nen Eintrag; und sein Herz ist so tief bewegt wie seine Phantasie leicht beflügelt. Ich habe nie eine schönere Jünglingsnatur gesehen.«

Die beflügelte Phantasie seines Schülers zeigte sich insbesondere in Entwürfen für eine Burg, die »St. Georgen im See« heißen und als richtiger Rittersitz auf einer kleinen Havelinsel bei Potsdam gebaut werden sollte. Die vier jungen preußischen Prinzen Fritz, Wilhelm, Carl und Fritz-Louis (der Sohn von Prinzessin Friederike) träumten von einem neuen Ritterorden! Aber ihre geplante Burg konnte nicht realisiert werden; der Kronprinz mußte im Frühjahr 1815 noch einmal ins Feld ziehen!

Napoleon hatte mit etwa 1200 Soldaten am 26. Februar 1815 die Insel Elba verlassen, war an der französischen Küste gelandet und am 20. März in Paris eingezogen!

Für Friedrich Wilhelm bedeutete der Weg zur Armee wieder, eine Reise machen zu dürfen, auf der er eine Fülle von neuen landschaftlichen und architektonischen Eindrücken empfing. Er schrieb und zeichnete ein »Feldzugstagebuch«, in das er seine kunstgeschichtlich geschulten, aber mit ganz persönlichen Urteilen verquickten Beobachtungen eintrug. Den Dom von Worms fand er beispielsweise »im ältesten vorgotischen Geschmack süperbe, doch etwas delabriert mit neueren Verzierungen verunstaltet«. Und über Paulinzelle urteilte er: »Dies ist die schönste Ruine in Deutschland . . . Der Baustil ist ganz vorgotisch, fast wie die römischen Basiliken . . . Die üppigste Vegetation in und auf den Trümmern, die schöne, milde, stille Gegend macht es wirklich zu einem wahren Anachoreten Aufenthalt.«

Am 18. Juni 1815 wurde Napoleon in der Schlacht von Belle-Alliance endgültig besiegt; die Alliierten verbannten ihn nun als Kriegsgefangenen auf die kleine Insel St. Helena im Südatlantik.

Der Kronprinz war in diesem Juni nur bis Alsfeld in Oberhessen gekommen und beendete sein Feldzugtagebuch, indem er seine Gedanken von der politischen Gegenwart in die Zukunft richtete. Dabei verknüpfte er das Zukünftige mit dem christlichen Glauben in der für ihn so charakteristischen Hoffnung auf das Jenseits als Ziel nicht allein seines persönlichen Lebens, sondern auch aller Geschichte: »Gott hat gerichtet; was werden die Menschen tun? ... Aus Deutschland wird trotz der trüben Aussicht etwas recht Schönes werden. Ich baue mir nicht goldene Schlösser, auch nicht träume ich goldene Zeiten für uns, aber Zeiten träume ich, wo in Deutschland viel herrliche Saat für den Himmel aufkeimen soll ... Es muß wirklich eine Tugend sein zu hoffen, und diese ist die einzige, die ich wirklich mehr als jeder Sterbliche besitze und in der ich durch die Begebenheiten, die mir bis jetzt in meinem Leben begegnet, nur immer befestigt worden. Auf diese will ich die andern Tugenden pflanzen; das ist der Plan meines Lebens.«

Nachdem die Verbündeten Paris zum zweitenmal eingenommen hatten, begleitete der preußische Kronprinz seinen Vater wieder in die französische Hauptstadt. Diesmal besuchte er – und wir können uns sein lebhaftes Interesse vorstellen – den unter Napoleon berühmt gewordenen Architekten Pierre François Fontaine.

Über die weiteren Ereignisse in Berlin berichtete der Chronist Klöden: »Am 24. Oktober 1815 traf der Kaiser Alexander auf der Rückreise von Paris nach seinen Staaten in Berlin ein ... Der König war bemüht, den russischen Herrschaften den Aufenthalt so angenehm wie möglich zu machen ... Große Mittags- und Abendtafeln, Bälle, Opern und Paraden wechselten ... Am 4. November ... wurde in Gegenwart des ganzen Hofes bekannt gemacht, daß die beiden Souveräne ... die Vermählung des Großfürsten Nikolaus und der Prinzessin Charlotte von Preußen ... festgesetzt hätten.«

Nikolaus war der damals 19jährige Bruder Zar Alexanders. »Festgesetzt« wurde seine Hochzeit mit der 17jährigen Charlotte allerdings erst zum Juni 1817.

Die Verlobung war ein einschneidendes Ereignis für die preußische Prinzessin, aber auch für ihren Bruder Friedrich

Wilhelm. Gerade ihr gegenüber konnte er sich immer öffnen, sie verstanden einander gut. Charlotte schrieb ihm einmal: »Wir bilden uns eine Welt in unsern Herzen, . . . die Welt mag gehen, wie sie will.« Glücklicherweise blieb ihnen noch ein reichliches Jahr nahen geschwisterlichen Austausches.

Zu Beginn des Jahres 1816 gab es ein zu recht »zauberhaft« zu nennendes Erlebnis insbesondere für »Fritz«. Der 18. Januar, als der jährlich in Erinnerung an den 18. Januar 1701 gefeierte Krönungstag – an dem sich seinerzeit Kurfürst Friedrich III. von Brandenburg in Königsberg als Friedrich I. krönte – sollte dieses Mal in besonderer Weise als Friedensfest begangen werden. Für den Abend war im Berliner Opernhaus die Aufführung von Mozarts »Zauberflöte« mit den Bühnenbildern von Schinkel vorgesehen. Der Kronprinz nahm bereits derart begeistert an den Dekorationsproben teil, daß es ihm eine Rüge seitens seines Mentors einbrachte: »Ist es schicklich für den Kronerben, ein solches lebhaftes Interesse für die Bühne zu haben und zu verraten?« schrieb ihm Ancillon.

Es war immer dasselbe; seine Lehrer wollten dem Künstler in Friedrich Wilhelm gleichsam die Flügel beschneiden.

Allen Ermahnungen zum Trotz begann er im Herbst 1816 eine Novelle mit dem Titel »Königin von Borneo«. Er schrieb sie als Fortsetzung in Briefen an seine Schwester und versetzte sie abwechselnd in Staunen und Zweifel, weil seine Phantasie die Grenzen zwischen Realität und Illusion, zwischen Wirklichkeit und Traum verwischte. Das machte er allerdings absichtlich.

Friedrich Wilhelms Novelle beginnt ganz nüchtern. Er schildert den Einzug in Paris, wie er ihn anno 1814 miterlebte. Doch schon bald begegnet ihm hier eine märchenhafte Frau; »in weißes Linnen gekleidet, mit einem roten Bund von Shawl um den Kopf«. Sie heißt Magdalena, sucht ihn in seinem Quartier auf und erzählt ihm ihre Lebensgeschichte; als Tochter eines deutschen Vaters und einer italienischen Mutter habe sie das unglückliche Schicksal gehabt, von Korsaren gefangengenommen, dann als Sklavin »nach Suez an die Frau eines Armeniers« verkauft zu werden, um endlich nach Borneo zu gelangen, wo sie der König zur Gespielin seines neunjährigen Töchterleins bestimmt habe. Nach einer Reihe von wundersamen Erlebnissen habe sie hier bewirkt, daß der Herrscher zusammen mit seiner inzwischen herangewachsenen Tochter zur christlichen Religion übergetreten sei. Um nun einen Taufzeugen zu gewinnen, »womöglich einen preußischen Prinzen«, sei sie, Magdalena, nach Paris gesandt worden.

Der Kronprinz ließ es bei diesem Abenteuerbericht nicht bewenden, er versuchte, seine Schwester Charlotte zu überzeugen, daß sein Erzieher Ancillon der Unterhaltung mit Magdalena beigewohnt und ihn nachdrücklich vor ihr gewarnt habe. Er selbst jedoch habe keinen Augenblick an der Aufrichtigkeit Magdalenas gezweifelt, sei überzeugt worden durch »das sanfte, aber gewaltige Feuer der großen schwarzen Augen, in deren Spiegel sich zwei Welten malen«. Besonders sei er von ihr durch die Aussicht, als Gemahl der Prinzessin Regent von Borneo zu werden, angelockt worden: »Bei Gott, könnte ich hin, ich tät's!« Wiederholt habe ihn nun Ancillon gewarnt; doch Magdalena ihr Anliegen um so dringlicher gemacht.

Sie reicht ihm dann eine Tunika »mit goldenen, purpurnen, grünen und azurnen Blumenkelchen durchwirkt«, bläst auf einer Flöte, worauf zwei schneeweiße Vögel mit purpurnen Flügeln erscheinen. Er besteigt den einen, der einen Polstersitz auf dem Rücken hat; »in der Zuversicht, es geschehe im Traum«. Doch dies sei eine wirkliche Reise! versichert er Charlotte, »durch die äußersten Räume des Äthers«. Am fünften Tage erreicht er Borneo. Friedrich Wilhelm hat hier in der ersten Nacht einen bedeutungsvollen Traum; er selbst ist Dante, Beatrice erscheint ihm – sie hält ihm all seine Schwächen vor Augen – er verspricht Besserung – und sie weist ihm den Eingang ins Paradies. Am nächsten Morgen erkennt er zu seiner Überraschung in der Königstochter von Borneo seine Traum-Beatrice wieder!

Friedrich Wilhelm brach seine Novelle mit dem augenzwinkernden Satz ab: »Du glaubst mir nicht!« Sie blieb Fragment.

Ein 80 Seiten umfassendes Briefmanuskript voller Wunder-
geschichten! Deutet es nicht darauf hin, daß aus diesem Kronprinzen schwerlich ein konsequenter Realpolitiker werden
konnte?

Die »geflügelte Phantasie« Friedrich Wilhelms sollte auch
1817 von seinen militärischen Pflichten wieder eingeholt werden. Mit 22 Jahren war er jetzt Regimentskommandeur.

General Ludwig v. der Marwitz mahnte ihn, seinen Beruf als
Soldat nicht als »Spielerei anzusehen, den man ungestraft igno-
rieren kann«. An seinen taktischen Fähigkeiten brauchte aber
niemand zu zweifeln. Bei einem Manöver im Sommer 1817 besiegte Friedrich Wilhelm eben jenen General v. der Marwitz als
Führer der Gegenpartei. An diesem Manöver hatte General v.
Gneisenau seine Freude und berichtete Einzelheiten davon an
Clausewitz. Bei dem »Hurra« eines Bajonettangriffs habe das
Pferd des Kronprinzen gescheut und seinen Reiter abgeworfen,
dieser sei jedoch rasch wieder in den Sattel gesprungen und
habe weiterkommandiert: Da kam jemand »ängstlich angerit-
ten und fragte den Kronprinzen, was ihm begegnet sei? Mit der
ihm eigenen komischen Kraft hielt er die Hand seitwärts des
Mundes und sagte: Sagen Sie nichts davon, ich bin totgeschos-
sen.«

Gneisenau war ein passionierter Soldat, hatte aber im Unterschied zu Marwitz Sinn für die besondere Gefühlswelt des
Kronprinzen, ja, er bewunderte ihn deshalb sogar: »Wahrlich
ein seltener Kronprinz, reich an Eigenschaften des Geistes und
Herzens und Wunder über Wunder von seltener Reinheit.«

Der *Juni 1817* brachte den Abschied von Charlotte. Bewußt
kosteten die Geschwister vorher noch »die Wonne des Beisammenseins« aus. Sie waren abwechselnd in Paretz, Potsdam, auf
der Pfaueninsel und in Charlottenburg. Dann holte Großfürst
Nikolaus seine Braut ab; aber nicht der Kronprinz, sondern
Prinz Wilhelm durfte sie nach St. Petersburg begleiten.

Friedrich Wilhelm fuhr indes an den Rhein. Der König hatte
seinen redegewandten und kunstliebenden Sohn beauftragt, als

Repräsentant der preußischen Krone einen ersten Besuch der – nach dem Wiener Kongreß neu erworbenen – Rheinprovinz zu machen. In Köln wurde dem Kronprinzen extra eine Ausstellung gotischer Gemälde gezeigt, die Ferdinand Wallraf gesammelt hatte, und im Chor des Domes wurde ihm zu Ehren ein Konzert gegeben. Dieser unfertige gotische Bau – noch ohne Mittelschiff – beeindruckte Friedrich Wilhelm zutiefst. Er schrieb Charlotte nach Rußland, daß er nach der offiziellen Besichtigung am Tage noch einmal abends eine Stunde im Chor verbrachte, wo er sich endlich »als Mensch« fühlte: »Ein großer illuminierter Stern war das einzige Licht – das ungeheure Gewölbe schimmerte im Nebel oben, . . . mein ganzes Wesen war bei Dir.«

Je älter er wurde, desto öfter sehnte er sich nach Stille und Einsamkeit. –

Die Kölner waren von seiner Persönlichkeit beeindruckt. Doch ihre Hoffnung, seinen Zuspruch für eine in ihren Mauern zu errichtende Universität zu erlangen, erfüllte er nicht. Friedrich Wilhelm fand das Poppelsdorfer Schloß in Bonn als Hochschulgebäude geeigneter. Wieder auf dem Rückwege nach Berlin machte er Station in Münster und die treffende Beobachtung: »Eine rechte Hofstadt, . . ., . . . alle Welt heißt Droste und ist Droste.«

*

Seit Jahren sehnte sich der Kronprinz danach, Italien kennenzulernen. Oft schon hatte er Land und Bauten mit seinem Zeichenstift umkreist. Durch das Betrachten von Bildern und Lesen historischer Schilderungen kannte er Rom so gut, daß sein Lehrer Niebuhr bereits 1815 meinte: »Die Lokalkenntnisse des Kronprinzen haben wirklich etwas Märchenhaftes von Intention. Er disputierte gegen Aloys Hirt, Mitglied der Akademie der Wissenschaften und der Akademie der Künste, und hatte recht.« Dennoch riet gerade Niebuhr dem König, diese Reise seinem Sohn erst zu erlauben, wenn er fremde Länder »auch mit den Augen des Staatsmanns und Militärs, nicht allein mit denen des Dichters und Künstlers betrachten könne«. Im März 1818 klagte Friedrich Wilhelm seinem ehemaligen Erzieher Delbrück: »Meine Sehnsucht da hinüber und nach der Ewigen Stadt ist so groß, so sehr heftig, daß ich es durchgemacht haben muß, um reif zu sein, oder vielmehr, es zu werden.«

Aber der König hatte wieder einen anderen Plan; er nahm seinen Ältesten im Sommer 1818 mit nach St. Petersburg zur Taufe des ersten Enkels. Charlotte – als russische Großfürstin trug sie nun den Namen Alexandra Feodorowna – hatte ihren ersten Sohn, den späteren Zaren Alexander II. bekommen. Selbst in Rußland blieb Friedrich Wilhelm die Sehnsucht nach Italien »in Kopf und Herz«.

So bat er seinen Vater erneut im Februar 1819: »Ich nahe mich heute mit dem kindlichsten Vertrauen, eine große Bitte zu wagen – die Sie gewiß erraten! . . . Möchten Sie sich doch überzeugen«, beschwor er den König geradezu, »daß nicht eine wilde, verkehrte, verbrannte Phantasie und Künstler-Narrheit und Possen mich nach Italien treiben.«

Doch wieder bat er umsonst.

Dieses Mal sandte Friedrich Wilhelm III. den Kronprinzen auf eine Inspektionsreise nach Schlesien und anschließend nach Süddeutschland. Friedrich Wilhelm war jetzt 24 Jahre alt. Er ahnte, daß die verordnete Reise eine »Brautschau« zum Ziele hatte und äußerte unmutig: »Katholisch will ich keine!«

Aber es kam ganz anders.

Von den ersten Stationen in Schlesien sandte der Kronprinz die üblichen Sachberichte über besichtigte Regimenter und auch über industrielle Anlagen nach Berlin. Ins ferne Rußland, an Charlotte, schrieb er Anderes: »14. Juli . . . Morgen habe ich eine schreckliche Probe zu bestehen.« Am nächsten Tag sollten ihm in Baden-Baden die Töchter des Königs von Bayern vorgestellt werden.

Maximilian I. hatte aus zwei Ehen insgesamt 12 Kinder. Die

ältesten waren schon verheiratet, an der Spitze Kronprinz Ludwig mit Therese von Sachsen-Hildburghausen und Auguste mit dem Prinzen Eugen von Beauharnais. Seine sechs Töchter der zweiten Ehe, darunter zwei Zwillingspaare – Elisabeth und Amalie, geboren 13. November 1801, und Sofie und Marie, geboren 27. Januar 1805 – waren noch unverheiratet. Sie wurden dem Kronprinzen als »Cousinen-Bataillon« präsentiert.

Er aber wurde magisch angezogen von »Augen so blau wie der napolitanische Himmel!« War denn seine Sehnsucht nach Italien im Grunde nichts anderes als Sehnsucht nach diesen Augen?

Für Ende August 1819 hatten die Reiseplaner geschickterweise gleich einen zweiten Besuch bei der bayerischen Königsfamilie vorgesehen, dieses Mal in München. »Alle Mittage fuhren wir nach Nymphenburg, wo ich mir . . . immer mehr die Flügel verbrannte«, gestand Friedrich Wilhelm nun seinem Vater.

Aber vier Jahre sollten noch vergehen, ehe es 1823 zur Hochzeit kam; die Vermählung des Kronprinzen von Preußen mit der Prinzessin von Bayern hatte ihren Übertritt zur evangelischen Kirche zur Voraussetzung. König Max und Königin Karoline sahen darin kein Problem. Karoline, die selbst protestantisch geblieben war, ging davon aus, daß es ihrer Tochter nicht schwerfallen würde, zu diesem Bekenntnis überzuwechseln. Aber sie irrte sich. Elisabeth war sich mit ihrer Zwillingsschwester darin einig, ihren mit der Firmung gefestigten Glauben nicht um eines irdischen Glückes willen preiszugeben. Als Friedrich Wilhelm hiervon erfuhr, reagierte er scheinbar paradox und doch seinem innersten Wesen gemäß: »Ihnen, teuerster, lieber Papa, muß ich's gestehen, daß dies mir den letzten Stoß gab – nämlich zu sehen, daß ihr Glaube ihr nicht indifferent sei und daß sie Charakter zeigt, wo es drauf ankommt. Bis jetzt war ich nur charmiert, jetzt muß ich sie achten und lieben, und gerade um deswillen, was mich wahrscheinlich ewig von ihr trennt!«

44

Für Friedrich Wilhelm war nicht der Unterschied der Konfessionen ausschlaggebend, sondern, daß es keinen Kompromiß gab zwischen einer Entscheidung für das monarchische Gesetz und einer für das christliche Gebot. Diese klare Einstellung empfand Gneisenau als »Wunder von seltener Reinheit«. Der persönliche Gehorsam Gott gegenüber verpflichtete den Kronprinzen mehr als der Gehorsam seinem Vater gegenüber. Deshalb gehörten für ihn Verzicht und Sich-fügen zusammen; er war bereit, seine Liebe zu Elisabeth zu »opfern, wenn's sein muß ... und wenn mir das Herz zerrissen wird – «. Diese Sätze vertraute er seinem Gebetbuch an, das er zu Lebzeiten keinem Menschen zeigte.

Sein Vater dachte anders; er wollte das Glück seines Sohnes erfüllen und beauftragte deshalb den evangelischen Bischof Eylert, die Prinzessin doch noch umzustimmen. Eylert erreichte, daß Elisabeth auf eine offizielle Anfrage des preußischen Gesandten hin eine Erklärung abgab, sie würde in Berlin ihren katholischen Glauben nicht zur Schau tragen und an evangelischen Gottesdiensten teilnehmen. Das war aber dem König noch nicht genug, und so zogen sich die Vermittlungsversuche weiter hin.

Was aber fühlte Elisabeth im Verborgenen für Friedrich Wilhelm und wie reagierte sie? Auf ihre dem preußischen Gesandten übergebene Antwort hatte der Kronprinz an Tante Minnetrost geschrieben: »Ich erkläre, daß ich mit gebrochenem Herzen, inniger Bewunderung und erhöhter Liebe anerkenne, die geliebte Prinzessin sowohl als der König, mein Vater, hätten ihre Pflicht getan, indem sie ihrer Überzeugung und nicht ihren Wünschen gefolgt sind –!« Diese Zeilen sandte Prinzessin Marianne – getreu ihrem Namen »Minnetrost« – nach Bayern. Nachdem Elisabeth sie gelesen hatte, schlug sie nicht nur eine Werbung des Erzherzogs Ferdinand von Österreich-Este aus, sondern schrieb sogleich einen Brief mit den Eindrücken ihres Herzens an ihre Tante Amalie von Baden, die ihn ihrerseits an Tante Minnetrost weiterschickte, um ihn so in die Hände des

Zug der Prinzen beim Kostümfest Lalla Rukk

Kronprinzen zu legen. Er las: »Welch ein Kleinod! Was soll ich dazu sagen? Ich habe wahrlich meine Empfindungen noch nicht in Worte gebracht. Ich habe das Blatt fast aufgegessen. Sie, Tante Amalie, hätten gelächelt, mich zu sehen.« Wie Elisabeth, besaß nun auch Friedrich Wilhelm ein »Kleinod«, das er hütete. Und in der fast aussichtslosen und doch zugleich so hoffnungsvollen Stimmung seines Herzens zeichnete er eine Fülle von Entwürfen für ein Schloß, das er in Anlehnung an Goethes »Tasso« Belriguardo nannte. Es entstanden etwa 60 Blätter mit Grundrissen und Aufrissen, Ansichten und Aussichten!

In dieser für Friedrich Wilhelm langen Zeit der immernoch ausstehenden Entscheidung gab es glücklicherweise eine Ablenkung. Zu seinem 25. Geburtstag, am 15. Oktober 1820, kamen Schwager Nikolaus und Charlotte zum erstenmal aus Rußland zu Besuch nach Berlin. Die preußischen Geschwister beschlossen, ihnen zu Ehren am 27. Januar 1821 ein besonderes Kostümfest zu veranstalten, eine Art Theaterspiel, an dem sich alle Prinzen und Prinzessinnen und der ganze Hofstaat beteiligen sollten. Die Idee der Aufführung ging auf eine Dichtung von Thomas Moores, »Lalla Rukk«, zurück. Die Gäste waren hocherfreut, mitwirken zu dürfen. Das Spiel begann mit einem Festzug, in dem der Kronprinz als Schah Bahadur auftrat. Großfürst Nikolaus stellte Aliris, einen bucharischen Prinzen dar, der um die Hand einer indischen Prinzessin mit Namen »Tulpenwange« wirbt. Als Sänger verkleidet hatte er seine eigene Gemahlin Charlotte als »Lalla Rukk« mit Romanzen zu unterhalten. Die Romanzen des Sängers wurden als »lebende Bilder« aufgeführt. Schinkel hatte die Dekorationen und Kostüme dazu entworfen. Der Maler Hensel führte die Regie und zeichnete Personen und Bilder für ein Kupferstichwerk, das zur Erinnerung für die Mitspieler gedruckt und koloriert wurde.

Die Jahre 1821 und 1822 zogen sich noch weiter mit Vermittlungsversuchen in der Hochzeitsangelegenheit zwischen dem preußischen und dem bayerischen Königshaus hin. Als dann im Sommer 1823 Herzog Bernhard von Meiningen um die Hand Elisabeths anhielt, machte diese Werbung eine Entscheidung preußischerseits dringend. Friedrich Wilhelm III. weilte gerade, wie fast alljährlich, zur Kur in Bad Teplitz. Hier fügte es sich, daß dem 53jährigen Witwer »die Schönheit und der seelenvolle Zauber« der jungen Gräfin Auguste Harrach »tiefen Eindruck auf das Herz« machten. Auch sie war katholisch. So dachte der König wohl mit besonderem Verständnis an seinen Sohn, und während er noch überlegte, Bischof Eylert zu einem letzten Versuch nach Bayern zu entsenden, erhielt er bereits einen Brief aus München. Elisabeth hatte ihm nach Teplitz geschrieben: »Obgleich mich das Opfer ... unendlich mehr kostet, als ich auszudrücken vermag, so bin ich doch fest entschlossen, den Willen Eurer Majestät einst zu erfüllen.«

47

Kronprinzessin Elisabeth

Der König übergab diese Zeilen seinem Sohn und – wie hätte es anders sein können – sie entfachten in Friedrich Wilhelm erneut gegensätzliche Gefühle. Er schrieb: »Zuerst war ich wie erstarrt, unfähig zu denken und zu beurteilen; dann wurde ich von einem Freudenrausch, von einem Entzücken, von einem Moment des Glücks überrannt . . . Aber es war nur ein Augenblick. Er machte nur zu bald einer Mischung von Glück und von der unnennbarsten Gewissensangst Platz, dem Gefühl einer schweren Verantwortlichkeit für diese und in jener Welt.«

In dieser Lage echter Tragik, inmitten der Unvereinbarkeit von Gegensätzen, wollte Friedrich Wilhelm nicht eigenwillig entscheiden, weil er sich in voller Abhängigkeit als »Geschöpf« wußte. Die Entscheidung nahm ihm sein Vater ab, indem er

nach Bayern an die Prinzessin schrieb: »Ich habe nun die Gewißheit erlangt, daß Sie der Ausführung Ihres Entschlusses mit
freier Überzeugung... entgegengehen... Ich wende mich
(also) an Ihre durchlauchtigsten Eltern, um von Ihren Majestäten die Hand Eurer Königlichen Hoheit für meinen Sohn, den
Kronprinzen, zu erbitten.«

Am 26. August 1823 sandte dann Friedrich Wilhelm seinen
ersten Brief direkt an Elisabeth: »Der langersehnte Augenblick,
in welchem ich glaubte, so beredt zu sein, ist nun wirklich da,
aber von der gehofften Beredsamkeit keine Spur! Meine Hand
zittert, meine Gedanken sind verwirrt... So biete ich den Ew.
Königl. Hoheit Herz und Hand! Seit vier Jahren lebt Ihr Bild in
diesem Herzen und hat es sich unwiderruflich zu eigen gemacht. Daß ich die Treue der ersten Liebe treu und heilig halten
werde, muß mein Leben beweisen.«

Wenig später reiste er nach München. Nach damaligem
Brauch durften die Verlobten keinen Augenblick allein sein.
Erst kurz vor der Rückfahrt ergab sich eine Gelegenheit, daß
sich Friedrich Wilhelm und Elisabeth unbeobachtet verabschie-
den konnten: »Sie forderte von meinem Haar, und ich bat sie, es
selbst abzuschneiden. Es mußte nun geschieden sein, und ich
bat sie, mir als gutem Cousin zu erlauben, daß ich sie umarmte!
Da haben wir uns denn eine gute Zeitlang in den Armen gelegen, ganz weg!!! Herz an Herz und Mund an Mund!... Sie liebt
mich mehr, als ich's je erwarten durfte!!!«

Die Vermählung des preußischen Kronprinzen mit der katholischen Prinzessin Elisabeth von Bayern fand in München
»per procurationem« am 16. November und etwas später, am
23. November 1823, in Berlin statt; »mit allen bei solchen
Festen üblichen Ceremonien«.

*

49

III. 1824–1839

Zeit des Abwartens als Kronprinz

Der feierliche Einzug des kronprinzlichen Brautpaares in die Residenzstadt Berlin verlief vom Brandenburger Tor über die breite Straße Unter den Linden, an vielen Palais vorbei, auch am Opernhaus Friedrich des Großen, am Zeughaus, über die Schloßbrücke – die einen Arm der Spree überquert – ins Stadtschloß.

Hier residierte das Paar – im Unterschied zu dem König, der zeitlebens mit dem Kronprinzenpalais vorliebnahm – bis der Schrecken der 48er Revolution ihnen das Schloß verleidete.

Erst in den Jahren nach den Befreiungskriegen war diese repräsentative Zufahrt durch den genialen Baumeister Schinkel vervollständigt worden. Gerade hatte er die hölzerne »Hundebrücke« durch eine steinerne ersetzt, in einer »vielleicht von keiner andern Brücke übertroffenen Breite von 104 Fuß«, wie er selber einigermaßen stolz schrieb. Und heute nun, am Hochzeitstag, dem 29. November 1823, wurde sie eingeweiht. Eine eigens von ihm entworfene Festdekoration schmückte sie zudem mit Bögen und Blumengirlanden.

Das Kronprinzenpaar bezog zunächst einige noch im Stil und auch der Zeit Friedrichs des Großen eingerichtete Räume. Friedrich Wilhelm hatte sie sich seit Jahren wohnlich gemacht. »Das große Zimmer mit dem Thurmkabinett«, so berichtete Gräfin Elise Bernsdorff 1822, »verdankte seine dermalige geschmackvolle Einrichtung dem jungen Fürsten, der mit seiner Pietät nicht nur alle Andenken schonte, die an Friedrich II. erinnerten, sondern auch alle Souvenirs sammelte, welche ihn an seinen theuern Vorfahren mahnten. Die Büste der Mutter, der hochseligen Königin Luise, war mitten in den Thürmchen wie in einem Heiligthum aufgestellt, umgeben von Sinngrün und Efeu ...

Es gab in diesem kleinen Erinnerungstempel Andenken aller Art, die wertvollsten wie die geringsten, ... gemalte Ostereier, ... gestickte Albums, (alles) mit zierlicher und gemüthlicher Sorgfalt aufgestellt, ... Bildchen auf Goldgrund, auch rußische Heiligenbilder, ... aber inmitten ein ausgestopfter Fuchs. Der Kronprinz hatte ihn trotz seiner Kurzsichtigkeit erlegt.«

Nach der Heirat beschloß Friedrich Wilhelm, seine Zimmer neu einrichten zu lassen. Die alten Stukaturen an Decken, Wänden und Kaminen sollten selbstverständlich erhalten bleiben. Was lag näher, als daß Schinkel für die Umgestaltung beauftragt wurde? Er war ja nicht allein Architekt, sondern auch Maler und Inneneinrichter. Der Kronprinz kannte ihn seit seiner Kinderzeit.

Bereits 1810 hatte er zusammen mit seiner Mutter und seinen Geschwistern Schinkels Dioramen bewundert. Das waren verschieden beleuchtete, manchmal mit Musik unterlegte, gemalte Szenerien, die im Haus von Herrn Gropius in Berlin gezeigt wurden. Besonderes Interesse fanden damals die Dioramen »Die sieben Weltwunder« und »Aussicht von Palermo«.

Inzwischen war es selbstverständlich geworden, daß der Kronprinz oft eigene Ideen und archtitektonische Skizzen mit dem Architekten besprach, denn, wie der Kunsthistoriker Waagen, ein Freund Schinkels, einmal schrieb; »lag diesem Verhältnis ... das tiefe und innige Gefühl von der gegenseitigen Verwandtschaft des künstlerischen Naturells zu Grunde«.

Die Umgestaltung der Kronprinzenwohnung zog sich von 1824 bis 1827 hin. Elisabeth erhielt für sich persönlich das »Thurmkabinett«, in dessen Erker sie nun die von Christian Daniel Rauch gestaltete Büste ihres Mannes aufstellen ließ. Drei Gemälde des damals noch relativ unbekannten Malers Kaspar David Friedrich – »Mönch am Meer«, »Abtei im Eich-

*Das von Schinkel für die Kronprinzessin neu eingerichtete
»Turmkabinett«*

wald« und »Kreuz im Riesengebirge« – verliehen ihrem Zimmer eine besondere Atmosphäre. Der König hatte sie bereits
1810 und 1812 auf Drängen des Kronprinzen hin erworben
und das war für den Kunstgeschmack der Zeit durchaus ungewöhnlich.

Die Seitenwände des neuen Teesalons in der Kronprinzenwohnung ließ Schinkel mit gemalten Allegorien schmücken;
auf halbhohen Regalen standen: »dicht gedrängt eine Menge
höchst merkwürdiger Kunstgegenstände, meist der antiken Zeit
angehörend.« Die Zimmerdecke wirkte wie ein Zelt, es gab
einen »halbkreisförmigen Divan von Pappelholz mit rothseide-
nem Bezug, ... Marmorschalen, ... Alabastervasen ...« In
diesem heiteren Raum fanden oft »Teeabende« statt, »zu denen bedeutende Männer ohne Rücksicht auf Rang und Stand
zur Wechselrede und zu behaglichem Beisammensein« eingeladen wurden.

Die ehemalige Kapelle des Schloßgründers, des von 1413 bis 1471 lebenden Brandenburgischen Kurfürsten Friedrich II., hatte sich Friedrich der Große im 18. Jahrhundert in drei Geschosse unterteilen lassen. Hier im obersten, spätgotisch gewölbten Raum, richtete sich nun der Kronprinz ein persönliches Zimmer ein. Neugotische Sockelschränke zierten die Wände, und wie in einem Atelier füllte ein großer Schreib- und Zeichentisch die Mitte. In diesem Zimmer ließ er sich 1846 für den Leiter der Königsberger Sternwarte, Friedrich Wilhelm Bessel, porträtieren. Es wurde ein für ihn typisches Bild, dessen Entstehungsgeschichte er – nicht frei von Koketterie – Bessel selber mitteilte: »Ihrem mir so lieben Wunsch gemäß hab ich mich in ganz unoffiziellem Zustande malen lassen, nach dem Ausdruck des seel. Kaysers Franz ›in beschmierten Kleidern‹, und, was ich ›im Naturzustande‹ nenne, im Überrock, ungeknöpft und am Tische lehnend, wie ich Bekannte in meinem Cabinet zu empfangen pflege ... Ich kenne davon noch nichts als die Kreide-Skizze, in welcher ich den Habitus eines Bullenbeissers voll von Wohlwollen – bellen diese fünf Sylben nicht förmlich? – mit bescheidener Resignation erkannt habe ...

Ich freue mich, Ihnen mein Bild selbst ankündigen zu können, und hoffe, daß es diesen Zeilen sehr bald folgen wird, denn es ist fertig, und der Maler Krüger – der das Viech so vortrefflich malt – verlangt nur eine halbe Stunde von mir, um noch einen oder zwei Pinselstriche nach dem Leben hinein zu machen. Seit 14 Tagen habe ich ihn wissen lassen, daß ich dazu keine Zeit habe, er solle mir sein Werk schicken, ich wolle dann sehen. – Gott segne und erhalte Sie! theuerster Bessel, der Wissenschaft, dem Vaterlande und Ihrem Freunde Friedrich Wilhelm.«

Der Astronom Friedrich Wilhelm Bessel starb im März 1846 kurz nach Erhalt des Bildes.

1824, im Jahr nach der Vermählung des Kronprinzen, porträtierte der Maler Franz Krüger – im Auftrag Friedrich Wilhelms III. – nicht allein die Kronprinzessin, sondern alle Kinder und Schwiegerkinder des Königs.

Blick vom Berliner Schloß auf Lustgarten und Museum

Aus den Fenstern ihrer Wohnung im Stadtschloß konnten Friedrich Wilhelm und Elisabeth auf einen geräumigen Platz, den »Lustgarten«, blicken. An seiner Nordseite war allerdings das – bis in unsere Tage so markante – Museum, das Schinkel entworfen hatte, erst im Entstehen begriffen. Fertiggestellt, nach seinen Entwürfen im »neuen griechischen Stil«, war bisher das Wachgebäude gegenüber dem Kronprinzenpalais und das Schauspielhaus auf dem Gendarmenmarkt. Dessen Einweihung hatte bereits 1821 mit einer Aufführung der »Iphigenie« stattgefunden. Goethe selber würdigte damals die architektonische Leistung Schinkels poetisch, indem er dem Publikum zurufen ließ:

> »Denn Euretwegen hat der Architekt
> Mit hohem Geist so edlen Raum bezweckt,
> Das Ebenmaß bedächtig abgezollt,
> Daß Ihr Euch selbst geregelt fühlen sollt.«

54

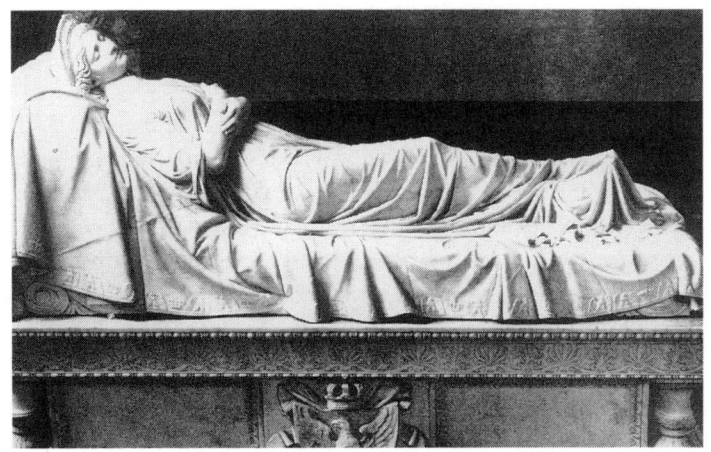

Sarkophag der Königin Luise

Zu Beginn des Jahres 1824 dürfte der Kronprinz seiner Frau gewiß auch das Schloß Charlottenburg mit seinem prächtigen Park und vor allem das für seine Mutter erbaute Mausoleum gezeigt haben. Für diesen kleinen, unpathetischen Tempel hatte sich Friedrich Wilhelm III. – entgegen Schinkels gotischem Entwurf – selbst entschieden. In seiner Gruft stand damals noch allein der schlichte Sarg der Königin Luise, darüber in einer dämmerigen Halle ihre von Christian Daniel Rauch modellierte Gestalt in Lebensgröße, wie auf einem Ruhebett schlafend.

Elisabeth wurde unter der liebevollen Führung von Friedrich Wilhelm allmählich in Berlin und seiner Umgebung heimisch. Nun war es an der Zeit, die verzweigte preußische Königsfamilie, ihre neue Verwandtschaft, kennenzulernen.

Da gab es zunächst die drei Schwestern des Kronprinzen:

Charlotte, die älteste, war seit 1817 mit dem Großfürsten Nikolaus von Rußland verheiratet, dann Alexandrine, seit 1822

55

mit dem Erbherzog Paul Friedrich von Mecklenburg-Schwerin vermählt, und Louise, die 1825 den Prinzen Friedrich der Niederlande heiraten sollte.

Von den drei Brüdern Friedrich Wilhelms hatte bisher noch keiner eine Frau. Prinz Wilhelm wollte sich allerdings damals am liebsten mit Prinzessin Elisa Radziwill verbinden. Aber aus hausgesetzlichen Gründen durfte das nicht sein. Der nächst jüngere Bruder Carl – wie Elisabeth 1801 geboren – warb bereits heimlich um Prinzessin Marie von Sachsen-Weimar, eine Patentochter von Goethe. Der jüngste Bruder, Prinz Albrecht, wurde 1824 erst 15 Jahre alt.

Vielleicht war es für Elisabeth eine Art Trost, daß sich gleichzeitig mit ihr die fast gleichaltrige und wie sie katholische Gräfin Auguste Harrach in die preußische Königsfamilie einleben mußte. Auf dem ersten Ball, den das Kronprinzenpaar am 3. November 1824 gab, wurde Auguste in die Hofgesellschaft eingeführt, die noch nicht ahnte, daß sie die zweite Frau des Königs werden sollte. Friedrich Wilhelm III. hatte Auguste kurz zuvor geschrieben: »11. Oktober 1824 ... Meine beiden älteren Töchter sind in fremden Ländern etabliert, meine jüngste Tochter, meine gute Luise, ist auch schon Braut und wird in einigen Monaten dem Beispiel ihrer älteren Schwester folgen. Dann stehe ich einsam und verlassen und ohne allen weiblichen Umfang da. Und dennoch sehnt sich mein Herz nach diesem. Aber nur unter der Firma einer rechtmäßigen Gemahlin wird dieser möglich. Ich sage: unter der Firma, denn mein Herz sucht in dieser nicht das, was die Jugend sucht. Nur eine treue Freundin sucht es zur Lebensgefährtin, um mit ihr ein freundliches, stilles, ruhiges und einträchtiges Leben zu führen. Wer aber wird sich hierzu verstehen wollen? Gibt es wohl ein junges Wesen, das genug Seelenstärke besäße, um diese schwierige Aufgabe mit treuer Selbstverleugnung zu erfüllen? Prüfen Sie sich selbst ... Sie sind jung, ich nicht. Sie sind lebenslustig und flink und besteigen gern den Götterfelsen; ich nicht. In Ihrem Alter liebt man die Freuden der Welt; in dem meinigen macht man sich nicht viel daraus . . . Sie sind katholisch, ich evangelisch . . . Ob sonst noch etwas Gutes an mir ist, davon geziemt mir nicht zu reden . . .«

Am 9. November 1824 wurde öffentlich bekanntgegeben, daß sich der König zur linken Hand wiederverheiratet habe. »Zur linken Hand« bedeutete, daß die Gräfin Harrach nicht als Königin, sondern nur als Gemahlin im Hofzeremoniell hinter den Prinzessinnen rangierte. Diese Hochzeit fand in aller Stille und im kleinsten Kreise statt. Prinz Wilhelm schrieb an die Fürstin Luise Radziwill: »Heute die Vermählung . . . nur im Beisein von Fritz, dem Großherzog (Georg von Mecklenburg-Strelitz, Schwager des Königs), Wittgenstein (Kanzler), Witzleben (Generaladjutant) und Schilden (Oberhofmeister).«

Aus der Feder der neuen Gemahlin des Königs, die er zur Fürstin Liegnitz erheben ließ, besitzen wir eine Schilderung der preußischen Königsfamilie vom 27. Dezember 1824: »Der Kronprinz und die Kronprinzessin lieben sich zärtlich, sind also viel mit sich selbst beschäftigt, er ist seelengut und mitunter sehr lustig, sie sehr still und man muß ihr etwas entgegenkommen . . . Prinz Wilhelm ist mehr ernst, doch ziemlich zutraulich . . . Prinz Albert (Albrecht) ist vierzehn Jahre alt und noch ganz kindisch und so geradezu, daß er mich anfangs immer Du nannte . . . Prinz Carl hat aber den ganzen Tag nichts als Neckereien im Kopf und hat solche tolle Einfälle, daß er mich bei Tisch sehr oft gänzlich aus der Contenance bringt.«

Nun, Prinz Carl war zur Zeit verliebt und beschäftigte sich mit der Verschönerung seines Sommerschlosses und Parkes von Glienicke. Auch der Kronprinz begeisterte sich dafür und machte ihm architektonische Vorschläge. Für die Parkgestaltung wurden Peter Joseph Lenné, der Gartendirektor des Königs, und Fürst Pückler herangezogen.

*

1825 ereigneten sich zwei besondere Todesfälle, die in ihren

Auswirkungen die preußische Königsfamilie in persönlicher Weise betrafen.

Am 13. *Oktober* starb der Vater von Kronprinzessin Elisabeth. König Maximilian I. hatte am 12. noch seinen siebzigsten Namenstag in München gefeiert und bei der Audienz die Gratulanten sogar stehend empfangen. Abends verließ er jedoch den Ballsaal der Hitze wegen frühzeitig, legte sich schlafen und erwachte nicht mehr.

Der neue König Bayerns, Ludwig I., schrieb danach einem seiner besten Freunde: »... äußerst traurig besteige ich den Thron. Fahren Sie fort, ... mir immer nach Ihrer Überzeugung offen zu antworten, Wahrheit zu hören tut einem Herrscher gut und wie viele Lügen werden ihm gesagt.« Er begann sein Königtum dennoch voller Schaffenskraft. In Metternichs Augen war er eine Art Jakobiner, und Kundschafter berichteten denn auch aus München nach Wien: »(Der neue König) trägt alle Elemente eines Autokraten neben allen Träumen und idealen Gebilden des Liberalismus in sich.«

»Träume«, vor allem architektonische, hatte Ludwig wie sein Schwager Friedrich Wilhelm, und wie er war er ein Gegner der Aufklärung. Ihrer beider Maxime hieß: »Religion muß die Grundlage des Lebens sein.«

Deshalb lassen sich Handlungen vergleichen, die nebensächlich erscheinen, aber doch von Bedeutung waren. Nachdem König Ludwig anläßlich eines Besuches in Weimar Schillers Schädel in der Großherzoglichen Bibliothek gesehen hatte und dazu ein Kästchen mit seinen Gebeinen – zu dem Goethe den Schlüssel verwahrte –, vermochte er den Großherzog zu bewegen, »den Kasten ... inklusive des Hauptes ... in der Familiengruft einstweilen beisetzen zu lassen«.

So ließ auch Friedrich Wilhelm nach seinem Regierungsantritt das Grabmal seiner Mutter im Charlottenburger Mausoleum in Richtung eines neuerrichteten Altars umsetzen.

*

Am 1. Dezember 1825 starb Zar Alexander I. – Vor zehn Jahren hatte er zur Erhaltung eines möglichst unumstößlichen Friedens in Europa die »Heilige Allianz« begründet, den Bund zwischen Rußland, Österreich und Preußen. Deutete sein Tod nun auch auf das unaufhaltbare Ende dieser Allianz? Seit dem 1. Dezember rankte sich Merkwürdiges um den verstorbenen Zaren, es tauchte die Vermutung auf, daß nicht er, sondern ein gleichzeitig verstorbener Unteroffizier namens Strumenski in den Sarg gelegt sei. Tolstoi hinterließ später das Fragment einer Lebensbeichte von einem Starez, in dem der Dichter den Zaren zu erkennen glaubte. Dieses Fragment enthält den Satz: »Ich wollte schon lange auf den Thron verzichten . . . mit der tiefsten Reue und dem Wunsch, von allem wegzugehen, um allein für Gott zu leben.«

Läßt sich nicht erkennen, daß es im 19. Jahrhundert mehrere Monarchen gab – Alexander, Ludwig von Bayern und vor allem Friedrich Wilhelm IV. –, denen die Unvereinbarkeit von Geboten des christlichen Glaubens mit den politischen Forderungen einer immer mehr säkularisierten Gesellschaft zu einer nicht mehr persönlich tragbaren Belastung wurde? –

Jedenfalls wurde 1825 Großfürst Nikolaus der Nachfolger Zar Alexanders und damit die Schwester des preußischen Kronprinzen Zarin.

*

Friedrich Wilhelms Gedanken durften sich zu Weihnachten 1825 von allen drängenden Fragen nach der allgemeinen politischen Zukunft lösen, um in den Gefilden künstlerischer Planung zu schwelgen; der Vater hatte ihm und Elisabeth ein 120 Morgen großes Gelände am Rand des Parks von Sanssouci geschenkt. Der Kronprinz entwarf nun eine Sommervilla und nannte sie »Siam«, womit natürlich vor allem die Umgebungen gemeint waren. Er zeichnete sie aus der Vogelperspektive, geschmückt mit Pergolen und Brunnen, umkränzt von Blumen,

Entwurf des Kronprinzen für Schloß Charlottenhof

Wiesen und Wäldern, ganz so, als säße er auf dem Rücken des Märchenvogels seiner Novelle.

Nachdem Alexander I. in Moskau beigesetzt war, begannen im Frühjahr 1826 die Vorbereitungen zur Krönung des neuen Zarenpaares. Friedrich Wilhelm III. erlaubte dem höchst beglückten Prinzen Carl, als Repräsentant der preußischen Königsfamilie an den Feierlichkeiten in Rußland teilzunehmen. Aber nachdem unerwartet die Witwe Alexanders am 16. Mai 1826 starb – übrigens wie der Zar in Taganrog am Asowschen Meer – erlebte Carl zuerst die Trauerfeiern für Zarin Elisabeth mit.

Er hatte ähnlich wie sein ältester Bruder Friedrich Wilhelm ein besonders begeisterungsfähiges Naturell und teilte sich gerne mit. So sandte er ausführliche Schilderungen nach Berlin, die eindringlich das fremdartige Zeremoniell und die unterschiedliche Mentalität des russischen Volkes zeigen.

Zunächst beschrieb Carl die Beisetzung: »28. Juni, . . . Viele hundert Bauern gingen (im Trauerzuge) voran, – dann eine zahlreiche Geistlichkeit und der Beichtvater der Kaiserin, der ein uraltes Heiligenbild trug, begleitet von den Sängern des Hofes, die eine über alle Vorstellungen traurige Melodie sangen, daß kein Auge trocken bleiben konnte! Der Sarg wurde von Soldaten in die schwarz ausgeschlagene, mit Hunderten von Kerzen beleuchtete Kapelle des Schlosses getragen – worauf eine sehr lange Seelenmesse gelesen wurde. –

Das Leichenbegängnis nahm pünktlich um 5 Uhr seinen Anfang, nachdem der Kaiser mit mir in einem Galopp längs den Truppen geritten war, – es war eine Feierlichkeit, deren Andenken ich mir für keinen Preis abkaufen lasse; so erhaben, rührend und abweichend von allem früher Gesehenen. – Während dem 3 Stunden Marsch habe ich auch kein lautes Wort gehört, nicht die mindeste Störung. Das ganze zahlreiche Volk, selbst die Soldaten im Gliede, sich kreuzigend, die schwarz behängten Häuser, das sonderbare Geläut der Glocken, die weinenden Gesichter in allen Fenstern, machten einen traurigen Eindruck auf mich, der übrigens öfter durch die Musiken und Trommeln der Regimenter unangenehm gestört wurde, bis sie auch in Trauermusiken einstimmten! – Vor jeder Kirche wurde halt gemacht und vom Metropoliten Seraphim Gebete für die Entschlafene gesprochen. – So kam endlich der Zug bis in die Festung, woselbst in der Kirche ein prächtiger Katafalk erbaut war, auf welchen der Sarg nicht ohne Mühen gestellt wurde. Nun nahm ein Gottesdienst, mit Küssung des Katafalkes und des Sarges seinen Anfang, welche Feierlichkeit Charlotte nicht bis zu Ende aushielt, da sie ohnmächtig wurde. – Gestern und heut' waren wir wieder dort, und so geht es 8 Tage hintereinander . . .«

Anfang Juli erzählte er weiter:

». . . vorgestern gegen 8 Uhr holte mich der Kaiser ab, und wir fuhren zusammen bis zur Esplanade vor der Festung,

... dort setzten wir uns zu Pferde und schritten bis zur Kirche. Charlotte kam zu gleicher Zeit in einem großen Trauerwagen; beide Majestäten wurden vom heiligen Synod empfangen, dann Kniebeugung vor dem Katafalk, und lange Messe mit dem schönen Panochyde (Totenamt), dann kam das Abschiednehmen und Küssen des Sarges, ... wobei Nikolaus laut schluchzte ... worauf dann der ganze Hof, die ganze Generalität usw. zum Küssen des Sarges und 2maligen Kniebeugung herzugelassen wurde. – Unter den göttlichsten Gesängen wurde dann der Sarg ... in die Gruft versenkt, dicht neben dem Kaiser! ... Es ist kaum zu denken, wie herrlich sich der Kontrast machte, als die heilige Stille im Augenblick des Hinuntersenkens durch das ungeheure Feuer der anwesenden Truppen unterbrochen wurde!«

Am 3. September fand dann endlich die Krönung statt. Davon mußte Prinz Carl noch am gleichen Tag seinem Vater berichten: »1 Uhr mittags – Die Krönung ist vorbei!!!

Lieber teurer Papa!

Charlotte hat die ganze unbeschreiblich herrliche Feierlichkeit auf das allerbeste ertragen; sie hatte bei aller Würde, die man sich nur denken kann, einen so lieblichen, demütigen Blick, als ob sie sagen wollte – glaubt nicht, daß mich die Krone stolz macht!!! Ach, lieber Papa, was bin ich so dankbar aus der Fülle meines Herzens; daß Sie mich hierher geschickt haben, um diese unvergeßlichen Augenblicke hier zu erleben! Die von Diamanten strotzende Krone machte einen herrlichen Effect auf das von der Sonne verbrannte Gesicht des Kaisers. Als ich Charlotte unter dem Baldachin sah, fiel sie mir als Lala Rukk ein, wiewohl sie hier auf keinem Palatin saß! Als Nikolaus die Krone vom Haupte nahm, und sie Charlotte – auf einen Augenblick – aufsetzte, kann ich nicht leugnen, daß mir die hellen Tränen aus den Augen flossen – und dabei die göttlichste Musik, oder besser gesagt, Gesang! Die herrliche alte Kathedrale von Edelsteinen, Gold und Silber strotzend – dies alles machte einen nie zu löschenden großen Eindruck. – Was mich tief rührte, war der Enthusiasmus, mit dem das liebe Moskauer Volk die Majestäten, nach der Krönung, noch mit der Krone auf dem Haupt, empfing, als sie sich ihm wohlwollend von einem Balkon des Kremls zuwandten!!! Ich habe dergleichen noch nie! nie! erlebt, die über 100 000 Menschen brachen mit einmal in ein 5 Minuten langes Hurra! aus.«

Es gab aber noch etwas, das dem 25jährigen preußischen Prinzen während seines Rußland-Aufenthaltes wichtig war. Von dem Eindruck, den er auf die gestrenge Zarin-Mutter Maria Feodorowna machte, sollte es nämlich abhängen, ob er ihre Enkelin Marie von Sachsen-Weimar heiraten durfte. Zu seinem Glück fiel die Prüfung »zur vollkommenen Zufriedenheit« aus!

Kaum nach Berlin zurückgekehrt, drängte es ihn deshalb gleich weiter nach Weimar. Noch in der Nacht des 13. November schrieb er von hier einen Geburtstagsbrief an die Kronprinzessin, der von Glückseligkeit übersprudelte: »Dearest Elis! Ich war eben im Begriff mit mir, oder besser mit einem der wichtigsten Ereignisse meines Lebens anzufangen, denn Du weißt: Wes das Herz voll ist, des geht der Mund über, doch, zuvörderst Heil und Segen über Dich zum heutigen Festtage, dem glücklichsten aller von mir je erlebten! Denke es Dir, ich – Sir Charls Ginicke – ist Bräutigam – und mit wem? – mit einem Engel, der viel zu gut, viel zu hübsch für mich ist!!!«

Die offizielle Verlobung wurde auf Ende Dezember festgesetzt, man erwartete in Weimar hierzu auch das preußische Kronprinzenpaar. Aber ein Zwischenfall, den Carl als »fürchterliches Unglück« charakterisierte, verdient festgehalten zu werden. Friedrich Wilhelm III. hatte sich das rechte Bein gebrochen, und der Kronprinz mußte zu seiner Vertretung in Berlin bleiben. Allein Prinz Wilhelm fuhr nach Weimar und lernte hier nicht nur seine neue Schwägerin Marie, sondern auch deren jüngere Schwester Augusta, seine spätere Frau kennen.

Als Anmerkung sei dem »Unglück« in der Verlobungszeit des Prinzen Carl hinzugefügt, daß Berliner Schusterjungen – nachdem es dem König wieder gutging – in Abwandlung der preußischen Nationalhymne frech sangen:

»Heil Dir im Siegerkranz
Beene sind wieder janz!«

Und Prinz Carl erfand nach der Geburt seines ersten Kindes später einen weiteren Vers:

»Heil Dir im Windelkranz
Sohn des Vaterlands,
Heil Bengel Dir!!!«

Friedrich Wilhelm also mußte im Dezember 1826 in Berlin bleiben, gehörte es doch zu seinem »Beruf«, den König im Krankheitsfalle zu vertreten. Selbstverständlich hatte er als zukünftiger Monarch auch sonst militärische und politische Aufgaben zu erfüllen. Regelmäßig kam er seinen Verpflichtungen als Truppenführer nach, nahm an Übungen, Manövern und Paraden teil.

Regierungsgeschäfte vertraute ihm der patriarchalische Vater vorerst nicht an. Immerhin hatte er ihm den Vorsitz einer Kommission übertragen, in der neue Kreis- und Gemeindeordnungen beraten wurden. Vom Grundsatz her wirkte der Kronprinz hier im Sinne des Freiherrn v. Stein, der sich über ihn äußerte: »Es scheint, daß der Kronprinz davon ausgeht, die bestehenden geschichtlichen Elemente zu entwickeln, nutzbar zu machen und zu vervollkommnen.« Aber gerade die »bestehenden geschichtlichen Elemente« bargen eine Fülle von Problemen, die sich nicht einfach durch »Entwickeln« lösen ließen. Wie sollte sich der Gesamtstaat Preußen regieren lassen, wenn sich in seinen verschiedenen Provinzen unterschiedliche Verfassungen »entwickelten«?

Immerhin gab es für die damaligen preußischen Provinzregierungen – vom heutigen Standpunkt aus – durchaus liberale Konzeptionen. Da sie oft verkannt wurden, sei hier einmal ein prominenter neuzeitlicher Historiker, Thomas Nipperdey, zitiert: »Die (Bezirks-)Regierungen (waren) nicht hierarchisch als eine Präfektur organisiert (d. h. von obersten Verwaltungsbeamten geleitet), sondern als Kollegialorgan. Kollegiale Beratung und Entscheidung sollte Unparteilichkeit und Rechtlichkeit, Liberalität, Ausgleich von Konflikten und die Einheit der Verwaltung sichern.«

Der Kronprinz wirkte am Zustandekommen von Provinziallandtagen mit, die sich zum Zwecke der Entscheidungen über Provinzangelegenheiten auch zu Beratungen über gesamtstaatliche Gesetzesvorhaben treffen sollten. Nipperdey urteilte über diese damaligen Landtage: »Zwar, zuerst waren sie im wesentlichen ständisch-konservativ und provinzial-partikularistisch. Aber auf die Dauer wurden sie doch zum Forum gesamtstaatlicher Politik und zum Forum liberaler Opposition.«

Noch war Friedrich Wilhelm weder voll orientiert noch voll verantwortlich für die anstehenden staatspolitischen Probleme. Sein Vater, dessen beharrende Tendenzen sich mit zunehmendem Alter verstärkten, verhinderte sogar eine mögliche Einflußnahme des Kronprinzen, die sich in Ministervorschlägen – wie zum Beispiel Savigny, Clausewitz oder Humboldt – andeutete.

Hingegen war der König 1828 endlich bereit, Friedrich Wilhelms schon so lange gehegten Wunsch einer Reise nach Italien zu erfüllen. Elisabeth durfte ihn ihrer schwachen Gesundheit wegen nicht begleiten. Grund hierfür dürfte eine Fehlgeburt gewesen sein, die alle Hoffnungen auf einen künftigen Thronfolger zerschlug, was sie natürlich auch seelisch belastete. Da der Kronprinz die Reise ungern allein machen wollte, wandte er sich an seinen sächsischen Schwager, der mit Elisabeths Zwillingsschwester verheiratet war und sein bester Freund werden sollte: »Denk a bißl nach wegen des Herbstes, wenn wir nur eine kleine Tour zusammen da drüben herumfahren könnten – u. a. a little Pilgrimage to Ravenna to pay a visit to our most beloved friend.« Er spielte auf Dante an, denn der sächsische Prinz arbeitete an einer Übersetzung der »Göttlichen Komödie«. Als Sohn einer Prinzessin von Parma und Schwager des

65

Großherzogs Leopold II. von Toscana beherrschte er natürlich die italienische Sprache und konnte sich an ein solches Unternehmen wagen.

Im August 1828 erwiderte Johann: »Nicht ein paar Tage, sondern bis Florenz werde ich mit Dir reisen. Ich werde toll, wenn ich daran denke! Diese herrliche Reise! und mit Dir! und dein Entzücken zu sehn am Como'r See; im Mailänder Dom! in Genua!«

Die zu Anfang gemeinsam erlebte Italienfahrt begann in Bozen, führte über Verona und Brescia nach Mailand, weiter über Pavia und Genua und über Lucca schließlich nach Florenz. Hier gab der preußische Gesandte am 15. Oktober 1828 zu Ehren des 33. Geburtstages des Kronprinzen einen Ball. Zwei Tage später mußte er ohne Johann weiterreisen.

In Rom übernahm Christian Freiherr v. Bunsen, der seit 1827 als Nachfolger Niebuhrs Gesandter am Vatikan war, die kunsthistorische Führung. Daß Friedrich Wilhelm noch immer (nach dem Wort von Niebuhr) mit den Augen des Dichters sah, zeigt seine an den Prinzen Johann gesandte Beschreibung des Weges nach Rom:

»Unsäglich traurig aber ist's, daß Du nicht hast bis hierher in den alten Welt-Nabel, dringen können mit mir. Das ist doch am Ende immer etwas Unaussprechliches, das Ewige Rom. Mir ist's, als sey ich zu Haus. Es übertrifft alle meine Erwartungen, denke Dir das –. Aber wie ganz anders wäre es noch erst mit Dir gewesen!!! Ich kann Dir, glaube ich, keinen bessern Begriff von dem Eindruck geben, den mir hier Gegend und Stadt und alles macht, als wenn ich Dir sage, daß bis zum letzten Übersteigen des Apennin hinter Spoleto mir immer Dante und seine Mit- und Nach-Welt vor dem Geiste schwebte; sobald ich aber gegen die Ebene vom Gebirg hinabfuhr hinter Narni, war das Mittelalter wie verwischt, und alles, was ich je teutsch oder im Original von antiken Dichtern und Historikern gelesen, fing an von meinem Kopf Besitz zu nehmen und vorüberzuziehen. Bis die Wüste beginnt, die Rom umschließt, ist die Gegend unbe-

Vorzeichnung von Overbeck zu dem Bild:
Italia und Germania

schreiblich schön. Ich behaupte, sie hat einen antiken Schnitt.
So wie die alten Dichter schöne Gedanken schön aussprechen
und edel darzulegen strebten, so scheint auch das Land hier mit
ganz eigentümlichem Maß und Takt seine ruhigen und doch
großen Schönheiten vorzulegen. Die Gebirge weichen ordentlich aus, als wollten sie jemand den Hof machen; auch zeigen
sie gegen Rom die schönsten Formen von Bergen, die ich je gesehen. Diese Ebene ist prädestiniert, eine Hauptstadt der Welt
zu tragen. Jetzt ist sie wüst und öd, ohne Ort und Haus, voll unzähliger Gräber. Die Königin der Welt ist Königin der Wüste
geworden, aber wahrlich noch Königin. Vom Papst (Leo XII.

1823–1829) bin ich enchantirt. Er ist liebenswürdig und geist-
reich. Von St. Peter, dem Pantheon, St. Maria Maggiore, vom
Capitol, Forum, Colosseum, den Wundern des Vaticans
schweige ich –.«

Bunsen zeigte dem Kronprinzen die Fülle der Zeugnisse aus
Antike und Mittelalter, Renaissance und Barock, aber auch
zeitgenössische Kunst. Zu Ehren des preußischen Thronerben
wurde im Palazzo Caffarelli auf dem Capitolsplatz eine Ausstellung deutscher in und bei Rom lebender Künstler veranstaltet. Etwa 200 Bilder kamen zusammen, darunter Overbecks
»Italia und Germania«. Es war die letzte bedeutende Schau von
Werken aus der Nachfolge der »Nazarener«.

»Nazarener« hatte sich eine Gruppe von Malern genannt,
die sich bewußt gegen die Kunst des Rokoko mit seinen weltlichen Themen, aber auch des Klassizismus mit seiner Liebe zur
Antike wandten. Sie schlossen sich in Technik, Formen und
christlichem Inhalt den italienischen Bildern des Quattrocento
an. Diese deutschen Künstler förderte wie sein Schwager Ludwig I. von Bayern auch der preußische Kronprinz. Friedrich
Wilhelms besonderes Interesse galt jedoch einer internationalen archäologischen Unternehmung: Er ließ sich als Protektor
für die »Gesellschaft der römischen Hyperborräer« gewinnen,
die sich 1829 unter dem Namen »Instituto di corris-pondenza
archeologica« neu gründete. Dabei war es ausdrücklicher
Wunsch des Kronprinzen, Bunsen mit der Leitung zu betrauen.
Die Aufgaben, die sich das Institut gestellt hatte, betrafen das
Bekanntmachen aller archäologischen Entdeckungen, die auf
dem Gebiet des klassischen Altertums, in Griechenland und
Italien, in Ägypten und im Orient gemacht wurden. Friedrich
Wilhelm begeisterte sich für diese Idee und gewährte bedeu-
tende finanzielle Mittel.

Später dann übernahm der preußische Staat sogar die gesamten Kosten des Institutes, dessen 150jähriges Bestehen 1979 unter dem inzwischen veränderten Namen »Deutsches Archäolo-
gisches Institut« gefeiert werden konnte.

Weiter ging 1828 die italienische Reise des Kronprinzen durch die Campagna: »...die schönste und reizendste Wüste, die es gibt, ganz bedeckt von der Seite mit Aquädukten, Gräben, Türmen, Mauerwerk, großen und kleinen Ruinen aller Art. Dabei der winzige Hintergrund dieser schönsten Bergformen... Von Aversa an sieht man das Land nicht mehr vor hochstämmigen Pappeln und Weinranken. Plötzlich tritt man aus diesem von der Kultur erzeugten Wald hinaus, und bei einer Biegung des Weges rechts liegt Neapel zu den Füßen, geradeaus der rauchende Vesuv, am Horizont die schönen Gebirge, von beiden Seiten des Golfs mit Häusern übersät und im Meere die einzige Form von Capri.«

Hier, am Hang des Vesuvs, gab der Kronprinz am 13. November für seine Begleiter ein Mittagessen, das an den Geburtstag der zu Haus gebliebenen Kronprinzessin erinnern sollte: »Unter enormen Linden, ... durch eine rustikale Draperie gegen die Sonne geschützt, war der Tisch gedeckt und in seiner Mitte Dein Bild, ... mit einer dicken, dicken frischen Rosengirlande.« Wie sehr er Elisabeth vermißte, hat er in vielen Briefen von dieser Reise zum Ausdruck gebracht· »Ach Lore! Bei allem, was ich sehe, bist Du mein erster und letzter Gedanke.... Es ist alles herrlich und unbeschreiblich in dem ganzen Lande hier, und dennoch ... mein Lieb, mit Dir, da wär's was anderes.«

Auf dem Rückwege wurden die italienischen Eindrücke des Kronprinzen durch einen Abstecher nach Ravenna gleichsam gekrönt, denn hier schließlich befindet sich die Grabstätte des von ihm und dem Prinzen Johann so hoch verehrten Dichters: »Fels des Dante, bester aller Freunde –! Ich kann das ehr- und merkwürdige Ravenna nicht verlassen, ohne Dir gesagt zu haben, ... daß ich gestern über unsers Freundes Ruhestätte gestanden bin – und zwar mit recht lebendigem Gefühl, das man ohne Lüge Rührung nennen kann.«

Zum »Heiligen Abend« 1828 war Friedrich Wilhelm wieder bei Elisabeth.

*

Im folgenden Jahr 1829 gab es zwei familiäre Höhepunkte; die
Vermählung des Prinzen Wilhelm mit Prinzessin Augusta von
Sachsen-Weimar und den Geburtstag der Zarin – wobei das
Fest für Alexandra Feodorowna den Hochzeitstag weit über-
strahlte.

In einer mit kolorierten Stichen illustrierten Beschreibung
des Festes »Der Zauber der weißen Rose« heißt es: »Die Kaiserin hatte schon in früher Jugend die weiße Rose zu ihrem Sinn-
bild gewählt, und war darnach oft im engeren Familienkreis
›Blancheflour‹ benannt worden, daher die Zueignung des
Festes unter dem Bilde der weißen Rose.« Am Vormittag des
13. Juli 1829 zogen unter den Augen eines zahlreichen Publi-
kums 24 Ritter in mittelalterlichen Kostümen – es waren die
Prinzen und die Kammerherren des Hofes – in den Ehrenhof
des »Neuen Palais« im Park von Sanssouci zu einem Turnier
mit richtigem Ringelstechen ein. An der Spitze der Kavalkade
ritt der Kronprinz: »den das Kostüm kleidet, als habe er nie ein
anderes getragen, der auf seinem Kampfroß sitzt, als habe er nie
ein anderes geritten«. Nachmittags folgte im Theater des Schlo-
ßes eine Aufführung »lebender Bilder«, die wieder Schinkel,
wie schon zum Festspiel »Lalla Rukk«, entworfen hatte. Zum
Abschluß des Tages fand ein Ball im Muschelsaal statt, bei dem
die Zarin den Siegern des Turniers silberne Rosen an weißen
Bändern überreichte.

Der Zar und die Zarin, die im Sommer 1829 zum erstenmal
als »gekrönte Häupter« nach Berlin kamen, wurden auf dem
Schloßplatz mit der preußischen Nationalhymne empfangen:
  »Heil Dir im Siegerkranz,
  Herrscher des Vaterlands!
  Heil Herrscher Dir!«
Das galt Nikolaus nicht allein zur persönlichen Ehrung, son-
dern es galt ihm auch als dem Sieger und Beender des russisch-
türkischen Krieges. Im Frieden von Adrianopel hatten die Tür-

Zarin Alexandra Feodorowna ehrt die Sieger des Turniers
vom Fest der »Weißen Rose«

ken – und anschließend Rußland, England und Frankreich als
Schutzmächte – die Unabhängigkeit Griechenlands anerkannt.

Mit wieviel Begeisterung war doch der Aufstand der Helle-
nen 1821 begleitet worden! Kronprinz Ludwig von Bayern verfaßte damals mehrere Gedichte, darunter den Vers:

»Hochbegabte Hellas! siege! siege!
Rufet sehnend jedes Volk dir zu.
Heimath alles Schönen, alles Hohen,
Unterdrückt in dir, doch nicht entflohen
War es, sieg' im heil'gen Kampfe du!«

Auch der preußische Kronprinz nahm an dem Geschick
Griechenlands Anteil. Er hatt 1828 in Berlin – während einer
Abwesenheit des Königs – den derzeitigen Präsidenten der griechischen Republik, den Grafen Johann Kapo d'Istrias empfangen. Dieser ehemalige Berater Zar Alexanders bemühte sich,

die Verwaltung seines Heimatlandes in gewisser Weise demokratisch zu ordnen, und erkundete in Berlin, ob dabei mit Hilfe von Preußen zu rechnen sei. Kapo d'Istrias sollte aber schon im Oktober 1831 ermordet werden.

Den Schutzmächten lag allerdings daran, die griechische Republik in eine Monarchie umzuwandeln. König Karl X. von Frankreich schlug deshalb im November 1829 den Prinzen Johann von Sachsen zum König von Griechenland vor. Johann, als engster Freund des Kronprinzen, schrieb diesem sogleich in seiner witzigen Art: »Unter dem strengsten Siegel der Verschwiegenheit (darfst du) dem Kronprinzen von Preußen davon nichts sagen!... Denke Dir, daß, als ich vorgestern (den 24. November) abends zum König (Maximilian von Sachsen) komme, mir derselbe eröffnet, daß er durch den französischen Gesandten den Antrag erhalten habe, mich zum Fürsten von Griechenland unabhängig von der Pforte zu machen. Ich war wie aus den Wolken gefallen; denn ich hätte mir eher des Himmels Einfall als diesen Einfall Carls des X. vermuthet. Ob ich nun gleich im Anfang fühlte, daß ich den Antrag würde von der Hand weisen müssen, so habe ich mich doch erst gestern abends zu einer bestimmten abschlägigen Antwort entschließen können.... Dein treuer Freund Johann, Exkönig von Griechenland.«

Friedrich Wilhelm antwortete darauf: »Gott segne Dein Opfer!!!«

Offensichtlich war es schwierig, einen geeigneten Kandidaten zu finden; fast eine »Flut« von neuen Vorschlägen und Absagen setzte ein. England schlug den Prinzen Leopold von Sachsen-Coburg vor, den Witwer der englischen Thronerbin, der dann aber 1831 König von Belgien werden sollte.

Drei preußische Prinzen wurden auch in Aussicht genommen: Prinz Wilhelm, der Bruder des Königs, Prinz Friedrich Ludwig, sein Neffe, und sein Sohn Prinz Carl. Friedrich Wilhelm berichtete Elisabeth belustigt, daß Carl »schon Nee gesagt« haben soll.

Endlich fand sich ein bayerischer Bewerber; der 17jährige Sohn Ludwigs I. wurde als Otto I. König von Griechenland! Typischerweise reagierte der Kronprinz auf dieses Ereignis mit einem architektonischen Vorschlag, konnte er doch bei seinem Schwager in München mit Zustimmung rechnen; Schinkel solle einen neuen Königspalast neben den alten Ruinen der Athener Akropolis errichten! Und es entstanden Entwürfe, voll von »erhabener Poesie«, wie sich Fürst Pückler in einem Brief an den enttäuschten Architekten ausdrückte, dem er zugleich erklärte, warum seine herrlichen Pläne unausführbar seien: »Sie müßten dazu wieder Phidias und Kallikrates mitschicken, und vor allem die materiellen Talente, welche dem Perikles zu Gebote standen. Man ist aber hier (in Athen) so arm, daß man nicht einmal den Weg nach dem Pentelikon (dem Gebirge mit den Marmorbrüchen) in Stand zu setzen im Stande ist.«

*

Die politischen Realitäten des Jahres 1830 ließen bereits Probleme erkennen, deren Auswirkungen die nachfolgenden Jahrzehnte überschatten sollten.

Ein persönliches, stilles Ereignis ging voraus: Am Morgen des 5. Mai trat Kronprinzessin Elisabeth zur evangelischen Kirche über. Hofprediger Strauß hielt in der Kapelle des Berliner Schlosses einen Abendmahlsgottesdienst allein für das Kronprinzenpaar und Prinzessin Marianne von Preußen, Tante »Minnetrost«. Hinterher fuhren Friedrich Wilhelm und Elisabeth zum König ins Palais Unter den Linden, um auch ihm es zu sagen.

Im selben Mai 1830 fanden in Frankreich Wahlen statt. Die Mehrheit der Bürger stimmte gegen die Regierung des Bourbonenkönigs Karl X. Darauf ließ er das Wahlrecht ändern und hob die Pressefreiheit auf. Die Pariser reagierten mit dem Bau von Barrikaden, und nach Tagen erbitterter Straßenkämpfe hißten Studenten am 28. Juli 1830 die dreifarbige Fahne der

73

französischen Republik, die Trikolore, am Gesims der ehrwürdigen Kirche Notre-Dame! Karl X. floh nach England. Die Franzosen aber wählten erstaunlicherweise einen neuen König, den »Bürgerkönig« Ludwig-Philipp von Orleans. Dieser war bereit, mit Ministern aus verschiedenen politischen Richtungen zu regieren. So entstand in Frankreich eine Art Parlamentarismus; das sollte nicht ohne Auswirkungen auf andere europäische Länder bleiben.

In Preußen war es unter der Regierung Friedrich Wilhelms III. im Sommer 1830 zunächst noch ruhig, wenngleich es auch hier Vorzeichen einer neuen »bürgerlichen« Zeit gab. Am 60. Geburtstag des Monarchen, dem 3. August 1830, wurde das von Schinkel gegenüber dem Schloß entworfene Museum festlich eingeweiht und dieses Ereignis von den Berlinern mitgefeiert.

Aus der ursprünglich privaten kurfürstlich-brandenburgischen Kunstkammer war das für die Öffentlichkeit zugängliche »Königliche Museum« geworden. Ein Musentempel also, für den Schinkel eine Vorhalle mit Säulen schuf, deren Volutenkapitelle denen des Erechteions auf der Athener Akropolis nachgebildet sind, und deren Rotunde, als der Mittel- und Hauptraum des Gebäudes, dem römischen Pantheon nachempfunden ist. Daß der preußische Kronprinz an der äußeren und inneren Gestaltung lebhaften Anteil nahm, versteht sich von selbst. Seine Idee war es, die ganze Spreeinsel hinter dem Museum in eine Freistätte für Kunst und Wissenschaft umzugestalten. Deshalb wird später das sogenannte »Neue Museum« errichtet, und das von Schinkel erbaute und jetzt eröffnete Museum wird dann den Namen »Altes Museum« tragen.

Dieses »Alte Museum« wurde von dem Königlich Preußischen Bibliothekar Spiker für ein 1833 gedrucktes Werk über »Berlin und seine Umgebungen« eingehend beschrieben: »Der ... oft ausgesprochene Wunsch, die bedeutenden Sammlungen, welche durch die Kunstliebe einer Reihe Preußischer Herrscher ... zusammengebracht worden, ... einmal der allgemeinen Benutzung zugänglich gemacht zu sehen, konnte auf keine würdigere und großartigere Weise erfüllt werden, als durch die Erbauung des Museums ... nach dem Plane des Geheimen Oberbaurats Schinkel. (Dieses hat) zugleich zur Verschönerung ... des sogenannten Lustgartens beigetragen, ... der ... zu einem Garten und öffentlichen Spaziergange eingerichtet worden ist, dessen regelmäßige Abtheilungen, so wie die Einfassung derselben, mit geschmackvollen Eisengittern, an den Garten der Tuilerien in Paris erinnern. Auch der große, in der Mitte befindliche Springbrunnen, dessen Wasserstrahl durch eine Dampfmaschine bis zu einer Höhe von 60 Fuß hinaufgetrieben wird, dient dazu, die Ähnlichkeit mit dem Pariser Garten vollkommen zu machen ...

Die äußere Facade des Museums bildet eine einzige große, auf einem massiven Unterbau ruhende, offene Halle, welche mit 18 Säulen ionischer Ordnung verziert ist ... Die Säulenhalle selbst ist, bis itzt, unverziert geblieben, sollte aber, nach Schinkel's Idee, mit Fresco-Gemälden ausgeschmückt werden ... Der Eingang (führt) zu der großen Rotunde, welche durch die beiden Geschosse geht, und, mit ihrer hohen, mit ausgemalten Cassetten verzierten Kuppel, durch die von oben her das Licht einfällt, einen wahrhaft imposanten Eindruck hervorbringt. In dieser Rotunde ... ist ein Theil der Statuen des Museums aufgestellt ... Von der Gallerie der Rotunde führt eine Thür in das obere Geschoß des Museums, in welchem die Bildersammlung befindlich ist. Sehr vortheilhaft für die Beschauung ist die Einrichtung, den Saal durch eine Reihe von Schirmwänden in mehrere kleine Kabinette ... zu theilen, in welchen auf beiden Seiten die kleineren Bilder aufgehängt sind ... Durch Inschriften, ... sowie durch kleine ... Übersichts-Tableaux wird es leicht, die Bilder aufzufinden. – Die Bekleidung der Wände mit dunkelrothen, sammetartigen Tapeten trägt dazu bei, den Farbenglanz der Bilder zu erhöhen und das Gold der reichen Rahmen desto besser hervortreten zu lassen ...

Was den inneren Gehalt der Sammlung betrifft, so können

wir hier nur kurz bemerken, daß sie besonders in historischer Hinsicht merkwürdig ist, und dieser Gesichtspunkt namentlich bei der reichen Solly-schen, mit der Königl. durch Ankauf vereinigten, Sammlung vorgewaltet hat, welche die Vor-Raphaelische Schule in der größten Vollständigkeit enthält. Die übrigen besseren Bilder aus der italienischen, und die aus der deutschen und niederländischen Schule, befanden sich, zum Theil, früher, zerstreut, in den K.Schlössern, und wurden, bei der Erbauung des Museums, in diesem vereinigt ... In dem Untergeschosse des Gebäudes befinden sich die Sammlungen von Vasen, Gemmen, Münzen, Terracottas und anderen sogenannten Anticaglien. Die Sammlung der ersteren dürfte itzt vielleicht eine der reichsten in Europa seyn ...«

*

Es blieb in der preußischen Hauptstadt nach der Einweihung des schönen Museums nicht mehr lange ruhig, denn »der glimmende Funke des politischen Kampfes« – wie sich der Freiherr v. Stein ausdrückte, entfachte das Feuer an weiteren Orten, von Frankreich aus sprang es zunächst auf die Niederlande über.

Hier regierte seit 1815 König Wilhelm I. von Oranien, der mit einer Schwester König Friedrich Wilhelms III. verheiratet war. In den belgischen Landesteilen, mit der Hauptstadt Brüssel, regten sich schon seit längerem nationale Unabhängigkeitsbestrebungen. Sie eskalierten im August 1830 zu offenem Kampf, den französische Offiziere leiteten. Holländische Truppen unter dem Oberbefehl des Prinzen Friedrich von Oranien wurden von den Brüsselern besiegt, die daraufhin eine provisorische Regierung bildeten und die Unabhängigkeit Belgiens beschlossen, die schließlich auch von den fünf Großmächten Rußland, England, Frankreich, Österreich und Preußen anerkannt wurde. Und der vormals für Griechenland vorgeschlagene englische Kandidat Prinz Leopold von Sachsen-Coburg wurde König von Belgien.

In September entfachte der »glimmende Funke« weitere revolutionäre Unruhen; vom 6. bis 8. in Braunschweig, am 9. und 10. in Dresden, am 14. in Kassel und am 18. September in Berlin.

Wie der preußische Kronprinz insbesondere auf die Ereignisse in Dresden reagierte, ist uns durch einen Brief vom 23. September 1830 an seinen sächsischen Freund belegt: »Theuerster, bester Johannes! Mit recht trüben Gefühlen schreibe ich Dir diesmal . . . Von Dir zuerst erfuhr ich den ganzen Hergang, manches, was man hier so nicht wußte und glaubte, und das alles so dramatisch dargelegt, durch die Absätze, je nachdem Du täglich fortgeschrieben, so fesselnd und erregend, daß ich Dir den Eindruck gar nicht schildern kann, eben so wenig wie meinen Dank und meine Freude für den Beweis wahrer Freundschaft, in solchen Augenblicken des Entfernten zu gedenken!!! Ich möchte Dich da vor mir haben, um Dich aus Dankbarkeit zu zerknautschen; allerdings auf eine andere Manier als an jenem Tage, da wir vom Apennin herab, den Bergstrom entlängs, das brausende Gestade des Mittelmeers streiften in S. Pietro d'Arena (San Pier d'Arena westlich von Genua)! O seelige Zeit des Friedens! Jetzt siehts verdrießlich in der Welt aus, und ich beneide fast die Zeit, wo ich mich über Kleinigkeiten ärgern konnte, wozu jetzt, seit Anfang vorigen Monats, gar kein Raum ist. Ich muß jetzt frei von der Leber weg sprechen um mich Dir als Freund zu beweisen – und ein wahrer Freund kann nicht immer loben –. Die Ereignisse bei Euch sind mir von allen ähnlichen, jetzt fast unzähligen im schönen teutschen Lande die widrigsten und empörendsten. Zu Braunschweig und Kassel herrschten oder herrschen Ungeheuer, . . . Onkel Altenburg hat sich als ein alter Esel bewährt; bei uns, zu Schwerin, zu Hamburg ist Ernst gezeigt und alles beigelegt worden –. Bei Euch waltet die väterlichste Regierung von Teutschland, Ihr habt ein treues Heer, die mächtigsten Nachbarn, denen es eine Freude wäre, Euch moralisch oder physisch beizuspringen, und vor allem ein vortreffliches Volk auf dem

Lande –!–!–!– Und Ihr weist dem Otterngezücht, der Handvoll Canaille und Canaillen, dieser Mixtur von empörtem Pöbel und schändlichen Empörern nicht die Zähne?–!! . . . Noch heute höre ich, daß Ihr mit dem Gesindel Euch einlaßt, bald nachgebt, bald vorstellt, bittet und verhandelt – da wo Ihr von Gott und Rechts wegen nichts tun solltet als befehlen – entweder; oder – . . . Ein Wort des Königs und der verehrten Prinzen an das Landvolk, und sie schlagen die Empörer todt –. Ein Befehl an Eure Garnison, und sie besetzen jauchzend die ungehorsamen Städte Dresden und Leipzig, und wehe denen, die Widerstand leisten wollen; aber sie werden nicht wollen, wenn Ernst gezeigt wird, ich garantiere es; und flöße ein wenig Blut, nun denn mit Gottes Hülfe fließe es . . .«

Einen Tag später, nachdem er neue Nachrichten aus Dresden erhalten hatte, schrieb der Kronprinz weiter: ». . . Gott sey Dank, der Himmel klärt sich auf bey Euch und die Dresdner haben selbst um die königl. Truppen gebeten. Das war denn eine rechte Herzstärkung für mich . . . Ich fürchte, Du wirst gegen einen gefährlichen Strohm von Neurungen zu kämpfen haben. Deine Grundsätze sind aber recht eigends gemacht für Euren gegenwärtigen Zustand, Du wirst das Maaß finden zwischen dem Kleben am Alten und dem so verderblichen Betreten eines ganz neuen Weges . . . Unsre Troubles, die eigentlich den ernsten und öminösen Namen ganz und gar nicht verdienen, sind spurlos vergangen, einige schlecht geführte flache Hiebe abgerechnet, welche ein paar eselhafte Köpfe und Schultern getroffen haben. Rätselhaft ist es, was diese Attroupements vor dem Schloß-Portal . . . bedeutet haben. Nicht eine Idee, eine Forderung ist laut geworden; nur pöbelhaftes Betragen gegen einzelne Polizei-Leute, Patrouillen und Passanten . . . Da sich das alles unter Elisens Fenster ereignete, so haben wir es deutlich beobachten können.«

Wie vorschnell, stürmisch und flüchtig der 35jährige Kronprinz hier urteilte, fast bedenkenlos den Einsatz von Gewalt empfehlend. Und wie anders er später als König denken und

78

handeln sollte! Sein zwar um sechs Jahre jüngerer, aber menschlich schon reifer wirkender Freund antwortete am 27. September: ».. . Den Tadel, den Du über unser Verfahren aussprichst, will ich keineswegs ganz von mir weisen. Nur einige Worte zu richtiger Würdigung unserer Lage und ihres Unterschieds zu der eurigen will ich Dir zu erwägen geben. Die ersten Anstalten gebe ich Dir preiß; man hatte sich nicht auf einen Fall vorausgesehen, der ein wahres Secret de la commedie war; denn nur 400 Mann waren in der Stadt und hatten noch dazu nur 2 Patronen auf den Kopf. Dieses führte zu dem ersten nothgedrungnen Schritt der Bürgerbewaffnung. Da dieser einmal gethan war, so glaubte man auf der einmal betretenen Bahn fortgehn zu müssen und das Äußerste für den äußersten Fall zu bewahren; jedoch waren wir fest entschlossen, wenn der vorgesteckte Termin abgelaufen seyn würde und die Bürger sich bei der gegebnen Bescheidung nicht beruhigt hätten, das Einrücken der Truppen ohne Weiteres zu befehlen und die nöthige Gewalt zu gebrauchen. Bei allem dem ist nicht zu übersehen, daß bei uns darum die Sache viel gefährlicher war, weil allerdings selbst die Bessergesinnten und nicht ohne Grund mit dem schlaffen Gang der Administration unzufrieden waren, der Aufstand an vielen Puncten des Landes ausbrach, unsere Truppen zwar treu, aber nicht stark sind und fremde Hülfe doch immer ein höchst schmerzliches Mittel für jede Regierung bleibt.«

Nach dieser freundschaftlichen Zurechtweisung bat Prinz Johann den Kronprinzen noch um Zusendung eines Entwurfes der neuen preußischen Städteordnung, weil auch in Sachsen nun die landständische Verfassung »nach den Anforderungen einer nothwendigen Besserung« umgestaltet werden solle.

Der Kronprinz sandte seinem Freund den Entwurf, was ihm einige Unannehmlichkeiten einbrachte, weil diese verbesserte preußische Städteordnung noch nicht offiziell publiziert war. So setzte eine politische Zusammenarbeit und ein Gedankenaustausch ein, in dem der Kronprinz seine Grundideen über den Aufbau der staatlichen Verwaltung ausbreitete; diese sollte

nämlich von unten her, im »selfgovernment«, wie er es später
einmal nannte, organisiert sein: »Democratischer als unsre alte
(Städteordnung) ist es kaum möglich, eine zu denken; darum
sage ich aber keineswegs, daß sie schlecht ist. Sie kann vortrefflich werden, so bald man nur ein Corporations Element wieder
hinein bringt . . . Besonders mache ich Dich als auf eine nach-
ahmenswerthe Sache auf die Statuen aufmerksam, die die
Städte sich unter Bestätigung zu geben haben. In diesen Statuten können alle geschichtlichen Elemente, wenn sie irgend von
Werth seyn könnten, conservirt und aufgenommen werden . . .
Mein Ideal ist immer, daß in großen und geschichtlichen Städten die Stadtverordneten zur Hälfte nach Districten und zur
Hälfte von den Corporazionen gewählt werden. Diese richten
sich ganz nach der Localität, so daß z. B. in einer Stadt sie bestehen würden: aus der Kaufmannschaft, den Ackerbürgern, den
Gewerken, dem gelehrten Stande, den bloßen Hausbesitzern,
den Rentiers, den höhern Ständen (die nach meiner Absicht das
Patriziat bilden sollten); in einer andern würden z. B. die höheren Stände oder die Kaufmannschaft fehlen, weil sie eben nicht
da wären –.«

Daß Prinz Johann auf die Vorschläge Friedrich Wilhelms
einging, beweist ein etwas später geschriebener Brief: »Bei der
Städteordnung habe ich ganz in Deinem Sinne die Corporation
per majora im Geheimenrath als Ausnahme durchgebracht.«

Beiläufig und doch mit Bedacht sandte er seinem Freund
noch ein »sehr interessantes kleines Buch von Carus.«

Friedrich Wilhelm kannte den sächsischen Hofarzt persönlich und hatte sogar an einigen seiner Vorlesungen über Psycho-
logie teilgenommen. Das vermerkte der geschmeichelte Carus
ausdrücklich in der Einleitung des gedruckten Werkes, nicht
allein, weil es ihm eine Ehre war, sondern auch weil er wußte,
daß sich der preußische Kronprinz zu ihm hingezogen fühlte.
Äußerte der Arztphilosoph nicht auch Gedanken, die Friedrich
Wilhelm wie aus der eigenen Seele gesprochen waren?: »Das
Leben ist doch ein wunderbares Gewebe, das, wenn wir es

80

schön und verständig tragen, wohl zu einem wahrhaft großen Gewinn desjenigen Gottgedankens ausschlagen kann, welcher zuletzt immer in der Brust jedes Einzelnen der treibende und wärmende Funke bleibt. Sie haben ... in diesen Worten den Kern meiner gesamten Philosophie und fühlen daran, weshalb ich in tausend Unvollkommenheiten des Daseins und in bitteren, blutig einschneidenden Verlusten nie irre werde an dem ewigen Mysterium, welches uns durch einzelne glückliche, und durch so viel mehr schwere und oft wahrhaft fürchterliche Lebensaufgaben, einesteils prüft und andernteils – wenn wir solchem höheren Walten recht horchen – weiter und weiter fortbildet.«

*

Ende November 1830 führten durch Mißernten bedingte Preissteigerungen in Polen zu revolutionären Aufständen der Bevölkerung. Demokraten und Radikale versuchten, die konservative Regierung zu stürzen. Gleichzeitig unternahmen polnische Patrioten einen – allerdings mißglückten – Mordanschlag auf den russischen Gouverneur Großfürst Konstantin, weil dieser erklärt hatte, sich in die innerpolnischen Streitigkeiten nicht einmischen zu wollen. Als dann im Januar 1831 der polnische Reichstag wagte, dem russischen Kaiserhaus die Oberhoheit abzusprechen, griff Zar Nikolaus ein. Er entsandte russische Truppen unter dem Oberbefehl von Feldmarschall Graf Diebitsch, die am 26. Mai 1831 bei Ostroleka die Polen entscheidend besiegten. Diebitsch mußte jedoch den Kampf unterbrechen, weil sich eine Choleraepidemie verbreitete, der er selber zum Opfer fiel. Die polnischen Radikalen nutzten sogleich die Lage und stürzten die bisherige Nationalregierung unter Fürst Adam Czartoryski. Aber dem neuen russischen Oberbefehlshaber Paskevic gelang es im September 1831 Warschau zu erobern. So wurde Polen erneut und fester – das heißt nunmehr als unterworfene Provinz – an Rußland gebunden, und viele polnische Nationalisten flüchteten ins Ausland, vor allem nach Paris.

∗

Die sich über Polen weiter westwärts ausbreitende Choleraepidemie forderte auch das Leben des Grafen Gneisenau, der den Oberbefehl über vier zum Schutz der preußischen Ostgrenze aufgestellten Armeekorps innehatte. Der fast 71jährige Generalfeldmarschall starb am 24. August 1831. Sein Generalstabschef Karl v. Clausewitz erhoffte sich die Nachfolge, doch Friedrich Wilhelm III. übertrug das Oberkommando dem General v. Knesebeck, genauso wie er 1813 schon einmal gerade die Stelle an Knesebeck gab, um die Gneisenau für Clausewitz gebeten hatte. Mit großer Eindringlichkeit setzte sich jetzt der Kronprinz für die Berufung seines einstigen militärischen Lehrers ein. Er versuchte insbesondere in einem Schreiben an Knesebeck, die alten Vorurteile abzubauen, die noch immer beim König haftengeblieben und letztlich aus der Zeit stammten, als Clausewitz 1812 in russische Dienste übergetreten war. Damals hatte er als Oberstleutnant unter General Diebitsch an der »Konvention von Tauroggen« mitgewirkt, dem Waffenstillstandsabkommen zwischen den noch unter französischem Oberbefehl stehenden preußischen Truppen und der russischen Armee, das als eine Art Signal zum Aufstand gegen Napoleon wurde.

1831 warb der Kronprinz also mit wirklich beredten Worten für Clausewitz: »Er ist ein sehr tüchtiger Soldat, ruhig, ohne Vorurteile, gelehrt, ohne pedantisch zu sein, ein edler, treuer Mensch von Geist und Herz, . . . seine Ruhe und Ihr Feuer, das Ihnen Gott segne, müssen sich nicht abstoßen, sondern die Hand geben – wenn ich mich hier nennen darf, so wie bei mir und Fritz von Oranien –.« Friedrich Wilhelm wußte, wie sehr sich Clausewitz endlich eine führende Stellung bei der Armee wünschte, um das, was er in seinen militärwissenschaftlichen

82

Manuskripten niedergeschrieben hatte, durch die Tat selber zu erproben und zu beweisen. Aber weder das eine noch das andere sollte zu seinen Lebzeiten erfüllt werden, denn merkwürdigerweise wurden seine Werke – die ihm den Ruhm eines großartigen Militärschriftstellers eintrugen – erst nach seinem Tode veröffentlicht. Clausewitz erkrankte in Breslau an der Cholera und starb am 16. November 1831. Während daraufhin der König den Auftrag erteilte, der Witwe des Generals sein Beileid zu übermitteln, sandte der Kronprinz persönlich einen Kondolenzbrief an Marie v. Clausewitz: »Ich muß mich unter die Trauernden drängen, die Ihnen in diesen Tagen ihr Herz ausschütten, die mit Ihnen weinen ... wie jedes edle Herz im Heer, wie eine Schar treuer Freunde ... Fürchten Sie nicht, daß ich Sie hier mit einem Kondolenz- und Trostbrief betrüben will – ich will, ich muß Ihnen nur sagen, daß ich mit Ihnen tiefes Leid trage, daß durch Ihren Verlust auch mein Herz zerrissen ist, weil ich einen treuen, lieben Freund betrauern muß – daß ich Sie aber dennoch glücklich und gesegnet preise, weil ich die gewisse Hoffnung habe, Sie sehen durch Ihren Schmerz und Ihre Trauer etwas anderes als Trauer und Schmerzen, nämlich die liebevolle Hand, welche diese Trübsal ausgebreitet, Sie erkennen in Dem, der meinen lieben Freund, Ihren unvergeßlichen Gatten, abgerufen hat, den großen Fürsten des Lebens und des Friedens.«

*

Die asiatische Cholera war im Herbst 1831 sogar in Berlin ausgebrochen, worauf die Prinzen des königlichen Hauses angewiesen wurden, mit ihren Familien und ihrem jeweiligen »Hof« – bestehend etwa aus Oberhofmeister, Kammerherren, Adjutant, Oberhofmeisterin, Hofdamen, Kammerfrau, Kinderfrau, Lehrer und Dienerschaft – nach Potsdam ins Neue Palais zu ziehen. Der Kronprinz blieb im Sommerschloß Sanssouci und zeichnete und plante hier mit seinem Bruder Carl gemeinsam neue Gartenanlagen. Sie reisten zusammen nach Muskau, um sich den schon berühmten Park dort anzusehen. Prinz Carl schrieb damals an Pückler: »Sollten Ihnen, mein lieber Fürst, nicht in letzter Zeit die Ohren geklungen haben, wenn der Kronprinz und ich des Lobes nicht genug von Old Muskau sagen konnten?« Und Pückler erteilte in seinem Antwortbrief vom 7. November 1831 einen Rat, der allen Gartenkünstlern aller Zeit dienen mag: »Darf ich als alter Praktiker mir einen untertänigsten Rat erlauben, so bitte ich Euer Hoheit nur um eins; nie bestehen zu lassen, was Ihnen nach der Ausführung nicht gefällt. Wenn meine Anlagen Euer Hoheit einigermaßen befriedigt haben, so ist es nur der festen Beobachtung dieses Grundsatzes zu danken. Es gibt wenig Stellen darin, die nicht retouchiert wurden, viele, die zehnmal umgeworfen und neu gemacht worden sind. Ich bin in dieser Hinsicht unerbittlich, und wäre ohne dies wenigstens noch einmal so weit in meinen Anlagen gediehen – sie würden dann aber auch schwerlich viel Vorzug vor allen übrigen haben ... Kein Maler kann ein Gemälde enden, ohne hundertmal zu übermalen, zu bessern, wie sollte es dem erlassen sein, der ein Gemälde, nicht mit sanftem Pinsel und Farben, sondern mit dem so oft widerstrebenden Material der Natur selbst herzustellen unternimmt.«

*

Es war dieser November, als der Kronprinz die Nachricht erhielt, daß auch Karl v. Clausewitz der Cholera zum Opfer gefallen war. Aus den Sätzen, die er noch vorher im Sommer über diesen von ihm verehrten Freund geschrieben hatte, berührt uns nicht allein seine Hochschätzung von Menschen »mit Geist und Herz«, sondern vor allem seine bildhafte Andeutung über Freundschaft, wie er sie verstand. Er schrieb damals von »Ruhe und Feuer«, die »sich die Hand geben«, »wie bei mir und Fritz von Oranien«. Selbstkritisch meinte er dabei mit »Feuer« seine rasch und hoch entflammbare Erregbarkeit, seine oft überhitz-

84

ten Urteile, und mit »Ruhe« seinen maßvollen niederländischen Schwager, den Mann seiner jüngsten Schwester Luise.

Ein ähnliches Verhältnis lag der Freundschaft zwischen ihm und dem Prinzen Johann von Sachsen zugrunde. Bereits in den ersten Jahren ihrer Korrespondenz zeigte sich die Besonnenheit Johanns gegenüber der Impulsivität des Kronprinzen, die sich bis in die letzten Lebensjahre hinein beruhigend auswirken sollte. Es gab aber auch Wesenszüge, die beide Freunde fast gleichermaßen besaßen, beispielsweise die Gläubigkeit, die künstlerische Veranlagung und den Humor. Dazu kamen schicksalhafte Gemeinsamkeiten; ihre Frauen waren Zwillingsschwestern, und sie beide sollten dereinst König werden. Der uns erhaltene Briefwechsel zeugt von gegenseitiger, herzlicher Anteilnahme an allen persönlichen und allgemeinen politischen Ereignissen. Immer ist der Ton, in dem sie sich mitteilen, vertrauensvoll, unkonventionell und oft äußerst humorvoll. Dabei wechseln die Themen, und aus Zeitmangel kann von ihnen manchmal nur angedeutet werden, was sie lieber mündlich und ausführlich besprochen hätten.

So schrieb Prinz Johann am 4. Mai 1832 aus Pillnitz: »Liebster Freund! ... Du kannst nicht glauben, wie glücklich Dein letzter Aufenthalt bei uns (vom 31. März bis zum 16. April 1832) mich gemacht hat. Wir haben dieses Mal so in Ruhe und Frieden eure Gegenwart genossen. Zu meiner großen Freude hat mir Vogel (der sächsische Hofmaler Karl Vogel v. Vogelstein) dieser Tage die bestellte Copi deines Conterfey's abgeliefert, und sie freut mich um so mehr, da sie nicht nur außerordentlich gut ausgeführt ist, sondern du auch ganz in dem Costüm bist, wie ich gewohnt war, dich zu sehn, wenn ich mich auf Execution bei dir einzulegen pflege. Ich schreibe dir aus meinem dir bekannten Zimmer mit der schönen Aussicht nach der Elbe ... Das andere, was Noth thut, ist aber eine zweckmäßige Umgestaltung des (Deutschen)Bundes, damit er inneres Leben und Kraft gewinne, und hier würde ich mich in unsern oft besprochenen patriotischen Phantasien verlieren, wenn ich mehr sagen wollte. Ich habe mir aber vorgenommen, einmal meine Ideen zu Papier zu bringen und sie Dir dann zu schicken. Das einzige Mittel hierzu zu gelangen wäre aber vielleicht ein Fürstencongreß für Deutschland; doch müßte man freilich vorher über die Hauptideen einig seyn. Verzeihe, theuerster Freund, diesen patriotischen Excurs. Ich konnte meine Gesinnung Dir, der Du mein Herz kennst, hier nicht verbergen; denn die Zeit läuft und der Boden wird hohl in Teutschland. Sollte es möglich sein, jene schönen Träume zu realisieren, dann wäre es an der Zeit mit ganzer Kraft gegen alles Schlechte aufzutreten, denn man wäre der Meinung der Bessern gewiß. – Den Dante habe ich wieder vorgenommen; es wird aber immer noch einige Zeit dauern, bis ich mit dem letzten Verputz fertig bin. . . . Lebe wohl, Theuerster! Dein treuer Freund Johann.«

Der Antwortbrief des preußischen Kronprinzen ist datiert »Berlin 29. May 1832« und »Himmelfahrtstag«, den 31. Mai 1832: »Mein Theurer, geliebter Johannes! . . . wahrlich es war an mir, Dir womöglich von der ersten Station zu schreiben und Dir zu danken aus der Fülle meines Herzens, so wie es unauslöschlich da geschrieben steht, für Deine Liebe und Güte und für die tausend Aufmerksamkeiten und für alles, das, was aus jenen 14 Tagen (unseres Besuches in Sachsen) die angenehmsten und theuersten gemacht hat, die ich fast je durchlebt habe. . . . ich fürchte, ich fürchte, die Zeit ist zu matt und miserabel, um irgend eine Institution (wie zum Beispiel Fürstentage) zu gründen, die über die quatsche Charten-Schablone hinaus geht! Das ist zum Verzweifeln für die, denen der teutsche Nahme und das teutsche Wesen so heiß in Herz und Eingeweide brennen wie mir!!! . . . Gewiß ist das Ding, was Revolution jetzt heißt, etwas, was seit Erschaffung der Welt kein Mensch geträumt hatte bis 89. Es ist ganz etwas apart Behendes, Kluges und Gottloses darin, wie in nichts Ähnlichem bis Daher, und den Reitz der Originalität kann Niemand ihm absprechen bey seinem Auftreten. Daß es nach 43 Jahren, nach so viel Blut und Thränen und nach so abgenutzten Kunst Griffen und Verführung noch immer verführt, ist wahrlich kein Compliment für unser Geschlecht ...

Ewig Dein treuester Freund Fritz.«

Der Kronprinz spielte hier auf das »Hambacher Fest« an, das am 26. Mai 1832 auf dem Hambacher Schloß (bei Neustadt an der Haardt) aus Anlaß des 14. Jahrestages der bayerischen konstitutionellen Verfassung stattgefunden hatte. Etwa 30 000 Menschen nahmen daran teil, Hauptredner des Volksfestes waren Dr. Philippp Jakob Siebenpfeiffer und der politische Schriftsteller und Rechtsanwalt Dr. Johann Georg Wirth. Dieser erklärte die Volkssouveränität zur Grundlage aller Staaten und verurteilte die Könige als »Verräter an den Völkern und dem gesamten Menschengeschlecht«. Er endete seine zündende Ansprache mit einem »Hoch, dreimal hoch (auf das) konföderierte republikanische Europa!«

Auf dieses Aufsehen erregende Fest ging Prinz Johann in seinem nächsten Brief an Friedrich Wilhelm ein: »Pillnitz, den 15ten Juni 1832. Liebster bester Dicki! Ich kann Dir nicht sagen, wie sehr Dein letzter Brief und die freundliche Erinnerung an Deinen Dresdner Aufenthalt mich gefreut und gerührt hat, Gott gebe, daß die Zeiten insoweit ruhig bleiben, daß wir bald wieder einmal zusammenkommen, denn für mich sind das doch Licht- und Blüthenpunkte im Leben; aber ich bitte Dich, was hast du zu allem gesagt, was seitdem passiert ist? Das Thier der Apokalypse, das sich bis jetzt nur von fern in unserm lieben Teutschland rührte, hat auf einmal sich sein Haupt mit Namen der Lästerung beschrieben und herrlich erhoben. Mache nur, ich bitte Dich, daß Schwager Ludwig (der König von Bayern) den Wirth und Siebenpfeiffer beim Kopf kriegt, sonst wird bald ganz Deutschland nach seinen sieben Pfeifen tanzen. Aber von der andern Seite mache, daß wir ein Deutschland nach unserm Sinn bekommen, damit die Leute sich nicht nach einem apocalyptischen ditto sehnen. Ja, wenn Du alles machen könntest! ... Das Inferno (das heißt, meine Übersetzung von Dantes ›Hölle‹) ist vollendet mit Noten und allem Zubehör. Nächste

Woche werde ich auf (des Kunsthistorikers Karl Friedrich v.) Rumohrs Weinberg, auf einer köstlich gelegnen Terrasse, von der man weithin den ganzen Lauf der Elbe übersieht, das ganze Opus nebst Noten vorlesen lassen. Es werden dabei außer Rumohr auch (der Schriftsteller und Übersetzer Wolf Graf) Baudissin, (der Arzt-Philosoph) Carus und vielleicht (der Dichter) Tieck gegenwärtig sein. Machen sie keine bedeutende Ausstellung (oder Einwände), so kann es dann bald in Druck gehen. Das erste fertige Exemplar bekommst Du . . .« Übrigens hatte Johann einmal zur Übersetzung für »Teufel« mehrere Möglichkeiten Friedrich Wilhelm zur »Beurtheilung« vorgeschlagen: »Grauseschwanz – Raufefankel – Bückeschnurbs – Fröstetretel – Reckelschnautzer – Sudelbart – Karfunkelpolt!«

Auf die Ankündigung der gedruckten Übersetzung von Dantes »Hölle« entgegnete der Kronprinz: »Welche Freude! . . . Ich bin wie der hungrige Wolf der polnischen Wälder im Winter auf diese Lecture wie auf meine Atzung versessen.«

Wie er denn auch voller Sehnsucht auf eine von Johann für den Sommer 1838 geplante Reise nach Italien reagierte: »Du wirst Rom sehen!!! O! Du Glückseeliger!!! Gedenke mein, wenn Du St. Peter zuerst erschaust von ferne, dann, wenn Du hineintrittst und das Flammen-Meer an den Apostel Gräbern siehst, dann im Hof des Bramante, wo die Loggien sind, dann im Cortile des Belvedere. Da stelle Dich, den Rücken gegen die große Rotunde und schau durchs Höfchen durch all die Pracht der Architektur und Sculptur, den blauen Himmel ober Dir, durch die Arcaden-Reihe hinaus grade auf den Soract und denk' an mich . . .!!!«

So freudig die beiden Freunde sich gegenseitig ihre künstlerischen Interessen kund taten, gestanden sie sich doch auch ihre Enttäuschung über allzu geringe Möglichkeiten politischer Einflußnahme. Wie mit einem Seufzer hatte der Prinz dem Kronprinzen geschrieben: ». . . mache, daß wir ein Deutschland nach unserm Sinn bekommen . . . Ja, wenn Du alles machen könntest!« Und Friedrich Wilhelm klagte im März 1835: »Ach, mein liebster Freund. Während ich in der Welt als der illiberalste Kautz gelte, komme ich unsren Feseurs (den Ministern des Königs) hier (in Berlin) als sehr liberal vor. Ich sage meine Meinung unverhohlen; darauf beschränkt sich meist mein Einfluß.«

Der Kronprinz mußte mehr oder weniger zusehen, wie sich in den letzten Regierungsjahren seines Vaters politische Konflikte hinzogen oder sogar zuspitzten, die er als Erbschaft übernehmen und deren Lösung seine ersten und weiteren Regierungsjahre belasten sollten. Hierzu gehörte der »Kölner Kirchenstreit«.

Zwischen Berlin und Rom, zwischen dem preußischen Kultusministerium und dem katholischen Episkopat, hatte es seit langem »einzelne Reibungen« gegeben, dennoch bestand – nach dem Urteil von Alfred v. Reumont – »so manche Jahre lang ein gutes Einverständnis«. Dies änderte sich mit Ende des Jahres 1837, als es um die Frage der Taufe und Erziehung von Kindern ging, die aus »Mischehen« stammten – deren einer Elternteil also katholisch und der andere evangelisch war – und es darüber zu Auseinandersetzungen kam. Eine preußische, staatliche Regelung sah vor, daß die Konfession des Vaters in jedem Falle für die Kinder verbindlich sei. Hierauf wurde aber von Seiten der katholischen Geistlichkeit Einspruch erhoben. Der Streit der Meinungen führte dazu, daß die preußische Regierung gegen den Kölner Erzbischof Graf Droste zu Vischering sogar den Vorwurf erhob, an »revolutionären Umtrieben beteiligt zu sein«, und aus Rom, wo Josias v. Bunsen Gesandter am Vatikan war, kam sogar der Rat, »dies Zerwürfnis mit der Verhaftung und Entfernung des Prälaten« zu beenden. Der Erzbischof wurde tatsächlich verhaftet und auf die Festung Minden gebracht. Wen wundert es, daß es der Papst in Rom darauf ablehnte, den preußischen Gesandten noch zu empfangen. Bunsen mußte abberufen werden und verließ Rom im April 1838. Indes schwelte das Zerwürfnis zwischen der katholischen Kirche und dem preußischen Staat weiter.

89

Aber auch zwischen der evangelischen Kirchenleitung und dem preußischen Staatsoberhaupt war das Verhältnis nicht ungetrübt.

Friedrich Wilhelm III. war »Summus episcopus«, oberster Herr der Kirche in Preußen. Er übte nicht nur sein Recht aus, diese in sich uneinige Kirche zu leiten, sondern es lag ihm wirklich am Herzen, sie in Einheit zu wissen, oder besser ausgedrückt: zur Einheit zu führen. Hatte er doch noch zu Lebzeiten der Königin Luise erfahren müssen, daß es ihnen beiden verwehrt war, an einem Abendmahlsgottesdienst gemeinsam teilzunehmen; Luise als lutherische Christin durfte das Abendmahl nicht von einem reformierten Pfarrer empfangen. Was trennte sie? Nicht allein das »Tüpfelchen« auf dem i, sondern das ganze »i« – wie es als lateinischer Buchstabe aussieht und als griechischer »Yota« heißt. Hinter diesem Streit um das äußerliche »Yota« verbergen sich fundamentale Fragen des christlichen Glaubens. Für reformierte Christen hat nämlich der Abendmahlsgottesdienst die Bedeutung einer Erinnerungsfeier; er ist ähnlich dem Mahl, das Christus feierte, als homoiusios, wesensähnlich.

Dagegen glauben lutherische Christen an die wirkliche Gegenwart des Herrn in Brot und Wein; sie sind »verwandelt« Ihm gleich, also homousios. Ein einziger, entscheidender Buchstabe war somit das äußere Zeichen einer inneren Entzweiung evangelischer Christen, und das war nicht nur damals so, auch heute besteht dieser Gegensatz noch.

Immerhin versuchte Friedrich Wilhelm III. in seiner Zeit, mit Hilfe einer neuen Agende, einer Gottesdienstordnung – die in gewissem Sinne ein Kompromiß war – eine einheitliche evangelische Kirche in Preußen zu schaffen, die »Union«. Aber nach wie vor, und nun sogar besonders, wehrten sich die Lutheraner gegen ein Bekenntnis, das sich der ratio, dem menschlichen Verstehenkönnen, anzupassen suchte.

Auch der Kronprinz glaubte anders als sein Vater und verwarf gleichsam das »Yota«. Seine Vorstellungen einer neuen evangelischen Gottesdienstordnung, ja, einer neuen Kirchenverfassung, unterschieden sich denn auch wesentlich von denen des Königs. Er wünschte sich nicht den Ausgleich, sondern die wirkliche Erneuerung im Sinne einer Wiederanknüpfung an Traditionen, die sich aus der Urkirche entwickelten. Über diese Probleme diskutierte er mit Josias v. Bunsen, einem gelehrten Kenner der Kirchengeschichte. Wenngleich Alfred v. Reumont an den wissenschaftlichen Fähigkeiten Bunsens zweifelte, indem er ihm »Präzision und Klarheit« absprach und Selbstüberschätzung vorwarf, war er für Friedrich Wilhelm doch wegen seiner großen Bildung ein passender Gesprächspartner. Es entstand ein viele Seiten füllender schriftlicher Gedankenaustausch. Der Kronprinz machte zunächst, wie er es bei architektonischen Vorhaben tat, eine Vielzahl von Entwürfen, teils nur flüchtig hingeworfenen, um hierdurch die endgültige Form wie aus sich selbst heraus entwickeln zu lassen. Und genauso wie er einige gezeichnete Skizzen mit der Unterschrift »Sommernachttraum« versah, so bezeichnete er auch seine Entwürfe für eine preußische Kirchenverfassung mit diesem poetischen Wort.

Bestimmend für den Grundriß des »Kirchenbaus«, den Friedrich Wilhelm mit Bunsen erörterte, war die Unantastbarkeit der »Freiheit des persönlichen Gewissens«. Deshalb sollten die verschiedenen Glaubensrichtungen nicht nur geachtet, sondern geradezu anerkannt werden als Teile »einer« Kirche. Deshalb durfte auch der christliche Monarch nicht »Summus episkopus«, sondern nur »Schutzherr« und »Friedensrichter« dieser aus unterschiedlichen Gliedern gebildeten Kirche sein. Einzig »Rationalisten und Pantheisten« sollten daraus »feierlichst verbannt« werden. So liberal der Kronprinz anderen christlichen Auffassungen gegenüber war, wenn es um seinen persönlichen Glauben ging, zeigte er – seinem Gewissen verpflichtet – keine Kompromißbereitschaft; denn ihm persönlich war der Glaube an ein Geheimnis gebunden, das – wie wir es zu deuten wagen – sein Leben prägte. Es läßt sich erahnen an hand der Gedanken des Mystikers Augustinus, die sich der Kronprinz in seiner ihm eigenen Ausdrucksweise aufgeschrieben hatte:

»Berlin, 26. Juny 1824. S. Augustin. Conf. VII. Buch X. Cap.: Ich ging ein in die innersten Tiefen meiner Seele; ich konnte es, weil Du mir halfst. Ich ging ein, und mein inneres Auge, so schwach es noch war, entdeckte, erhaben über der Klarheit meines Geistes, o HErr! Dein unwandelbares Licht; und es war nicht jenes körperliche Licht, welches die Augen des Leibes sehen, noch irgend ein Licht gleicher Natur, das man sich ausgedehnter denken könnte, und viel tausendmal reiner und glänzender, die Unendlichkeit erfüllend; es war ganz ein ander Licht, dem nichts, was wir sehen, sich vergleichen läßt. Es war nicht über meiner Seele, wie das Öl über dem Wasser, oder wie der Himmel über der Erde; aber dasselbe war über mir, weil es mir das Dasein gegeben, und ich war unter ihm, weil ich durch dasselbe erschaffen worden.

Wer die Wahrheit kennet, der kennet auch dieses Licht;
wer dies Licht kennt, kennt auch die Ewigkeit;
und durch die Liebe allein vermag man es zu erkennen.

. . .

Und ich erkannte zu der Zeit, daß Du den Menschen durch Züchtigung unterweisest wegen seiner Ungerechtigkeit, daß Du seine Seele dünne gemacht hast wie ein Spinnengewebe.«

*

IV. 1840–1846

Die ersten Regierungsjahre

König Friedrich Wilhelm IV. zu Beginn seiner Regentschaft

»Der Kronprinz schaute uns lange nachdenklich an, dann sagte er: Ihr frischer Anzug, in dem Sie selbst wie Pfirsichblüten erscheinen, ruft in mir eine Erinnerung aus meiner Kindheit wach: an das lauschige Plätzchen im Park, das meine Mutter in der Zeit des jungen Grün und der Pfirsichblüte besonders liebte und zu dem sie uns immer wieder mitnahm; ich habe es immer wieder in wehmütigem Gedenken aufgesucht, bis mir's jetzt der Lenné verdorben hat.«

Diese Erinnerung der Gräfin Maximiliane Oriola, einer Tochter Bettina v. Arnims, an eine Begegnung mit dem Kronprinzen auf einem der Hoffeste, berührt uns deshalb, weil sie uns Friedrich Wilhelm wenige Wochen vor seinem Regierungsantritt zeigt: versunken in wehmütige Gedanken an seine sorglos schöne Kindheit. Er sollte am 7. Juni 1840 König werden und die Lasten schwerer Verantwortung tragen. Wie arg ihm dieser Tag wurde, gestand er erst viele Jahre später in einem Brief an seinen scheidenden Minister Radowitz.

Die Kräfte Friedrich Wilhelms III. nahmen in diesem Frühjahr deutlich ab. Als Mann der Disziplin wollte er aber nicht, daß in der Öffentlichkeit darauf Rücksicht genommen wurde. Deshalb ordnete er noch selber den Beginn der Feiern zum 100jährigen Regierungsantritt Friedrichs des Großen an. Sie sollten mit Bedacht nicht am Todesdatum des Soldatenkönigs, sondern einen Tag später, am 1. Juni, stattfinden. Zur Erinnerung wurde später »von dem Comité der Veteranen in Berlin« ein »Gedenkbuch« herausgegeben »die Geschichte und Beschreibung des Friedrich-Denkmals in Berlin, so wie die Darstellung der Grundsteinlegung am 1. Juni 1840 und der Enthüllung desselben am 31. Mai 1851.« In anschaulicher Weise wurde alles geschildert: »Konnten auch die Einzelheiten der Grundsteinlegung nur von den Wenigsten der Festtheilnehmer mit Auge und Ohr unmittelbar wahrgenommen werden, so wurden sie doch allen mittelbar zur Wahrnehmung gebracht durch die militairischen Ehrenbezeugungen, welche die einzelnen Acte begleiteten, durch den kriegerischen Klang der Trommeln und Trompeten, die sich in ununterbrochener Fanfare vernehmen ließen, durch das wiederholte Hurrah der Truppen, in das sich der Jubel des Volkes mischte, durch den majestätischen Donner der Kanonen und das feierliche Geläut der Glocken u.s.w. Einen ganz besonders ergreifenden Eindruck machte der Moment, wo der Bischof Eylert das Gebet an der Baugrube verrichtete und den Segen sprach ... Der Tag war für die ganze Stadt ein Freudentag. Vom Kinde bis zum Greise, vom ärmsten

Armen, bis zum reichsten Reichen, war alles voll von dem großen König. In den städtischen Schulen und Gymnasien fanden entsprechende Feierlichkeiten statt. Die Schul-Kinder wurden mit der oben erwähnten Lebensbeschreibung beschenkt; in sämtlichen Hospitälern und Waisenhäusern wurden die Armen und Waisen festlich bewirthet. Einen wahrhaft erhebenden Anblick gewährte das Festmahl, das im Güntherschen Lokale zu Ehren des Tages, auf Kosten der Stadt für die Invaliden und Veteranen aus der Zeit des großen Königs veranstaltet war. Die überaus günstige Witterung hatte es erlaubt, daß die Tafel im Freien unter den Bäumen gedeckt werden konnte. Sie lehnte sich mit einem Ende an eine Nische von Laubwerk, in der sich die Büsten Friedrichs II., Friedrich Wilhelms III. und des Kronprinzen befanden. Die Anzahl der Tischgäste belief sich auf 73, der älteste zählte 94 Jahre. Unter den ergrauten Kriegern bemerkte man auch eine Matrone von siebenzig und einigen Jahren, welche ihren altersschwachen Mann nicht hatte verlassen wollen. Der Minister des Innern erschien in Person während der Tafel und richtete freundliche Worte an die würdigen Veteranen. Der Prediger Deibel hielt eine Rede über die Bedeutung des erhabenen Festes, der sich ein Toast auf das Wohl des heißgeliebten Königs anschloß. Dieser Toast trieb, bei dem Gedanken an die Krankheit des Königs, jedes Herz zu dem nicht enden wollenden Rufe: Lange lebe unser König! ... Aus dem Königlichen Palais gingen der Festversammlung ununterbrochen Mittheilungen über das Befinden des Königlichen Herrn zu, Mittheilungen, welche fort und fort auf den Todesengel, der vor 100 Jahren Friedrich Wilhelm I. abgerufen, hinwiesen.«

Über das nun folgende schnelle Fortschreiten der Krankheit des Königs, schließlich über seinen Tod und das Leichenbegängnis berichtete Klöden ausführlich in seiner Lebens- und Regierungsgeschichte Friedrich Wilhelms III.: »In Berlin wurde die Stimmung allgemein eine sehr trübe, besorgnisvolle. Das Volk drängte sich um das Palais des Königs in ehrfurchtsvoller Stimmung, bang auf die Nachrichten ... – Der Kaiser

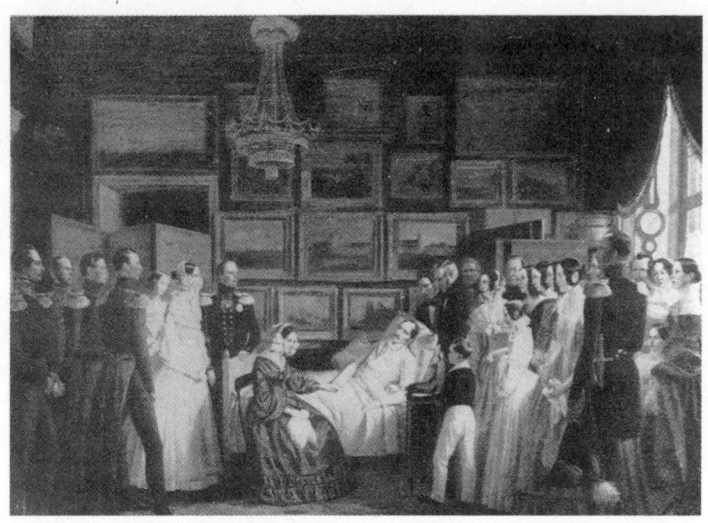

*Die preußische Königsfamilie am Sterbelager
Friedrich Wilhelms III.*

und die Kaiserin von Rußland befanden sich auf einer Reise
nach Warschau. Dort angekommen, vernahm die Kaiserin
kaum den bedenklichen Krankheitszustand ihres königlichen
Vaters, als sie mit ihrer Tochter, der Großfürstin Olga, so schnell
wie möglich nach Berlin eilte, und hier am 3. Juni nachmittags
ankam. Der König war sehr schwach; dennoch erfreute ihn der
Besuch seiner hohen geliebten Tochter und seiner Enkelin
sehr ... Alle Kinder des erhabenen Monarchen hatten sich an
seinem Krankenbette versammelt, und weilten ununterbrochen
in seinen Gemächern.

So rückte der erste Pfingsttag, der 7. Juni, heran. Am Morgen
desselben traf der Kaiser Nikolaus von Warschau ein und eilte
sogleich an das Krankenbett seines geliebten Schwiegerva-
ters ... Vorher hatten sich die sämtlichen Mitglieder des königlichen Hauses im Palais zu einem besonderen Familien-Gottes-
dienst begeben, ... Der hohe Kranke begann gegen 3 Uhr

96

nachmittags leise und sanft in Schlummer zu sinken . . . In der
Mitte der Seinigen, die eine Hand seinem königlichen Nachfolger reichend, die andere gehalten von der Fürstin von Liegnitz,
hauchte . . . der König seinen edlen Geist aus, so ruhig und
sanft, daß es erst eines Zeichens der anwesenden Leibärzte bedurfte . . . Der Hofprediger Strauß . . . sprach die Worte des Se-
gens und der Weihe zum Jenseits über das Haupt des dahinge-
schiedenen Königs. . . .«

»Am 9. Juni früh um 4 Uhr Morgens wurde auf höchsten Befehl die Leiche des hochseligen Königs in einem Einsatzsarge,
durch eine Anzahl Unteroffiziere der Schloßwache, von dem
königlichen Palais nach dem königlichen Schloß getragen und
daselbst in dem Audienzzimmer unter einem Thronhimmel aufgestellt . . . Am 10. Juni fand die feierliche Ausstellung des Pa-
radesarges von 9 bis 12 Uhr und von 4 bis 7 Uhr statt. . . . Der
11. Juni war zum feierlichen Leichenbegängnis des hochseligen
Königs bestimmt«, mit einem Gottesdienst im Berliner Dom.
»Am Abend desselben Tages füllte eine Feierlichkeit von stil-
lem Character die Plätze und Straßen der Hauptstadt. Man
wußte, daß die sterbliche Hülle des verewigten Monarchen von
dem königlichen Dome um die mitternächtliche Stunde ohne
alles Gepränge nach Charlottenburg versetzt werden sollte, um
daselbst . . . neben der hochseligen Königin Luise ihre letzte
Ruhestätte zu finden. Um 11 Uhr setzte sich der Zug in Bewegung; voran der Gouverneur und der Kommandant von Berlin,
dann zwei Stallbediente zu Pferde mit Fackeln, sodann die
Leib-Compagnie des 1sten Garde-Regiments zu Fuß, wieder
zwei Stallbediente zu Pferde mit Fackeln, darauf ein vierspänni
ger Wagen, in welchem sich der Fürst Wittgenstein und der
Hofmarschall v. Massow befanden. Unmittelbar dahinter folgte
der achtspännige schwarz behangene königliche Leichenwa-
gen, dann wieder zwei Stallbediente mit Fackeln, und nach diesen 6 Gefolgewagen mit den General- und Flügeladjutanten,
dem geheimen Kämmerier und den Kammerdienern –.
Die Luft war völlig windstill, kein Gas erleuchtete die Stra-

ßen, ein leicht bewölkter Mond verbreitete ein elegisches Dämmerlicht, die zahllosen Volksmassen beobachteten eine rührende Stille. Ein bewegliches Spalier von Garde du Corps und Ulanen hielt einen breiten Weg frei. Der Zug ging durch die mittlere Promenade der Linden, die sonst jedem Wagen verschlossen ist; Pferde und Wagen bewegten sich auf dieser ungepflasterten Straße völlig lautlos, und die wenigen Fackeln erhellten um so magischer die eng zusammengeneigten Wipfel der Bäume. So durchschritt das Trauergefolge die Mitte des Brandenburger Thores, um langsam und gemessen den dunkel beschatteten Weg nach Charlottenburg, der in seiner ganzen Ausdehnung von ruhigen Volksmassen erfüllt war, zurückzulegen.

Bald nach Mitternacht nahte sich der stille Trauerzug den im Schlosse zu Charlottenburg Harrenden, schon durch den Fakkelschein aus der Ferne verkündet. So gelangte er an das Gitter des Schloßgartens, wo ein zahlreicher Männerchor, aus dem Gesangs-Personal der Oper bestehend, Choräle... anstimmte. ...

Nur die Leib-Compagnie des Regiments Garde du Corps erhielt nach letztwilliger Bestimmung die Ehre, die hohe Leiche innerhalb des Schloßgartens bis unmittelbar an das Mausoleum zu begleiten. Die Feier in demselben bei der Ceremonie der Beisetzung war der Öffentlichkeit gänzlich entzogen.«

Wie anders und mit wieviel Pomp und Aufsehen versehen, inszenierte hingegen im gleichen Jahr der französische Bürgerkönig Louis Philippe die Überführung der Gebeine Kaiser Napoleons von der Insel St. Helena in den Pariser Dom des Invalides!

∗

Bereits in den letzten Tagen und Wochen der Krankheit hatte der Kronprinz den König bei allen wichtigen Anlässen vertreten. Jetzt, kurz nach dem Tode, ließ er zwei testamentarische

Schreiben seines Vaters veröffentlichen, denen er folgendes hinzufügte: »Ich bitte Gott, den Lenker der Herzen«, er schrieb nicht »Lenker der Völker«! »daß Er die Liebe des Volks, die Friedrich Wilhelm III. in den Tagen der Gefahr getragen, ... auf Mich, Seinen Sohn und Nachfolger übergehen lasse ... Mein Volk bete mit Mir um Erhaltung des segensreichen Friedens, des theuren Kleinods.« Der wichtigste Rat, den sein Vater ihm hinterließ, lautete: »Verabsäume nicht, die Eintracht unter den Europäischen Mächten, so viel in Deinen Kräften, zu befördern; vor allen aber mögen Preußen, Rußland und Österreich sich nie von einander trennen!«

Einer der ersten Kondolenzbriefe kam am 13. Juni 1840 aus Dresden von Prinz Johann: »Liebster Freund! Ich habe bis jetzt gezögert dich in diesen ersten Tagen des Schmerzes und gedrängter Geschäfte mit einem Brief zu belästigen ... Was es für ein Gefühl für einen Sohn ist, den Vater zu verliehren, das kenne ich leider aus Erfahrung. Es ist ein Schmerz, der mit keinem andern zu vergleichen ist! Man hat dabei das Gefühl, von seiner Wurzel losgerissen zu sein! ... Ein Thronwechsel nach so langer Regierung ist immer ein höchst erschütternder Augenblick; er erweckt Erwartungen und Besorgnisse mancher Art, die weder alle befriedigt noch alle vermieden werden können ...«

Ja, Prinz Johann kannte den Freund aus eigenem Erleben. Friedrich Wilhelm hatte versucht, sich für sein neues »Amt« selber »Muth und Trost« zu geben, »so versucht ich einmal, mir so recht tief in's Gemüth zu rufen: Nun, da bist du ja König. Die Folge des Versuches war ein unerträglich brennender geistiger Schmerz, daß ich ablassen mußte, wie den Finger vom heißen Metall.« Niemand wird den König verstehen, der nicht den Menschen in ihm kennt; diesen Menschen, der »einging in die innersten Tiefen« seiner, wie ein Spinnengewebe verletzlichen Seele, dem gerade in seinem Königsamt die allem Menschsein anhaftende »Ungerechtigkeit«, hervorgerufen durch Egoismus und Schwachheit, zu einer unerträglichen Belastung wurde, so daß er sich auf tägliche »Hilfe von oben« angewiesen fühlte. So sind denn auch seine ersten, zumeist frei gehaltenen Ansprachen beredte Zeugnisse seines demütigen Glaubens an Gott.

Nach alter Sitte fanden zwei große Huldigungsfeiern statt; die erste am 10. September in Königsberg für die Provinzen Preußen und Posen, die damals als nicht zum Deutschen Bund gehörend die »Außerdeutschen« genannt wurden. Hier sprach Friedrich Wilhelm IV. vom Balkon des Schlosses: »Ich gelobe vor Gottes Angesicht und vor diesen lieben Zeugen allen, daß ich ein gerechter Richter, ein treuer, sorgfältiger, barmherziger Fürst, ein christlicher König sein will ... Ich will Recht und Gerechtigkeit mit Nachdruck üben, ohne Ansehen der Person ... Ich bitte Gott um den Fürstensegen, der dem Gesegneten die Herzen der Menschen zueignet ... So wolle Gott unser Preußisches Vaterland sich selbst, Deutschland und der Welt erhalten, mannigfach und doch eins! wie das edle Erz, das aus vielen Metallen zusammengeschmolzen, nur ein einiges edelstes ist ...«

Für die sechs »Deutschen Provinzen«, Brandenburg, Pommern, Provinz Sachsen, Schlesien, Rheinland und Westfalen, wurde dann die Berliner Huldigungsfeier auf den 15. Oktober, den 46. Geburtstag des Königs, festgesetzt. Gerade in den Tagen der zur allgemeinen Freude bestimmten Vorbereitungen erhielt der König einen Brief Alexander v. Humboldts, der ihn tief traf. Humboldt teilte ihm mit, daß Schinkel einen schweren Schlaganfall erlitten hatte: »das eine Auge blieb starr, keine Sprache, keine Besinnung, dazu Krampf des Unterkiefers«. Humboldt fügte hinzu: »So ist denn das Unerforschliche des menschlichen Daseins das Gewebe unseres dunklen Lebens; keine irdische Freude, in der sich nicht der Keim der Trauer entfaltet.« Der Architekt war damals erst 59 Jahre alt und sollte noch ein Jahr gelähmt weiterleben; seine Hoffnung, mit dem neuen Monarchen »gereifte« architektonische Pläne zu verwirklichen, mußte also unerfüllt bleiben.

Am 15. Oktober 1840 regnete es in Strömen. Die Huldigungsfeier begann im Berliner Schloß, wo der König die Deputation der katholischen Geistlichkeit und die Abgeordneten der Ritterschaft empfing.

Er nahm ihnen den Eid ab, erhob sich vom Thron und sprach: ».. . Ich weiß zwar, und ich bekenne es, daß ich meine Krone von Gott allein habe, und daß es Mir wohl ansteht, zu sprechen: Wehe dem, der sie anrührt! Aber ich weiß auch und bekenne es vor Ihnen Allen, *daß ich meine Krone zu Lehn trage von dem Allerhöchsten Herrn*, und daß ich Ihm Rechenschaft schuldig bin von jedem Tag und jeder Stunde Meiner Regierung. Wer Gewährleistung für die Zukunft verlangt, dem gebe ich diese Worte. Eine bessere Gewährleistung kann weder Ich noch irgend ein Mensch auf Erden geben. Sie wiegt schwerer und bindet fester als alle Krönungseide, als alle Versicherungen, auf Erz und Pergament verzeichnet, denn sie strömt aus dem Leben und wurzelt im Glauben. – Wem von ihnen nun der Sinn nicht nach einer sogenannten glorreichen Regierung steht, die mit Geschützesdonner und Posaunenton die Nachwelt ruhmvoll erfüllt, sondern wer sich begnügen lassen will mit der einfachen, väterlichen, echt deutschen und christlichen Regierung, der fasse Vertrauen zu Mir, und vertraue Gott mit Mir, daß Er die Gelübde, die ich täglich vor Ihm ablege, segnen und für unser Vaterland ersprießlich und segensreich machen möge.«

Nachdem ihm die Stände den Eid geleistet hatten, begab sich der König nach draußen auf die geschmückte Tribüne, von deren oberster Stufe aus er nun die im Lustgarten versammelte zahlreiche Menschenmenge ansprach. Seine Gedanken und Worte ähnelten denen vom 10. September in Königsberg: »Ich gelobe mein Regiment in der Furcht Gottes und in der Liebe der Menschen zu führen . . . Ich will, soweit meine Macht und mein Wille reicht, Frieden halten zu Meiner Zeit . . . Aber die Wege der Könige sind thränenreich und thränenwerth, wenn Herz und Geist ihrer Völker ihnen nicht hilfreich zur Hand gehen . . . Darum – in dieser ernsten Stunde die ernste Frage: Können Sie, wie ich hoffe, so antworten Sie Mir, im eigenen Namen, im Namen derer, die sie entsendet haben, Ritter! Bürger! Landleute! und von den hier unzählig Geschaarten Alle . . .: wollen Sie mit Herz und Geist, mit Wort und Tat und ganzem Streben . . . treu mit Mir ausharren durch gute wie durch böse Tage? – O! dann antworten Sie Mir mit dem klarsten schönsten Laut der Muttersprache, antworten Sie mir ein ehrenfestes Ja!«

Diese Bitte verfehlte ihre Wirkung nicht. Noch ganz ergriffen berichtete Marie de la Motte Fouqué, die Tochter des Dichters: »Dies ›Ja‹ ertönte tausendfach wider. – Es ist nicht zu glauben, wie groß die Begeisterung nach diesen Worten war, und, wie zur höchsten Weihe, erhoben sich nun die Gemüter in dem schönen Liede Nun danket alle Gott!, das mit Posaunenklang von der Zinne des Schlosses klang . . . So hatte noch kein König von Preußen zu seinem Volke gesprochen. Öffentlich mit der Rede des Mundes seinen König sich seinem Volke mittheilen zu hören, war dasselbe lange nicht gewohnt gewesen.«

Auf dem Platz vor dem Schloß waren um die Berliner Bürger im Zentrum »die Gewerke und Innungen« plaziert. Ihre berufliche Vielfalt ist in einer hübsch gedruckten Beschreibung der Feierlichkeiten vom 15. Oktober 1840 – man konnte sie für » 1 Sgr. (Silbergroschen), mit Bildnis: 2½ Sgr.«, erwerben – festgehalten:

»Seiler – Knopfmacher – Steinsetzer – Dachdecker – Korbmacher – Klempner – Glaser – Fischer – Täschner – Stuhlmacher – Kattundrucker – Schuhmacher – Sattler – Lohgerber – Raschmacher (sic) – Posamentirer – Riemer – Kupferschmiede – Gürtler – Nagelschmiede – Pfefferküchler – Brunnenmacher – Bürstenmacher – Seifensieder – Schornsteinfeger – Zeugschmiede – Pantoffelmacher – Schneider – Garnweber – Schlosser – Töpfer – Steinmetzer – Tischler – Zimmerleute – Maurer – Schmiede – Handschuhmacher – Gelbgießer – Klein-Böttcher – Schiffbauer – Tuchmacher – Strumpfwirker – Stellmacher – Drechsler – Groß-Böttcher – Buchbinder – Seidenwürker – Goldschmiede – Bäcker – Schützen – Brauer und Schlächter!«

*1840: Huldigungsfeier auf dem Berliner Lustgarten mit
Abgesandten aller »Gewerke«*

Und dann heißt es weiter in der Broschüre: »Für den Abend
des Festtages war eine glänzende Beleuchtung vorbereitet, um
alles zu überbieten, was der Art in unserer Residenz noch gesehen worden. Vorzügliche Anstrengungen waren auf die Aus-
stattung des Zeughauses verwendet worden. Die Facade gegen
das königl. Palais bildete ein Feuermeer, und wenn man von
30 000 Lampen hört, welche auf die Beleuchtung dieses einzigen Gebäudes verwendet wurden, so ist dies wohl glaublich.
Eine zweite höchst glänzende Facade, fast durchgängig in sma-
ragdgrün, hatte sich die Post geschaffen ... Außerdem waren
der zur Aufstellung des Denkmals Friedrichs des Großen bestimmte Platz, die Schloßbrücke, die lange Brücke mit der Sta-
tue des Großen Churfürsten, die Statuen Blüchers, Scharn-
horst's, Bülow's und die vaterländischen Helden auf dem
Wilhelmsplatz mit Feuerbecken erleuchtet. Die Königsbrücke
strahlte mit Flambeaus, die Kuppeln der beiden Thürme auf

dem Gendarmenmarkt sollten zu zwei in verschiednen Farben flammenden Kronen umgeschaffen werden, indeß erlaubte die Witterung erst am 17., daß sich diese prachtvolle Erleuchtung vollständig entwickelte ... Am Halleschen Thore hatte die Gas-Compagnie ein großes Tableau errichtet, das mit Sonnenglanz den großen Platz und die lange Friedrichstraße bestrahlte. Es bestand aus einem 32 Fuß im Durchmesser haltenden Stern, in welchem über den Buchstaben F. W. R. die Königskrone schwebte, darunter sah man einen Adler und in einem breiten Bande die Worte: God save the King und Queen!«

*

Bereits während der ersten Wochen der Regentschaft Friedrich Wilhelms IV. drohte ein außenpolitischer Konflikt, Preußen in einen Krieg zu verwickeln. Am 11. Juli 1840 trat der König der sogenannten Quadrupelallianz bei: England, Rußland, Österreich und Preußen verbündeten sich mit dem Ziel, die türkische Herrschaft in Asien aufrechtzuerhalten. Die Türkei wurde damals als »kranker Mann« apostrophiert, und Mehemed Ali, der Stadthalter und Beherrscher Ägyptens, schickte sich an, den Sultan zu stürzen. Mehemed Ali war von einem besitzlosen Leibeigenen zu einem der reichsten Herrscher der Welt aufgestiegen und stellte eine ernsthafte Gefahr für den Frieden im Osten dar. Vor diesem Hintergrund vertrat der redegewandte französische Außenminister Thiers die Ansicht, Frankreich müsse Ägypten unterstützen und, falls es zu einem Kriege mit der Quadrupelallianz käme, wäre dies eine Gelegenheit, die Rheingrenze zurückzuerobern. Diese unverhüllte Provokation löste in Deutschland eine Welle nationaler Empörung aus. Nikolaus Becker, Gerichtsschreiber aus Geilenkirchen, verlieh der allgemeinen Stimmung mit seinem berühmt gewordenen Gedicht »Rheinlied« Ausdruck. Gewiß nahm er alle seine Verse ernst:

»Sie sollen ihn nicht haben,

Den freien deutschen Rhein,
Ob sie wie gier'ge Raben
Sich heiser darnach schrein.
. . .
Sie sollen ihn nicht haben,
Den freien deutschen Rhein,
So lang' dort kühne Knaben
Um schlanke Dirnen frein.«

Das Lied wurde von dem Komponisten des »Nachtlager zu
Granada« und dem Kapellmeister am Stadttheater in Köln,
Konradin Kreutzer, vertont und dort zum erstenmal gesungen –
ausgerechnet am Huldigungs- und Geburtstag des Königs, dem
15. Oktober 1840!

Da der friedliebende Bürgerkönig Louis Philippe von den
Ansichten seines Außenministers nichts hielt, mußte Thiers den
Hut nehmen, und die orientalische Krise konnte noch einmal
eingedämmt werden.

*

Die außenpolitische Atempause erlaubte es Friedrich Wilhelm
IV., den seit 1837 schwelenden »Kirchenstreit« einer Lösung
näher zu bringen. Er entließ jetzt die beiden, unter der Regierung seines Vaters in Festungshaft genommenen Erzbischöfe
von Köln und Gnesen, den Freiherrn Clemens Droste zu Vischering und Martin v. Dunin. Da sich Erzbischof Droste freiwillig von seinem Amt zurückzog, schlug der König den Re-
gensburger Generalvikar Melchior v. Diepenbrock als Nachfolger auf dem erzbischöflichen Stuhl in Köln vor. Diepenbrock
sollte später einer der besten Freunde des Königs werden,
lehnte jetzt aber dessen Wunsch ab.

Um nun den vollen kirchlichen Frieden auch mit dem Vatikan wiederherzustellen, entsandte Friedrich Wilhelm einen
Mann seines besonderen Vertrauens, den Grafen Friedrich Wilhelm Brühl, nach Rom. Hier hatte ja Bunsen 1838 wegen diplo-

matischer Differenzen mit der Kurie den Gesandtschaftsposten verlassen müssen. Brühl – der übrigens mit einer Protestantin verheiratet war – gelang es, Verhandlungen mit dem Vatikan zu führen, die dann dem Zwist ein Ende machten: Die bisher in Preußen geltende, staatliche Vorschrift, daß in einer Mischehe die Religionszugehörigkeit des Vaters für alle Kinder dieser Ehe verbindlich sei, wurde aufgehoben und die Entscheidung der geistlichen Obrigkeit überlassen. Zudem veranlaßte der König die Errichtung einer katholischen Abteilung im preußischen Kultusministerium. »Gott segne deine Bemühungen und edlen Gesinnungen zur Wiederherstellung des Kirchlichen Friedens«, schrieb ihm daraufhin sein Freund Johann aus Dresden; »Mögest du von beiden Seiten stets die gebührende Anerkennung finden.« Prinz Johann deutete hier an, daß die verständigungsbereite Haltung des Königs gegenüber der katholischen Kirche bei vielen Preußen auf Ablehnung stieß.

Friedrich Wilhelm hatte noch ein weiteres, eher religiöses Anliegen. Er sah nämlich in der Quadrupelallianz nicht allein die Erneuerung der Heiligen-Allianz von 1815, sondern zugleich – wie er sich ausdrückte – »einen günstigen Moment, (um für die) geheiligten Stätten, die nach den großen Kämpfen des Mittelalters in den Händen der Muhamedaner geblieben waren, einen Vortheil für die Christen« zu erreichen. Was er damit meinte, erläuterte Leopold v. Ranke, der 1841 zum »Historiographen des preußischen Staates« ernannt wurde: »An der Oberherrschaft der Türkei sollte nicht gerüttelt werden, aber sie sollte dem christlichen Europa den Besitz der heiligen Stätten auf immer einräumen, ohne eine factische Autorität darüber auszuüben. Diese Concession betrachtete er als den Preis der Unterstützung, durch welche der Sultan (Mahmud II.) noch einmal gerettet worden war ... Drei verschiedene Residenten sollten die Angelegenheiten der großen Confessionen, der griechischen, der römisch-katholischen und der protestantischen wahrnehmen ... Der König säumte nicht, seine Idee den Mächten vorzulegen und sie zur Annahme derselben aufzufordern. Bei dem ersten Schritte aber zeigte sich, daß er sie nicht durchführen würde. Denn mit der Herrschaft des Islam war auch der Hader der griechischen und lateinischen Christen . . . auf die späteren Zeiten vererbt. Es ließ sich nimmermehr hoffen, daß zwischen den griechischen und lateinischen Mönchen ein Einverständnis getroffen werden könne. Aber die Idee des Königs hatte noch eine andere Seite . . . Er hielt es für eine Schmach der evangelischen Christen, daß sie im Orient mit den beiden andern großen Confessionen nicht als ebenbürtig betrachtet wurden.« Deshalb schlug Friedrich Wilhelm IV. eine Verbindung mit England vor: »Der Gedanke wurde gefaßt, trotz der Verschiedenheiten der anglikanischen Kirchenform von der deutschen ein preußisch-englisches Bisthum in Jerusalem zu begründen: denn eine Repräsentation in den gewohnten kirchlichen Formen gehöre dazu, um bei den Türken die erforderliche Aufmerksamkeit und Achtung zu erwirken. Die Verschiedenartigkeit werde dabei vor der Gleichartigkeit in den Hintergrund treten. Um das Werk durchzuführen, wurde Bunsen berufen.«

Daraufhin setzte ein reger brieflicher Gedankenaustausch zwischen Friedrich Wilhelm IV. und Bunsen ein, der sich auch auf Fragen der Liturgie, des Kirchbaues und der Kirchenverfassung ausdehnte. Der König war aber nicht immer mit den Vorschlägen und Anschauungen Bunsens einverstanden. »Über Ihre Kirche der Zukunft möchte ich mich so gern mit Ihnen zanken, aber ich habe keine Zeit«, schrieb er ihm einmal. Und Ranke machte die Bemerkung: »Weder hier noch auch sonst war der König recht mit ihm einverstanden.«

*

Der befriedete »Kölner Kirchenstreit« hatte ein Nachspiel. Obwohl der König bereits zu Beginn des Jahres 1841 auf das »Placitum regium« verzichtet hatte und daraufhin die katholischen Bischöfe in Preußen päpstliche Bullen und Breven ohne vorherige staatliche Genehmigung verkünden konnten – damit also wichtige Anliegen katholischer Bevölkerungskreise erfüllt waren – beklagte sich Graf Clemens August v. Westphalen auf dem 8. Westfälischen Provinziallandtag in Münster über »ungesetzliche Beschränkungen persönlicher Freiheit«. Er hielt eine Ansprache, in der er sich mit scharfen Worten erneut für den Erzbischof Droste-Vischering einsetzte. Dieser zunächst angenommene Antrag wurde, nachdem ihn einer der Landräte als »Majestätsbeleidigung« bezeichnet hatte, dann doch von der Versammlung durch Abstimmung abgelehnt.

Oberpräsident Georg v. Vincke hatte aber bereits den preußischen Innenminister v. Rochow über die Vorgänge informiert. Unverzüglich reiste Graf Westphalen nach Berlin, erhielt eine Audienz beim König und dabei eine – in einer Kabinettsorder festgehaltene – Zurechtweisung: ». . . Ich gebe Ihnen nun auf, ungesäumt wieder nach Münster zurückzukehren, wohin Ihre Mission als Landstand Sie beruft.« Das ließ Westphalen nicht auf sich beruhen; er schrieb dem König am 20. April eine Antwort auf die Kabinettsorder, in der er seine Auswanderung aus Preußen ankündigte, weil er sich außerstande sehe, dem Vaterland seinem Gewissen entsprechend zu dienen. Und Friedrich Wilhelm IV., wieder und wieder versöhnungsbereit, sandte ihm das Schreiben zurück: »Ich kann es nicht behalten, ohne es den Gerichten zur gesetzlichen Ahndung zu übergeben, und das möchte ich nicht . . . Ich erwarte jetzt zuversichtlich, daß Sie . . . mich der Notwendigkeit überheben werden, die Gräflich Westphalensche Stimme unter den Fürsten und Herren Westfalens eingehen zu lassen . . . Diese Zeilen sind nur für Sie, lieber Graf . . .« Dennoch reagierte Westphalen – nachdem er sich durch eine Indiskretion des Innenministers Rochow erneut angegriffen fühlte – unversöhnlich. Er machte seine Drohung wahr und reiste mit seiner Familie nach Mailand, von wo er erst 1843, nach der Entlassung Rochows, in die Heimat zurückkehrte.

Der König wußte, für wen er sich einsetzte; für einen Mann,

der sich mit den philosophischen und politischen Denkern der Zeit kritisch auseinandersetzte. Graf Westphalen hatte sich nicht gescheut, mit Revolutionären zu diskutieren. So trat er mit Ferdinand Lassalle in Verbindung und tauschte mit ihm Gedanken aus. Er borgte ihm sogar Feuerbachs 1841 erschienenes Buch »Vom Wesen des Christentums« und auch Schriften von Hegel. Wer aber las damals, wie Westphalen und Lassalle, mit Interesse und der notwendigen Konzentration und Ausdauer Hegels »Vorlesungen über die Philosophie der Weltgeschichte«?

Die Faszination einiger fundamentaler Sätze Hegels werden auch den heutigen Leser nicht so schnell loslassen: »Der Geist ist frei; und sich dies sein Wesen wirklich zu machen, diesen Vorzug zu erreichen, ist das Bestreben des Weltgeistes in der Weltgeschichte. – Die Weltgeschichte ist die Darstellung des göttlichen Prozesses, des Stufenganges, in dem der Geist sich selbst, seine Wahrheit weiß und verwirklicht. Es sind alles Stufen der Selbsterkenntnis. – Die Gestaltungen dieser Stufen sind die welthistorischen Volksgeister. – Es kann sein (auf diesem Stufengang), daß dem Individuum Unrecht geschieht; aber das geht die Weltgeschichte nichts an, der die Individuen als Mittel in ihrem Fortschreiten dienen. – Was aber das wahrhafte Ideal betrifft, die Idee der Vernunft selbst, so ist die Einsicht, zu der die Philosophie verhelfen soll, daß die wirkliche Welt ist, wie sie sein soll, daß der vernünftige Wille, das konkret Gute, das Mächtigste ist in der Tat, die absolute Macht, die sich vollführt. – Denn in der Vernunft ist das Göttliche. – Und die Wahrheit Gottes, die Abbildung seiner ist es, was in der Vernunft vernommen wird.«

Wie sehr Hegels Gedanken diese beiden Männer beschäftigte, verdeutlicht ein Brief Lassalles an Westphalen: »Sie waren seither eine sonderbare Mischung ... Durch und durch demokratisch im innersten Wesen Ihres Geistes, in allen Tiefen Ihrer Natur – waren Sie aristokratisch in Ihren Grundsätzen. ... Wenn nun der erste Ruck der Demokratie schon so großen Eckel Ihnen beibrachte, ... was wird Ihnen nicht alles ver-

ekelt und verleidet sein, wenn die Revolution siegreich näher-
braust und Sie in den Zerstörungen, die dieser Schirokkowind
an so vielen Blüten des Daseins, an so vielen liebgewordenen
Interessen des Lebens verüben wird, nicht einmal die Kompen-
sation entdecken, es sei der göttliche Atem der Geschichte und
des menschlichen Fortschritts, der in diesen Verheerungen lebt
und der mit Recht eine Welt von Existenzen als bloßen Dünger
auf den Boden seines Wachstums wirft? Dann wird Ihnen Erde,
Welt, Leben und alles miteinander verekelt sein.« – Eine Welt
von Existenzen als bloßer Dünger! –

Friedrich Wilhelm lehnte die Philosophie von Hegel, deren
Grundzüge ihm sehr wohl bekannt waren, aus tiefstem Herzen
ab. Vieles, was er tat und aussprach, war sogar geradezu gegen
Hegel gerichtet. Um nur zwei Beispiele anzuführen: »Die abge-
droschne Phrase, daß die Wahrheit siegt, ist grundfalsch«, und
»der Staat hat nicht den Zweck, der materiellen oder intellektu-
ellen Wohlfahrt des Volkes zu dienen, sondern dem Menschen
die Mittel zu geben, sein irdisches Leben als eine Vorbereitung
auf das ewige Leben zu benutzen.« Das Denken des Königs ist
nach »oben« ausgerichtet, während Hegels Lehren dem
menschlichen Fortschritt – gleichsam in horizontaler Richtung
– das Erreichen irdischer und zugleich göttlicher Vollkommen-
heit in der Zukunft verheißen.

*

In den ersten Jahren seiner Regentschaft war Friedrich Wilhelm
IV. noch von Hoffnung und Schwung erfüllt, als »gerechter
Fürst« zu regieren und dabei auch Neues zu schaffen, was ihm
besonders auf kulturellem Gebiet gelang.

1841 erteilte er Felix Mendelssohn-Bartholdy den Auftrag,
die Musik zu einer Aufführung der »Antigone« des Sophokles
zu schaffen. »Da componierte ich nach Herzenslust drauflos
und jetzt haben wir täglich zwei Proben davon und die Chöre
knallen, daß es eine wahre Wonne ist. Die Aufgabe an sich war

herrlich . . .«, schrieb Mendelssohn damals. Die gängige Übersetzung der »Antigone« wurde von dem Altertumsforscher Philipp August Boeckh überarbeitet und der Dichter Ludwig Tieck konnte gewonnen werden, die Regie zu führen. Auf besonderen Wunsch des Königs sollte die Aufführung ganz wie zu der Zeit des Sophokles gestaltet und ausgestattet sein, also mit einem Männerchor, der sich aus zwei Halbchören zu je sieben Sängern und einem Chorführer zusammensetzte. Dafür wurde die Bühne im Neuen Palais zu Potsdam extra nach Plänen des Architekten und Archäologen Genelli umgebaut. Die Uraufführung dieser nach altem Vorbild gestalteten »Antigone« fand am 28. Oktober 1841 statt. Das gesamte Königshaus und alle Minister waren anwesend, dazu »auf den Galerieen ersten und zweiten Ranges in buntem Gemisch die auf Befehl seiner Majestät geladenen Generale, Professoren (darunter Schelling), Minister, Dichter, Geheimräthe, Theater-Directoren, Gesandte, Prediger, Künstler, Kammerherren, Bischöfe, Zeitungsredaktoren, Gymnasialdirectoren . . .« Sogar eine Gedenkmedaille ließ Friedrich Wilhelm schlagen. Es folgten viele weitere Aufführungen dieser Antigone-Fassung, nicht nur in Berlin, Dresden und anderen deutschen Städten, auch in Paris, London, Stockholm und Athen.

*

Der König, der sich den Künstlern und Wissenschaftlern persönlich verbunden fühlte, fand es nicht richtig, daß der preußische Staat Ordensauszeichnungen nur für Verdienste im Kampf gegen den Feind verlieh. Deshalb entschloß Friedrich Wilhelm sich, dem Orden »pour le mérite« eine sogenannte »Friedensklasse« hinzuzufügen. Hierüber unterrichtete die Kölnische Zeitung ihre Leser: »Berlin, 2. Juni 1842. In der gestern publicirten Urkunde über die Stiftung der neuen Klasse des Ordens pour le mérite für Wissenschaft und Kunst haben zwei Punkte eine ungewöhnliche Aufmerksamkeit erregt: die zum großen

111

Theil demokratische Verfassung dieser Ordensclasse, und die Bestimmung des Ordens für die ausgezeichnetsten Männer der ganzen deutschen Nation. Was den ersten Punkt anbetrifft, so bleibt zwar die Besetzung jeder erledigten Stelle dem König vorbehalten; da aber keine neue Wahl erfolgen soll, bevor jeder Ordensritter seine Stimme über die vorzunehmende neue Verleihung abgegeben hat, so scheint in der That die künftige Ernennung der Ritter von der Majorität der Stimmenden abhängig gemacht worden zu seyn. Noch bedeutsamer als diese bei keinem andern Orden der neueren Zeit sich findende Bestimmung ist der zweite Punkt, die die neu errichtete Ordensclasse als dem ganzen deutschen Volke angehörend bezeichnet. Zum ersten Male wird hier die deutsche Nation als eine Einheit dem Auslande gegenüber gestellt, zum ersten Male der Gegensatz von ausländischen und deutschen, nicht preußischen Rittern gemacht, zum ersten Male aber auch ausgesprochen, daß Preußen sich die Aufgabe gestellt hat, diese Einheit zu vertreten. In dieser Beziehung ist der neue Orden ein Gegenstand von großer Wichtigkeit für das gesammte Deutschland. Auch wird er ohne Zweifel Erörterungen herbeiführen, die für unser Vaterland von den bedeutendsten Folgen seyn können. Die Ernennung der Ritter hat bei Jedem, der bedenkt, wie schwierig eine Auswahl von dreißig Männern aus der großen Zahl wissenschaftlicher und künstlerischer Celebritäten Deutschlands seyn muß, unbedingte Anerkennung gefunden. Mit der herzlichsten Freude ist jeder Freund des Fortschritts dadurch erfüllt worden, daß weder auf den Glauben, noch auf die politische Richtung Rücksicht genommen worden ist. Wo ein Jude zum ›stimmfähigen Ritter aus der deutschen Nation‹, wo ein Mitglied der äußersten Linken der französischen Deputirtenkammer zum ›ausländischen Ritter‹ ernannt wird, da hat es keine Noth mehr!«

Die Statuten dieser neuartigen »Ordensklasse« zeigen tatsächlich das Prinzip der Organisation an, das Friedrich Wil-

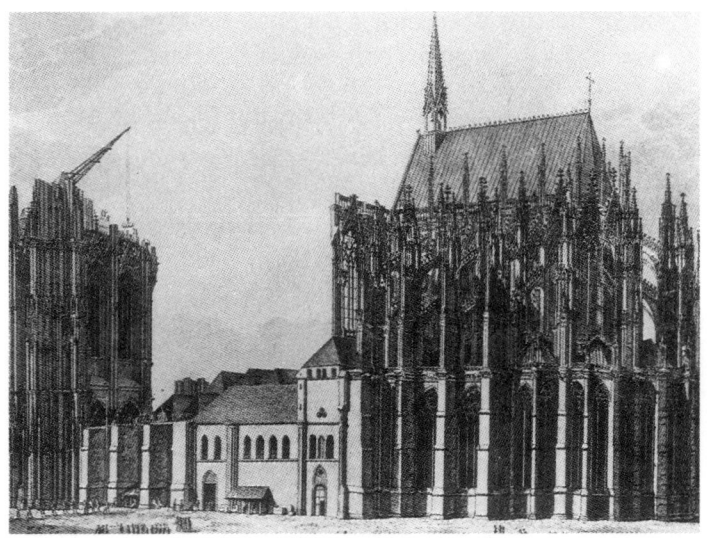

Der Kölner Dom vor 1842

helm IV. auch für die staatliche Regierung vorschwebte, näm-
lich Übertragung der Verantwortung für Entscheidungen auf
ein leitendes Gremium, wobei dem Monarchen das »letzte
Wort« vorbehalten bleiben sollte. Der Journalist nannte die Or-
densstatuten damals »zum großen Theil demokratisch«. Daß
Friedrich Wilhelm IV. ebenso wirklich »die deutsche Nation als
Einheit« am Herzen lag, bekundete er im Herbst 1842 beim
Kölner Dombaufest.

Bereits 1841 war unter seinem Protektorat der Dombauver-
ein gegründet worden, der sich zum Ziel nahm, die Vollendung
des Kölner Domes – nach den wiedergefundenen mittelalterlichen Aufrissen – voranzutreiben. Mit dem Schlag eines geweihten Hammers gab der König im September 1842 das Zeichen
für den Weiterbau.

Seit etwa vier Jahrhunderten ragte der verwitterte Lastkran
auf dem südlichen, nur bis zu zwei Geschossen hochgeführten

Turm als eine Art Wahrzeichen der Stadt Köln und eines Gotteshauses, das in der napoleonischen Zeit als Heulager und Militärgefängnis gedient hatte!

Am 4. September 1842 nun – nachdem das protestantische preußische Königspaar am katholischen Hochamt teilgenommen hatte – begab sich der Festzug zur feierlichen Grundsteinlegung an das mittlere Südportal, wo Friedrich Wilhelm IV. in einer Rede Sätze aussprach, die dort noch heute auf einer Bronzetafel zu lesen sind: »Der Geist, der diese Tore baut, ist derselbe, der vor 29 Jahren unsere Ketten brach ... Er baue! Er vollende! Und das große Werk verkünde den spätesten Geschlechtern von einem durch die Einigkeit seiner Fürsten und Völker großen, mächtigen, ja, den Frieden der Welt unblutig erzwingenden Deutschland! – von einem durch die Herrlichkeit des großen Vaterlandes und durch eigenes Gedeihen glücklichen Preußen, von dem Brudersinn verschiedener Bekenntnisse, der inne geworden, daß sie eins sind in dem einen göttlichen Haupte!« Auch das lag dem König besonders am Herzen; »den Brudersinn verschiedener Bekenntnisse zu wecken«.

Wie vorauszusehen, traf er in Köln Sulpice Boisserée, der sich durch eine Veröffentlichung über den Dom und die Gewinnung von Freunden und Förderern große Verdienste erworben hatte. Friedrich Wilhelm erinnerte ihn damals an ihre erste Begegnung: »Wie viele Jahre sind es, daß ich Sie kenne! – 29 Jahre, es war in Frankfurt im Dezember 1813; ich erinnere mich noch recht wohl, drei Nächte habe ich über Ihre Zeichnungen vom Dom nicht schlafen können!« Sulpice berichtete von dem Fest und der Rede des Königs am 4. September 1842: »Am Sonntag aber blieb kein Auge trocken, die alten Generale, die neben mir standen, der Erzherzog Johann, selbst Humboldt und auf seine Weise Metternich waren tief ergriffen und drückten sich die Hände.«

Nur zehn Tage später hatte das Königspaar die Freude, einen Bau, der ebenfalls seit Jahrhunderten zwar nicht unvollendet geblieben, doch inzwischen verfallen, nun aber wiederaufge-

Burg Stolzenfels am Rhein, mittelalterlich belebt

richtet und im alten Stil neu eingerichtet war, einzuweihen: die
Burg Stolzenfels.

Diese Burg hatte der Stadtrat von Koblenz 1823 dem damaligen preußischen Kronprinzen noch als Ruine zum Geschenk
gemacht, nachdem dieser bereits 1817, bei seinem ersten Besuch der Rheinlande, »Wohlgefallen an der Lage des Schlosses
Stolzenfels« empfand, wie er sich 1823 in seiner Dankadresse
ausdrückte. Die Rheinländer verschenkten den »Stolzenfels«
wahrscheinlich nicht ganz uneigennützig, sollte die Burg doch
ein großer Anziehungspunkt für den Fremdenverkehr werden.
Jetzt, am Abend des 14. September 1847, fand das Einwei-
hungsfest statt: »Der Hohe Burgherr und die Hohe Burgfrau
wurden von den Innungen der Stadt Coblenz, die eine Ehren-
garde bildeten, hinaufbegleitet ... Sämmtliche Meister und Ge-
sellen, welche bei der Herstellung der Burg thätig gewesen,
brachten Ihren Königlichen Majestäten – die Meister in alt-
deutschem Rock, mit Barett, Spitzenkragen und Schärpe –

115

einen glänzenden Fackelzug . . . Zum Abschluß gab es eine zaubervolle Beleuchtung verschiedener Höhenpunkte am jenseitigen Rheinufer. Die ganze Ostfront des Ehrenbreitstein erschien in weißem Feuer; hoch auf dem Allerheiligen-Berge war die Kapelle von Außen weiß, von Innen roth erleuchtet . . .«

Gerade dieser Sommer 1842, der dem König durch das Dombaufest und die Einweihung der Burg Stolzenfels Erfüllung von Träumen schenkte, bereitete ihm in politischer und menschlicher Hinsicht Hemmnisse und Enttäuschungen.

Das Jahr hatte mit einer Reise nach England begonnen, wohin Friedrich Wilhelm Mitte Januar zur Taufe des Prinzen von Wales, des späteren Königs Eduard VII., eingeladen war. Er kehrte Mitte Februar nach Berlin zurück und wurde sogleich in »Regierungssorgen« und »Ministernöthe« – wie sich Prinz Johann in einem Brief an ihn ausdrückte – verwickelt.

Der seit 1832 amtierende Justizminister Karl Albert v. Kamptz trat – hauptsächlich wohl aus Altersgründen – in den Ruhestand. Er war Herausgeber der »Jahrbücher für die preußische Gesetzgebung« und hatte sich einst an der sogenannten »Demagogenverfolgung« beteiligt, weshalb eine seiner diesbezüglichen Schriften 1817 auf dem Wartburgfest in die Flammen geworfen wurde. Zum Nachfolger des 73jährigen Justizministers bestimmte Friedrich Wilhelm IV. nun im Februar 1842 seinen geschätzten ehemaligen Lehrer Friedrich Karl v. Savigny. Savigny war seit 1810 Professor für römisches Recht an der Berliner Universität, seine akademische Lehrtätigkeit endete jetzt mit der Übernahme des Ministeriums für Gesetzesrevision, was als solches bewußt von der Justizverwaltung getrennt war.

Übrigens hatte er eine Schwester der Dichterin Bettina Brentano, Gunda, zur Frau.

Im Ministerium für Auswärtige Angelegenheiten und im Finanzministerium fanden gleichzeitig weitere Wechsel statt. Am 21. März 1842 wurde Heinrich v. Bülow neuer Außenminister; der als ehemaliger Gesandtschaftssekretär von Wilhelm v. Humboldt in London, dort dessen Tochter Gabriele kennengelernt und auch geheiratet hatte. Frau v. Bülow ging es jetzt in der preußischen Hauptstadt offensichtlich zu lebhaft zu: »Es ist ein großes Leben, das Berliner Leben« – schrieb sie – »wer doch das kleine Huhn wäre, das so taubenhäuslich lebt und sich nur selbst piepen hört.« Gabriele fühlte wohl schon, daß ihrem temperamentvollen Mann die Arbeit im Ministerium, dazu die vielen Einladungen und Gäste, überanstrengen würden. Und tatsächlich erlitt er bereits 1845, während einer Dienstreise zur Burg Stolzenfels, wo der Besuch der Queen Viktoria erwartet wurde, einen Schlaganfall. Bülow bat damals um Entlassung aus seinem Amt, aber der König antwortete ihm: »Taxieren Sie mich nicht als schwach, wenn ich in diesem Augenblicke nicht auf Ihr Entlassungsgesuch eingehe. Ich muß erst sehen, wie die unternommene Kur bei Ihnen anschlägt.« Die Krankheit verschlechterte sich aber, und der 55jährige Bülow starb im Februar 1846 und wurde in Tegel beigesetzt.

Im März 1842 trat dann auch noch Finanzminister Graf Albert v. Alvensleben in den Ruhestand. Sein Nachfolger wurde Ernst v. Bodelschwingh, bisheriger Oberpräsident der Rheinprovinz und Vater des Friedrich v. Bodelschwingh, der durch die Gründung der Anstalten von Bethel (1872) später so berühmt werden sollte.

Nicht genug der »Ministernöthe« im Jahr 1842. Die bisherigen Neubesetzungen der Ministerien versprachen zwar Erfolge im Sinne der Politik des Königs, aber das Entlassungsgesuch des Innenministers v. Rochow bereitete neue Enttäuschungen. Es war von persönlichen und politischen, nicht enden wollenden Streitigkeiten begleitet.

Dieser Meinungsstreit entzündete sich an dem Verfassungsversprechen, das Friedrich Wilhelm III. seinem Sohn als ungelöstes Problem hinterlassen hatte. Friedrich Wilhelm IV. wollte es jetzt einlösen und »Reichsstände« einberufen. Er besprach sich darüber mit seinen Ministern. Doch hier stieß er auf harte Widerstände. Besonders der alte Fürst Wilhelm Sayn-Wittgenstein, der seit über 20 Jahren Minister des Königlichen Hauses war, fürchtete die Nachgiebigkeit und »Liberalität« des neuen Monarchen. In Innenminister v. Rochow fand er einen Mitstreiter und sie beide setzten alle ihnen zur Verfügung stehenden Mittel ein, um den König von seinem Plan abzubringen.

Ihr Gegenspieler war Theodor v. Schön, Oberpräsident von Ost- und Westpreußen. Schön wollte dem König den Rücken stärken. Er verfaßte deshalb eine Denkschrift, in der er geradezu die »verheißene Bildung einer Versammlung von Landesrepräsentanten« forderte, und in einem weiteren Aufsatz verkündete er: »Die Zeit der sogenannten väterlichen oder Patrimonialregierung, für welche das Volk aus einer Masse Unmündiger bestehen und sich beliebig leiten und führen lassen soll, läßt sich nicht zurückführen.« Das ging dem König denn doch zu weit und er entgegnete: »Ein väterliches Regiment ist mein väterliches Erbteil.« Innenminister v. Rochow aber, der schon den Grafen Clemens Westphalen mit Argusaugen beobachtet und verfolgt hatte, sah sich jetzt veranlaßt, Schön und seinen Freundeskreis durch Agenten überwachen zu lassen. Darüber entrüstete sich der Oberpräsident wohl zu Recht; er äußerte, hier würden Polizeimethoden angewandt, welche selbst Fouché verworfen hätte. Daraufhin beschwerte sich Rochow selbst beim König, der seinerseits seinem Freunde Schön zuredete, doch aus »Liebe zum Ganzen auch dem Gegner ein warmes Herz entgegenzutragen«. Doch Schön war nicht bereit, nachzugeben und stellte sein Amt zur Verfügung. Nochmals versuchte ihn Friedrich Wilhelm umzustimmen, indem er ihm gegenüber sogar zugab, Rochow sei »nicht nach (seiner) Wahl, sondern des seligen Königs Wahl und Vermächtnis«. Als dann aber entdeckt wurde, daß Rochows Hauptagent hohe Beamte erpreßt hatte, mußte der König seinen Innenminister auffordern, »unwürdige ... gefährliche, infame« Umtriebe in seinem Ministerium untersuchen zu lassen. Beide, Schön und Rochow, waren mit Friedrich Wilhelm seit seiner Kronprinzenzeit befreundet. Jetzt befehdeten sie sich; es wäre an der Zeit gewesen, daß er als König ein Machtwort gesprochen hätte. Aber das brachte er nicht übers Herz. So reichte Rochow im Juni 1842 sein Entlassungsgesuch ein, und auch Schön blieb verbittert bei seinem Entschluß des Rücktritts.

Der König ernannte, wohl aus Gründen der Wiedergutmachung, Schön am 3. Juni 1842 zum »Burggrafen von Marienburg«. Das war eine besondere Geste der Versöhnung, deren Übermittlung wir dem Dichter Joseph v. Eichendorff aus seinem Büchlein »Zur Geschichte der Marienburg« verdanken. Friedrich Wilhelm erinnerte Schön damit an unbeschwertere Jahre, als der Ältere den Kronprinzen für die Idee begeistern konnte, die teils verfallene Marienburg nicht allein als Kunstdenkmal wiederherzustellen, sondern auch als Sitz des zu erneuernden Deutschen Ritterordens zu benutzen.

Welch außerordentliche Belastungen Ministerwechsel und Streitigkeiten für den König bedeuten mußten, daß sie ihm seelische und intellektuelle, zugleich arbeitsmäßige, zeitliche, also letztendlich auch körperliche Belastungen verursachten, wird uns beim Lesen seiner Tages- und Wocheneinteilung bewußt, wie sie von seinem späteren Flügeladjutanten Prinz Kraft zu Hohenlohe-Ingelfingen überliefert ist:

»Am *Montag* war Vortrag des Zivil-Kabinetts, am *Dienstag* des Militärkabinetts und des Polizeipräsidenten, am *Mittwoch* Zivil-Kabinett, am *Donnerstag* Militärkabinett und Kriegsminister, am *Sonnabend,* dem sogenannten großen Vortragstage, kam von neun bis elf das Zivil-Kabinett, von elf ab das Militär-Kabinett. *Freitag* wurde der freie Tag genannt, an welchem keins der Kabinette Vortrag hielt, und auf den außer dem Generalintendanten der Schauspiele und dem Polizeipräsidenten alle Extraordinaria bestellt wurden. Dadurch gestaltete sich dieser freie Tag für den König zumeist zum arbeitsvollsten. Abends ... bestellte der König gern die Mäcene, (wie zum Beispiel) Humboldt, (er) brachte seine Anliegen bei Tisch oder beim Tee vor. *Sonntags* ... ging der König pünktlich in die Kirche, empfing nach dem Gottesdienst den Geistlichen und erledigte die die Kirche betreffenden Regierungsgeschäfte ... So war auch der Sonntag kein Tag der Erholung für ihn ... Er ruhte nie ...

Des Königs Tag ... war folgendermaßen eingeteilt:

Morgens um sieben Uhr ließ er sich wecken. Zwischen halb acht und acht Uhr kam er zum Kaffee zur Königin. Beim Kaffee fand sich Gerlach ein und holte sich der Hofmarschall, oder in dessen Vertretung der Adjutant, die Befehle für die Einteilung des Tages, das Diner, die einzuladenden Personen usw. Gewöhnlich um neun Uhr, manchmal um halb zehn Uhr, begannen die regelmäßigen Arbeiten mit dem Zivil- und Militärkabinett, dem Ministerpräsidenten, oder anderen zum Vortrage bestellten Ministern oder Persönlichkeiten. Diese Arbeiten durften nur dann vom Adjutanten vom Dienst durch irgend eine Meldung unterbrochen werden, wenn Außergewöhnliches zu melden war. Nur um elf Uhr ging der Adjutant herein und meldete die Militärpersonen an, die persönliche Meldungen zu machen hatten. Der König kam dann heraus, nahm die Meldungen entgegen, während die vortragenden Herren im Arbeitszimmer seine Rückkehr erwarteten. Dann vollendete er die Arbeit mit denselben. In dieser Zeit wurden die hauptsächlichsten und wichtigsten Regierungsgeschäfte erledigt.

Selten war der König viel vor drei Uhr damit fertig. Denn so schnell er auch faßte und arbeitete, so hatte er doch, da er sich für alles interessierte, immer so viele Einzelheiten, nach denen er fragte, daß die Erledigung des Geschäfts nicht sehr schnell vonstatten ging. Der König aß gern um drei Uhr zu Mittag. Da es aber seiner Gesundheit dringend geboten war, vor dem Essen einen Spaziergang zu machen, so wurde auch oft das Essen um vier Uhr bestellt, wenn vorauszusehen war, daß die Vorträge länger dauerten. Nach den Vorträgen ging er im Garten spazieren, wobei der Adjutant ihn begleitete.

Das Mittagessen dauerte eine Stunde. Der König trank gern ein Glas Champagner. Das goß er ins Wasserglas und mischte es mit Wasser. Was er dann abtrank, füllte er mit Wasser nach. Obgleich somit der König mittags nicht mehr als ein Glas Wein

trank, war er doch stets nach dem Essen ganz besonders gut aufgelegt, und da er dann von Witz sprudelte und dabei leicht er-
hitzt aussah, so verleitete er die, welche nicht gesehen hatten,
was er getrunken, zu dem Glauben, daß er zuviel Wein getrunken habe. Ich habe mir so nur erklären können, wie über einen
so überaus mäßigen Mann im Volke das Gerücht verbreitet sein
konnte, er sei dem Trunk ergeben.

Er war eben dem Einfluß seiner Nerven ganz unterworfen.
Ich habe es erlebt, wie er durch eine einzige Tasse Bouillon aus
dem Zustande der größten Erschöpfung und Teilnahmslosigkeit in den der größten Heiterkeit, Lebhaftigkeit und des spru-
delnden Witzes versetzt worden ist.

Nachdem er bei Tafel die lebhaftesten und heitersten Tisch-
gespräche geführt hatte, unterhielt er sich nach dem Diner noch
stehend gewöhnlich eine Stunde mit den einzelnen Personen.
Hierbei sprach er auch meistens wichtige Gegenstände mit solchen ab, die zu diesem Zweck geladen waren. Die Stabsoffi-
ziere, die sich um elf Uhr gemeldet hatten, wurden gewöhnlich
zur Tafel gezogen, und bei derselben sprach er dann über ihre
Truppen, Garnisonen usw.

Wenn die Dienerschaft entlassen war, also um fünf oder
sechs, zog sich der König in sein Kabinett zurück und arbeitete
entweder allein, oder er hatte jemanden zum Vortrage bestellt.
Es war dies auch die gewöhnliche Zeit für den Ministerpräsidenten, wenn derselbe nicht des morgens schon dagewesen war.
Es kam auch vor, daß einige der Kunstmäzene Vortrag hielten.
Wenn der König allein arbeitete, so konnte der Flügeladjutant
vom Dienst gewärtig sein, gerufen zu werden, um eingegangene
Depeschen vorzulesen oder Berichte usw. Bei solcher Gelegenheit habe ich den weitumfassenden Geist des Königs kennen zu
lernen Gelegenheit gehabt. Denn während ich ihm Depeschen
vorlas, schrieb er immer Briefe. Manchmal unterbrach er mich
durch Fragen, welche bewiesen, daß er dem Vorgelesenen genau gefolgt war. Die Depeschen waren immer Berichte von auswärtigen Gesandten.

Um halb neun Uhr (abends) ward der Tee bei der Königin serviert. Vorher ging der König im Garten spazieren. Nur im Hochsommer, wenn es noch hell war, durfte ihn bei der Abendpromenade der Adjutant begleiten. War es dunkel, dann ging der König allein und wollte mit seinen Gedanken allein sein. Es kam auch vor, daß er nach dem Abendbrot noch spazieren ging. Das waren jene Promenaden, auf denen er manchmal im Dunkeln an einen Baum stieß und sich verletzte, oder, weil er die Losung und Parole vergessen hatte, von Posten oder Patrouillen angehalten wurde, die ihn im Finstern nicht erkannten. Damit solches nicht vorkomme, wurde er vom Offizier der Wache, einigen Patrouillen, dem Adjutanten vom Dienst und den Kammerdienern beobachtet. Wenn er das bemerkte, machte er sich zuweilen den Spaß, sich vor dieser Schar von Verfolgern zu verstecken, gewöhnlich aber war er sehr ungehalten, daß er nicht einmal in seinem eigenen Garten allein spazieren gehen dürfe... ›wenn ich nicht mehr frei spazieren gehen kann, mag ich auch nicht mehr leben‹...

Das Zusammensein des abends dauerte gewöhnlich bis in die elfte Stunde, worauf sich der König zurückzog. Während der Abendgesellschaft... pflegte der König zu zeichnen, besonders während vorgelesen wurde. Seine Zeichenmaterialien lagen auf einem großen Reißbrett, auf dem das Zeichenpapier ausgespannt war...«

Die Tage Friedrich Wilhelms IV. waren also überfüllt von Geschäften. Und da er sich »für alles interessierte«, muß er in außergewöhnlicher Anspannung gelebt und gearbeitet haben. Sein Flügeladjutant Hohenlohe jedenfalls bekannte von sich selbst: »Zuweilen war ich nach einem dreitägigen Dienst so abgespannt, daß ich einen ganzen Tag brauchte, um mich zu erholen. Dafür war der Dienst in hohem Grade anregend.«

*

Zu den »Extraordinaria« der ersten Regierungszeit Friedrich Wilhelms IV., denen er sich freitags widmete, gehörte die Kirche Wang. Das war eine aus dem 12. Jahrhundert stammende norwegische Stabkirche, ein Bau, der mit allen tragenden und schmückenden Teilen aus Holz bestand und in Norwegen allmählich der Verwitterung zum Opfer fiel. Der Maler Johann Christian Dahl wollte diese seltene und schöne Kirche retten, indem er sie zunächst selber kaufte und dann den sich für das Erhalten alter, traditionsreicher Dinge zu begeisternden preußischen König auch für dieses kleine Gotteshaus zu interessieren wußte. So wurde die Kirche Wang im Sommer 1841 sorgfältig zerlegt, verpackt und nach Berlin verfrachtet. Hier lag sie den Winter über auf dem Hof des Museums. Friedrich Wilhelm überlegte zuerst, sie auf der Pfaueninsel, diesem verwunschenen Eiland in der Havel bei Potsdam, wiederaufrichten zu lassen. Doch dann kam ihm die Idee, sie ins schlesische Riesengebirge zu versetzen. Er schrieb deshalb an die Gräfin Reden nach Buchwald, deren Besitz ganz in der Nähe von Schloß Erdmannsdorf lag, das der König von seinem Vater geerbt hatte und besonders liebte; sie möge einen Vorschlag machen, wo die kleine Kirche einen guten Platz finden könne. Friederike v. Reden überlegte nicht lange: »Sie muß im Angesicht von Erdmannsdorf auf der Höhe stehen, zum Gottesdienst für die Gebirgsdörfler.«

Im August 1842 fand bereits die Grundsteinlegung statt. Der König war natürlich anwesend und hatte sich ein anschließendes Essen im Freien gewünscht, mit »Schinken in Gelée und Leberwurst«. Später kümmerte er sich von Berlin aus nicht nur um die Aufstellung der Stabkirche, sondern auch um alle, für eine Pfarrstelle notwendigen Nebengebäude. Wie sachkundig er dies tat, beweist eine Briefstelle der Gräfin Reden an eine ihrer Freundinnen: »Du solltest sehen, wie der König in seiner Antwort auf die Baufragen in jedes Detail eingeht und immer das Rechte trifft, so auch bei dem Anstrich des Pfarr- und Schulhauses mit Ingredenzien, die dem Verwittern widerstehen und

Kirche Wang nach ihrem Wiederaufbau im Riesengebirge

bei Feuersgefahr, was Gott verhüten möge, nicht entzündlich
sind . . .«

Die Einweihung der nun in Schlesien neu beheimateten, ural-
ten norwegischen Stabkirche fand am 28. Juli 1844 statt. Das
Eintreffen des Königs und der Königin wurde von allen Anwesenden mit besonderer Spannung und Bewegung erwartet und
beobachtet: »Beim Eintritt in Wangs Kirchlein sank der König
auf den Stufen des Altars auf die Knie in innigem Dankgebet« –
am Tag zuvor war in Berlin ein Attentat auf das Königspaar ver-
übt worden!

Wie konnte dies geschehen? Der beste Freund des Königs,
Prinz Johann, schrieb tief beunruhigt: »So eben bekomme ich
die Nachricht von der schrecklichen Gefahr, der du so wie die
gute Elise mit Gottes Hülfe glücklich entronnen bist. Du kannst
dir denken, welchen Schrecken sie uns verursacht hat; doch ist
mein vorwaltendes Gefühl Dank gegen Gott, der euch so wun-

derbar bewahrt hat. Auch hoffe ich nach dem, was man hört, daß es ein isolirtes und kein politisches Verbrechen ist. Aber welcher Schrecken muß es besonders für die arme Elise gewesen seyn. Wenn mir bei dieser schrecklichen Gelegenheit etwas komisch seyn kann, so ist der Gedanke, daß man dich, Dicki, aus nächster Nähe gefehlt hat. Alle die Meinigen nehmen den herzlichsten Anteil sowohl an deinem Schrecken als an der glücklichen Abwendung einer so entsetzlichen Begebenheit.«

König Friedrich Wilhelm IV. antwortete am 31. Juli aus Schlesien:

»Herzliebster Hansy!

. . . Ich konnte mir die Existenz eines solchen Schelmen und Schelmenstreichs so wenig denken, und Elise auch nicht, daß wir uns beyde gestanden, wir hätten das ›Knallen in den Wagen‹ für eine recht taktlose Fete gehalten, und (erst) später erfuhren wir, daß Kugeln gefunden und ergo die Sache ernst gemeint war.

Beruhige Dich, holder Freund – ›Dicky‹ ist *nicht* gefehlt worden. Der Abscheuliche schoß mir, die Hand auf dem Wagenschlag, auf die Brust. Einige gelbe und blaue Kreise, essez pittoresques, zeugen davon, ums getroffene Brustbein herum. – Dennoch – o was soll ich, was soll man dazu sagen, ist die Kugel kraftlos herab in den Wagen gerollt. Ich kann nur verstummen und anbeten –. Die 2te Kugel ging über Elisens Kopf in die obere Wagenecke, weil der Unteroffizier der Schloßwache ihn bereits gefaßt und zurückgerissen hatte. – Ich fühle, daß ich auf dem Schloßplatz eine niaise (dumme) Rolle gespielt habe, als ich das zuströmende Publikum immer frug ›was denn geschehen sey?‹ – Bis ich Mantel und Überrock durchlöchert entdeckte und durch Öffnen beyder, ja, mit Verlob, mit Verlob, des Hemds, mir und dem Volk beweisen konnte, daß nur ein *Pfropfen abgeschossen* sey. In dem Wahn blieb ich bis zum andern Morgen . . . Leb wohl, geliebter Sasso del Dante.

Dein treuer Dicky F. W.«

Erst die »Nachrichten über das Verhör« des ehemaligen Bürgermeisters Tschech, »wodurch der intendirte Mord klar zu Tage getreten ist«, ließen bei dem Generaladjutanten Leopold v. Gerlach den Ernst der Sache erkennen. Später wurde das Ereignis mehr heruntergespielt; es hieß, das Motiv der Tat des 55jährigen ehemaligen Bürgermeisters der kleinen Stadt Storkow im Regierungsbezirk Potsdam sei Privatrache gewesen. Jetzt aber, im Juli 1844, erregte es die Gemüter sehr. Nachdem sich herausgestellt hatte, daß die Pulverladung des Geschosses wohl eher aus Versehen zu schwach war, Tschech aber tatsächlich den König erschießen wollte, wurde er zum Tode verurteilt. Friedrich Wilhelm IV. selber versuchte bis zuletzt, dieses Todesurteil durch einen Gnadenakt aufzuheben. Hierüber berichtete Loepold v. Gerlach in seinem Tagebuch: »15. Dezember 1844 – Gestern wurde Tschech hingerichtet; der König hat am Morgen in großer Bewegung das Todesurtheil unterschrieben, aber Kleist noch bevollmächtigt, die Hinrichtung zu sistiren, wenn er Reue zeige. – Ich war heut bei dem Prinzen von Preußen. Er erzählte mir von der Ministerial-Sitzung über Tschech. . . . der König habe Einen um den Anderen um seine Meinung gefragt, worauf alle ohne Ausnahme für die Hinrichtung gestimmt haben.« Der König habe danach noch »den Wahnsinn in Überlegung bringen lassen«, und noch zuletzt »erklärt, daß wenn der Mensch um Gnade bäte und Reue und Zerknirschung zeigte, so würde er die Hinrichtung sistiren . . . Das Votum des Prinzen war, . . . daß er für die Hinrichtung stimmte . . .«

Gerlachs Bericht macht deutlich, daß Friedrich Wilhelm IV. von den Herren seiner Regierung nicht nur persönlich nicht verstanden wurde, indem »alle ohne Ausnahme« für die Hinrichtung Tschechs stimmten, sondern daß unter ihnen auch viele waren, die in politischer Opposition zu ihm handelten. Dabei spielte Prinz Wilhelm, der als ältester Bruder, und Nachfolger des Königs den offiziellen Titel »Prinz von Preußen« trug, keine geringe Rolle. Er pflegte engen Kontakt mit Gerlach und hatte zu ihm ein vertrauliches Verhältnis.

Der 1790 geborene Leopold v. Gerlach verstand sich selber

allerdings als engsten Berater des Königs. In den zwanziger Jahren war er Adjutant des Prinzen Wilhelm gewesen, seit 1849 jedenfalls Generalleutnant und Generaladjutant Friedrich Wilhelms IV. Nach seinen Tagebucheintragungen zu urteilen, gehörte er seit 1842 zur näheren Umgebung des Königs. Die »Denkwürdigkeiten aus dem Leben Leopold von Gerlachs« wurden 1891 nach seinen Aufzeichnungen, bearbeitet und teils gekürzt, von seiner Tochter veröffentlicht. Da Gerlach nicht nur politische Tagesereignisse, sondern auch Gespräche mit dem König, mit Ministern, mit Personen des Hofstaates festhielt und sie mit eigenen Betrachtungen und selbstsicheren Beurteilungen verquickte, fällt es schwer, ein annähernd objektives Bild der Zeitgeschichte aus ihnen zu extrahieren. Dabei ist die subjektive Einstellung des Generals zum König und zu dessen Politik aus den Eintragungen nicht immer gleich deutlich zu erkennen, ja man hat an einigen Stellen den Eindruck von bloßen Zweckbehauptungen. Im Ganzen zeugt dieses Tagebuch von Anhänglichkeit, zuweilen aber geradezu von Aufdringlichkeit, dann wieder von Ablehnung und Enttäuschung, jedenfalls davon, daß Leopold v. Gerlach seinen »Freund« Friedrich Wilhelm im Grunde nicht verstand. Das wird auch ersichtlich aus der Beurteilung von Prinz Hohenlohe, der den Generaladjutanten Gerlach charakterisierte als: »liebenswürdig und wohlwollend. Er hatte kein bestimmtes Dienstgebiet und keinen bestimmten Vortrag... Meistens wohnte er dem Morgenkaffee bei, den die beiden Majestäten zusammen einnahmen, und dabei besprach dann der König wohl alles was vorkam mit ihm. Politisch teilte Gerlach vollkommen die Ansichten seines Bruders.« Der jüngere Bruder des Generals hieß Ludwig v. Gerlach und war seit 1844 Chefpräsident des Oberlandesgerichts in Magdeburg. Er sollte 1848 Mitbegründer der konservativen »Kreuzzeitung« werden. Auch Ludwig v. Gerlach hinterließ ausführliche Tagebücher und führte zudem eine rege Korrespondenz mit seinem Bruder Leopold. Aus dieser Fülle schriftlicher Hinterlassenschaften mögen wenige Sätze genügen, um die problematische Einstellung der Brüder Gerlach zu ihrem Monarchen zu belegen. Bereits im Juli 1840 stellte Ludwig v. Gerlach fest: »Es scheint sich immer mehr zu entwickeln, daß wir . . . in Opposition gegen ihn treten.« 1841 bezeichnete er seinen König sogar als »völlige Nullität«! Die Brüder beschlossen daraufhin, ihn gemeinsam »auf die rechte Bahn« zu bringen.

∗

»Auf die rechte Bahn« sollte Friedrich Wilhelm VI. auch durch ein vielseitiges Scriptum gebracht werden, das 1843 unter dem Titel »Dies Buch gehört dem König« erschien. Es wurde von Bettina v. Arnim verfaßt. Sie wollte beim Schreiben »mit Geniuskräften« versuchen, den König gleichsam zu beflügeln: »Ein Heros des Geistes muß der sein, der die alte Leier zerbricht und neue Saiten aufspannt! Neue Bahnen der Harmonie erschließt! Ach! lassen wir das meine letzte Wahrheit sein, die ich hier noch aussprechen will! – Ein einzig gering Ding in der Welt, mit dem Wahrheitsgeist aufgefaßt, dann zieht die Wolke der Finsternis vor dem Licht hinweg, und er scheint in alle zerstörte Lebensverhältnisse, in alle falschen Pläne, ja er wandelt Staat und Religion um, und gründet aufs Neue die Bande des Volks mit dem Fürsten, kurz, er hebt durch erhöhte Flugkräfte uns dahin, wo der Menschengeist durch alle Zwangsmarter, durch allen heimtückischen Widerpart sich durcharbeiten wird.« Ist nicht auch hier wieder der Einfluß von Hegels Philosophie der Geschichte zu spüren? Bettina wollte das Ihre dazutun, den Volksgeist und den »Volkskönig« für das Ziel der Geistesfreiheit zu begeistern. Sie war dabei nicht gegen, sondern im Gegenteil für Friedrich Wilhelm IV. und sie fühlte sich ihm »ebenso unabweislich hingegeben, wie damals dem verleumdeten Goethe«.

Der König soll in dem Buch nur geblättert haben. In seinem Dankschreiben für die Übereignung findet sich ein Wort über Bettina, das sie unübertroffen charakterisiert: Er nannte sie die »Rebengeländer Entsprossene«.

128

Bettina v. Arnim

Bettina schrieb nicht nur Bücher für den König; sie inszenierte für ihn auch mit Hilfe ihrer über und über rankenden und
blühenden Phantasie ein Theaterspiel, das ihm zu Ehren im
Hause und durch die Familie des Ministers Savigny am
29. März 1845 aufgeführt wurde. »Der König hatte den
Wunsch ausgesprochen, das Gellertsche Schäferspiel ›Das
Band‹, das er besonders liebte, zu sehen. Aber das war zu kurz,
um den Abend zu füllen«, schrieb Bettinas Tochter Maxe v. Arnim in ihren Erinnerungen. Deshalb sollten noch »Lebende Bilder« aufgeführt werden: »Große Ballen von buntem Seidenpapier wurden in allen Läden zusammengekauft, Berge von Watte
und Draht herbeigeschleppt und Riesentöpfe von Leim; überall
lagen Scheren und Wolle, Bindfaden und Pinsel herum. Und
dazwischen hantierten die ›Kaffeologen‹ (wie die Freundinnen
ihr Kränzchen nannten) und zauberten aus dem bunten Seidenpapier Hunderte von Rosen und anderen Blumen, auch große
Sonnenrosen und Kaiserkronen, Malven und Feuerlilien, alles

unter Anleitung unserer Mutter Bettina, die für vier Tage ihrem Schreibtisch Valet gesagt hatte und ganz in diesem fröhlichen Schaffen aufging. Sie selbst schuf, ebenfalls nur aus Seidenpapier, die Kostüme für das Schäferspiel, und aus Watte und Draht die vielen Schäfchen und Gemsen als Staffage dazu. Ihr Meisterwerk aber war die arkadische Landschaft, zu der sie die Bühne gestaltete. Vorn war diese durch ein Parterre von blühenden Blumen, alle aus Seidenpapier, abgeschlossen, die sich auf den Seiten hinaufrankten. Dahinter eine von der aufgehenden Sonne beleuchtete Felsenlandschaft ... aus festem Papier gebildet, das die Mutter in gehörige Form gebogen hatte, dann mit Leim bestrich und mit Eisenspänen und Glitzersand bestreute. Das Ganze sah wirklich wie ein Märchen aus ... Am Abend gelangen die Lebenden Bilder und das Schäferspiel vorzüglich ... Armgart als Galathee kam auf die Bühne mit einem Schäferstab und einem Schäfchen auf dem Arm. Als sie dieses niedersetzte, wollte es nicht auf seinen Beinen stehen, sondern fiel immer wieder auf den Rücken – wahrscheinlich hatte das kunstvolle Gebilde der Mutter durch den Druck von Armgarts Arm die richtige Biegung des Drahtes eingebüßt. In ihrem Ärger gab Armgart dem widerspenstigen Lamm mit ihrem Fuß einen tüchtigen Knuff, und siehe da: das Tierchen parierte und stand fortan vorschriftsmäßig auf seinen vier Beinen. Dieser kleine Zwischenfall erregte im Publikum ungeheure Heiterkeit ... Der König schien sich prächtig amüsiert zu haben ... Der Ruhm des ›Kaffeter‹ aber stieg seit diesem Abend ins Ungemessene.«

*

Friedrich Wilhelms IV. aufmerksame und abwartende Haltung Menschen gegenüber, die andere Ansichten vertraten als er selber – sei es auf politischem oder religiösem Gebiet – wurde von vielen Zeitgenossen entweder als »liberal« oder »schwach« eingeschätzt. Daß der König sehr wohl Gründe haben konnte, warum er zuweilen schwieg, zeigte sich insbesondere im Herbst 1845 anläßlich von Meinungsverschiedenheiten zwischen den Berliner Kirchenbehörden. Es ging dabei um die Frage der Öffnung evangelischer Kirchengebäude für gelegentliche Gottesdienste auch für Katholiken, Anglikaner und Sekten. Nachdem keine Einigung erzielt werden konnte, sandte der Magistrat eine Beschwerde, worauf der König eine Abordnung ins Schloß bestellte und den Herren hier antwortete: »Der Magistrat bezeugt ein großes Interesse für die kirchlichen Angelegenheiten. Ich muß also voraussetzen, daß derselbe die Rechtslage unserer evangelischen Landeskirche genau kennt. Er muß wissen, daß, als in der Reformation die Kirchengewalt ihrer Träger entbehrte, die Kirche und die Reformatoren selbst sie auf den Landesherren übertrugen. Sie ruht auf Meiner Krone und erschwert dieselbe sehr; sie legt Mir bedenkliche Pflichten auf, sie gibt Mir aber unbestreitbares und unbestrittenes Recht, in die Gestaltung der Kirche einzugreifen. Ich thue dies aber nicht, fünf Jahre meiner Regierung bezeichnen dies klar, und merken Sie sich das, Meine Herren, denn das ist der *Kern* meiner Antwort, Ich thue es nicht, weil ich einem unwandelbaren *Grundsatz* folge, der ist: *Die Kirche durch sich selbst sich gestalten zu lassen*... Die Synoden sind die berechtigten Organe, die Wünsche der Kirche auszusprechen... Ohne Anregung durch die rechtmäßigen Organe werde ich nichts thun.«

Hier gab der König zu verstehen, daß er es mit der Selbstverwaltung der Kirche sehr ernst nahm, er zeigte – wenn man so will – ihr gegenüber eine liberale Haltung. Auf den Vorwurf, eine der sich streitenden Parteien begünstigt zu haben, reagierte er allerdings recht schroff: »Der Magistrat beschuldigt, wenn auch versteckt, doch deutlich, Meine Regierung, eine Partei zu begünstigen. Über diesen letzten Punkt, Meine Herren, gehe ich im Gefühl der eigenen Würde und im Gefühl der Würde Meiner Behörden mit beleidigtem Stillschweigen hinweg.« Sein Schweigen läßt sich hier schwerlich als »schwache« Haltung einschätzen.

1846 berief Friedrich Wilhelm IV. dann eine Generalsynode ein, auf der die evangelische Kirchenleitung aus sich selbst und für sich selbst eine neue Kirchenverfassung beraten sollte. Ihm selbst schwebte für Preußen eine entstaatlichte, bischöflich organisierte Kirche vor. Nachdem es aber auf dieser Synode zu keiner Einigung, beziehungsweise nur zu Kompromissen kam, mußte der König gegen seinen Willen »summus episcopus«, also oberster Herr der Kirche bleiben.

*

Erfolglos blieben auch alle Anstrengungen, die Friedrich Wilhelm IV. in den ersten Jahren seiner Regierung machte, um die Reorganisation des Deutschen Bundes voranzutreiben. Seine diesbezüglichen Ideen und Vorhaben besprach er mit dem ihm immer mehr zum Freunde werdenden Joseph Maria v. Radowitz. Radowitz stammte aus einer ursprünglich ungarischen katholischen Familie. 1797 in Blankenburg (Harz) geboren, 1813 als westfälischer Artillerie-Leutnant in der Schlacht bei Leipzig verwundet, 1821 Hauptmann im hessischen Generalstabe, wechselte er 1823 in preußische Dienste über. 1830 war er Chef des Generalstabes der Artillerie und von 1836 bis 1842 preußischer Militärbevollmächtigter beim Bundestag in Frankfurt.

Nach Hohenlohes Beschreibung war »Radowitz eine große und stattliche Erscheinung ... Der Kopf saß hoch und stolz erhoben auf dem starken Leibe. Die pechschwarzen Haare waren von hinten nach vorn gekämmt und endigten in drei spitzzugehenden Büscheln, ... wie drei Hörner ... So konnte man sich eines Vergleiches mit einem Mephisto nicht erwehren ... Seine Gelehrsamkeit und seine Kenntnisse erstreckten sich auf alle Gebiete aller Wissenschaften, ... wie mir dies sonst noch bei keinem Menschen vorgekommen ist ... Damals machten die Fortschritte der Chemie und Physik großes Aufsehen ... Radowitz hatte gleich alles in seiner Gesamtheit erfaßt und sagte: ›Alle Wissenschaften zusammen sind gewiß eigentlich nur eine einzige, die menschlichen Forschungen werden und müssen dahin kommen, daß sich schließlich Alles in einem einzigen Unbekannten, einem einzigen X des Mathematikers zusammen vereinigt.‹ . . . Daß ein so geistreicher Mann wie der König den Umgang mit einem so außergewöhnlichen Geist liebte, ist natürlich. Wie man Radowitz für falsch halten konnte, begreife ich nicht. Er schmeichelte Niemand . . . Er widersprach sogar dem Könige rücksichtslos . . . Einst, als (der Monarch) sagte: ›Ich glaube nicht an Gespenster, aber ich fürchte mich davor‹, antwortete Radowitz trocken: ›Ich glaube an Gespenster, aber ich fürchte mich nicht davor!‹ . . . Daß Radowitz viele Feinde hatte, war natürlich.«

Zu denen, die den bedeutenden Politiker nicht mochten, gehörte vor allem die Gemahlin des entlassenen Ministers v. Rochow: »Für mich hatte Radowitz von seinem ersten Erscheinen an (am preußischen Hofe) nichts Ansprechendes, eben wegen seines Anspruches, alles zu wissen. Denn da niemand alles wissen kann, so liegt ein gewisser Grad von Unwahrheit darin.« Auch die Brüder Gerlach zählten zu seinen entschiedenen Gegnern. Prinz Johann von Sachsen schätzte hingegen Radowitz als Menschen, der »vielleicht der einzige (sei), der in die Ideen seines königlichen Freundes mit Überzeugung eingeht«, eine Einschätzung, die Radowitz selber bestätigte: »mit meinen vertrautesten Freunden habe ich mich wohl nie so ganz und gar auf dem politischen Felde begegnet wie eben mit dem Könige.«

Weil in späterer Zeit die besonderen Bemühungen Friedrich Wilhelms um die Reorganisation des Deutschen Bundes verschwiegen oder falsch dargestellt wurden, verfaßte Radowitz eine Schrift, in der er alle Tatsachen und unternommenen Schritte chronologisch festhielt. Er konnte dies so genau tun, weil er selber im Auftrage des Königs in dieser für ihn wichtigen Mission tätig war. So gab Radowitz in seinem schmalen, 1848 veröffentlichten Buch eine politische Übersicht der Regierungstätigkeiten Friedrich Wilhelms IV. hinsichtlich des Deutschen Bundes und zugleich eine Beschreibung des Zustandes, der die vom Könige vorgeschlagenen und seit 1840 betriebenen Veränderungen rechtfertigt:

»In Folge der orientalischen Verwicklungen rüstete Frankreich an den deutschen Grenzen ... Die Nothwendigkeit gebot vor Allem, sich dieses Feindes zu erwehren; der König sendete im Oktober 1840 die Generale von Grolmann und von Radowitz nach Wien und an die größren deutschen Höfe, um sofort die Vertheidigung der Bundesgrenze zu ordnen ... Gleichzeitig aber ertheilte er dem Generale von Radowitz die bestimmte Weisung, die Oesterreichische Regierung daran zu mahnen, daß eine tiefgehende Aufrichtung des Deutschen Bundes nothwendig sei ... Der Fürst von Metternich wies diese Anregung nicht zurück ...

Allerdings bedurfte das *Heerwesen* des Bundes einer Reform von Grund aus; in dem Momente (1840) traten die Mängel und Gebrechen ... in grelles Licht. Die Bundeskriegsverfassung war im Jahre 1818 ... zu Stande gekommen, ... die Corpseinteilung blieb mangelhaft, ... die Gleichheit der Reglements und Kaliber (kam nicht zustande), ... ein Oberkommando (blieb) auf den wirklichen Kriegsfall beschränkt, ... (es gab) weder ... gemeinschaftliche Feldzeichen und Embleme, noch ... gemeinschaftliche große Übungen ... An die Abhülfe dieser Gebrechen mußte daher unverzüglich Hand angelegt werden ... Von den Verhandlungen in Berlin und Frankfurt a. M. im Frühjahr 1841 zählt eine neue Epoche des Deutschen Heerwesens ... Zum erstenmale unterwarfen sich die Deutschen souveränen Regierungen einer wahrhaften Controlle durch den Bund; Oesterreichische Offiziere besichtigten die Waffenvorräthe und Festungen des Preußischen Staats, Sächsische prüften die Waffentüchtigkeit des Oesterreichischen Heers! Nicht blos für die materielle Sicherheit, sondern eben so sehr für die moralische Gemeinschaft der Deutschen Waffenbrüder war diese Institution von hoher Bedeutung.

Die fernere Sorge mußte sich auf die fortifikatorische Vertheidigung der nächstbedrohthen Deutschen Lande richten ...

Der Bund beschloß den Bau der beiden Festungen Landau und Rastatt, deren hohe Bedeutung für den Schutz Süddeutschlands kommende Zeiten zeigen werden ...

Mit tiefem Schmerze muß dagegen zugegeben werden, daß die von Berlin ausgehende Anregung zur inneren Belebung des Bundes nicht gleiche Früchte trug, ... (galt es doch) innerhalb der rechtlichen und vertragsmäßigen Bedingungen eine Reihe von Staaten zu gemeinschaftlichen, freiwilligen Entschlüssen zu bestimmen, die ihre Interessen und Absichten in der verschiedenartigsten Weise berühren mußten ... (Angestrebt wurde die) Veränderung der bestehenden Verfassungsnormen, (um den) bisherigen völkerrechtlichen Staatenbund in einen staatsrechtlichen Bundesstaat (zu überführen) ... Geruht haben die Gedanken und Vorsätze des Königs Friedrich Wilhelm IV. nie, aber es war ihnen nicht beschieden, durch die einengenden Hindernisse durchzubrechen.

Mußte er doch selbst in seinem nächsten Kreise erfahren, auf welche Mißverständnisse und Schwierigkeiten seine großen nationalen Absichten stießen ... Unter diesen Hemmungen verstrichen die ersten Regierungsjahre des Königs ...

Die Anwesenheit Friedrich Wilhelms IV. zu Stolzenfels im Sommer 1845 führte auch den Fürsten Metternich ... an den Rhein ... die Angelegenheiten des Bundes wurden der Gegenstand lebhaftester Erörterungen ... Aber auch diese Verhandlungen blieben ohne Frucht ...

Diese Erfahrungen mußten immer mehr zu der Überzeugung hinführen, daß es unmöglich sei, auf dem Wege des bloßen diplomatischen Verkehrs zu irgend etwas Gedeihlichem für die deutsche Sache zu gelangen, und daß es der Apathie oder dem egoistischen Widerwillen stets gelingen werde, auch die bestgemeintesten Vorschläge unwirksam zu machen, so lange sie nicht aus dem Dunkel der Kabinette hervorträten ... Zwei große Mittel boten sich hierzu an: die Entfesselung der Presse überhaupt, und die Veröffentlichung der Verhandlungen des Bundes. – Schon mehrere Jahre früher hatte sich der König vollständig von der Überzeugung durchdrungen, daß der Zustand der Deutschen *Pressegesetzgebung* schlechterdings unhaltbar sei und nach allen Seiten hin nur Verderben bereite. Er wollte damit beginnen, zunächst in Preußen einen andern Weg zu betreten, und ließ einen Entwurf zu einem Pressegesetz (durch Radowitz) bearbeiten. Dieser ging davon aus, daß die eigentliche Literatur ganz von aller Censur entbunden und deren Mißbrauch lediglich an die gewöhnlichen Gerichte zu verweisen sei. Für die Zeitungen sollte eine Selbstcensur der Redactionen eintreten und diese für erwiesene Vergehen allein haftbar bleiben. – Der König legte den Entwurf am 13. Januar *1843* seinem Ministerrathe selbst vor. Von den Schwierigkeiten und Einwürfen, die das Gesetz hier fand, übte nur der eine einen hemmenden Einfluß aus: daß Preußen durch ein solches Vorgehen gegen die Bundesgesetzgebung verstoßen und sich gegründeten Vorwürfen seiner Bundesgenossen aussetzen werde. Der König glaubte, diesem formell begründeten Einwande gegenüber nicht durchdringen zu dürfen; der Entwurf wurde, statt sofort in das Leben zu treten, einer Ministerialcommission übergeben, und die am 23. Februar 1843 publicierte Einsetzung eines Obercensurgerichts mußte noch als ein relativer Fortschritt gegen den frühern Zustand angesehen werden. Auch der Segen, der aus der Veröffentlichung der Verhandlungen des Bundestages fließen könnte, war dem Könige nicht zweifelhaft . . . Umsonst hatte die Preußische Regierung Oesterreich darum angegangen, sich mit ihr über die Befreiung der Presse und über die Oeffentlichkeit der Protocolle zu einigen. Zum erstenmale mußte man sich entschließen, mit so einflußreichen Anträgen unmittelbar bei der Bundesversammlung vorzutreten. – *Am 22. Juli 1846* stellte Preußen in Frankfurt den Antrag auf Aufhebung der provisorischen Bestimmungen über die Presse und legte einen Entwurf zu einer Pressegesetzgebung vor. (!) . . . In beiden wichtigen Bundessachen wußten jedoch die Gegner durch Hinhalten und Anhalten die Entscheidung hinauszuschieben; die Ferien der Bundesversammlung im September

1847, nach welchen der Oesterreichische Präsidialgesandte von Frankfurt abwesend blieb, unterbrachen die ferneren Verhandlungen hierüber.«

Lassen sich hieraus nicht die guten und politisch sinnvollen Absichten Friedrich Wilhelms erkennen? Er wollte den völkerrechtlichen Staatenbund in einen staatsrechtlichen deutschen Bundesstaat überführen, er hatte vor, die Pressezensur weitgehend abzuschaffen, und er schlug die Veröffentlichung aller Protokolle der Bundestagsverhandlungen vor. Aber es fällt uns schwer zu erklären, warum es immer wieder zu »Hemmnissen« kam, nicht nur allein von seiten der außerpreußischen Regierungen, sondern auch aus des Königs »nächsten Kreisen«, die sich der Verwirklichung entgegenstellten.

Wir haben den Eindruck, als sei »die Zeit« nicht reif gewesen. Oder lag es daran, daß die Staatsbürger begannen, anstehende Probleme aus den grundsätzlich verschiedenen Blickwinkeln parteipolitischer Programme heraus zu betrachten und zu beurteilen, und daß deshalb jedwede Entscheidungsfindung ein demokratisches Wahlrecht voraussetzte, das es ja noch nicht geben konnte?

*

Die Wirtschaft und die Wirtschaftspolitik in der Regierungszeit Friedrich Wilhelms IV. waren dagegen von Erfolg begleitet. Sie fielen in eine Epoche miteinander verflochtener, sich gegenseitig herausfordernder Umwälzungen. Neue Technologien und der Aufschwung der Industrie schufen bisher ungeahnte Möglichkeiten.

Die erste Eisenbahn, 1835 auf der sechs Kilometer langen Strecke zwischen Nürnberg und Fürth eingesetzt, fuhr zunächst nur am Tage, nachts mußten die Pferde weiterhin ihren Dienst tun! 1840 aber gab es bereits auf einer Strecke von 468 km Eisenbahnschienen, und 1850 waren es sogar schon etwa 5849 km! An der »Transportrevolution« war auch das Dampfschiff beteiligt.

Der erste preußische Dampfer mit Namen »Prinzeß Charlotte« – nach der Schwester Friedrich Wilhelms benannt – verkehrte seit 1817 auf der Havel zwischen Berlin und Potsdam. Dreißig Jahre später wurde bereits die HAPAG, die »Hamburgische-Americanische-Packetfahrt-Actien-Gesellschaft« gegründet.

Der sprunghaft anwachsende Bedarf an Eisen machte eine technologische Modernisierung des Berg- und Hüttenwesens notwendig. 1841 konnte dann ein revolutionierendes Verfahren zur billigeren Stahlherstellung entwickelt werden. Holz wurde bald durch Steinkohle ersetzt, und Kohlengebiete zogen infolgedessen Eisenhütten an.

Zu den ersten großen Industriellen gehörte Alfred Krupp, dessen Vater eine kleine Gußstahl-Fabrik ohne nennenswerte geschäftliche Erfolge in Essen besessen hatte. Beispielhaft wurde auch Franz Haniel, der mit einer Steinkohlenhandlung begann. Mit seinem Unternehmertum ist der Übergang des Steinkohlenbergbaus vom Tagebau zum Tiefbau – im Rhein- und Ruhrgebiet – verbunden. Er ließ insbesondere den ersten eisernen Rheindampfer konstruieren. Anläßlich der Einweihung eines Denkmals für den 1844 verstorbenen Oberpräsidenten Westfalens, den Freiherrn Friedrich v. Vincke, hatte Friedrich Wilhelm IV. die erste persönliche Begegnung mit Franz Haniel. Der König war damals zu Gast auf dem Dampfschiff »Haniel« und ließ versehentlich seine goldene Brille an Bord liegen, worauf Haniel ihm diese selber zurückbrachte. Gewiß nicht nur als »Finderlohn« übernahm der König später die Patenschaft für Franz Haniels fünften Sohn.

Die Industrialisierung hatte ihre Auswirkungen speziell im Bereich des Handwerkswesens, aber auch ganz allgemein war mit ihr die Arbeiterfrage und das Problem der Sozialfürsorge verbunden. Handarbeit konnte sich gegenüber der aufkommenden Maschinenarbeit, deren Produkte billiger hergestellt und verkauft werden konnten, nur noch schlecht behaupten. Zwangsläufig mußte es da zu Notlagen in der Bevölkerung kommen.

Als Beispiel sei an die schlesischen Weber erinnert, deren arbeitsbedingte, finanzielle schlechte Lage noch zusätzlich durch das Phänomen des Bevölkerungswachstums verschärft wurde. Und hinzu kamen Preissteigerungen landwirtschaftlicher Produkte, die durch schlechte Ernten, Unwetter und die Kartoffelkrankheit hervorgerufen wurden. Die unzureichende Ernährung der verarmten Handwerksbevölkerung löste Krankheiten aus, deren schnelle Verbreitung wiederum mit ungenügender Hygiene und Krankenversorgung zusammenhing.

Der Staat wurde also herausgefordert, rasch und auf den verschiedensten Gebieten für Hilfe und Verbesserungen zu sorgen.

Sozialfürsorge allerdings lag damals ganz allgemein noch in der Verantwortung der Arbeitgeber und in der Hand privater Hilfsvereine. Zu denen, die sich freiwillig und ganz persönlich an der Linderung von Notständen der schlesischen Weber beteiligten, gehörte die Gräfin Reden aus Buchwald. Sie kümmerte sich mit dem Wiederaufbau der Kirche Wang nicht nur allein um das Seelenheil der Gebirgsdörfler, sondern es lag ihr auch deren Wohl und Schicksal am Herzen. Ihre Fürsorge wird in dem 1897 veröffentlichten »Lebensbild« der »Friederike Gräfin von Reden« beschrieben: »Die Noth der Spinner und Weber war im Jahre 1843 groß, und um diesem abzuhelfen, wurde ein Centralverein in Berlin gegründet mit Zweigvereinen im schlesischen Gebirge unter einzelnen Vorstehern. Diese übernahmen Bestellungen auf Leinwand und gaben so den Webern Verdienst. Natürlich war Gräfin Reden der Mittelpunkt dieser Vereine und bekam alle Hände voll zu tun. Bestellungen kamen von allen Orten, sogar von Bukarest ... Der König gab den Auftrag, das Erdmannsdorfer Schloß mit Bettzeug zu versehen ... Den Spinnern ließ Minister Rother, nach den Vorschlägen der Gräfin, von den Flachsvorräthen der Erdmannsdorfer Spinnmaschine zum Einkaufspreis ab. Dagegen wurde ihnen dann das gesponnene Garn gut bezahlt, und dies, wohlsortiert, den Webern abgegeben. So wurde aller Wucher unterdrückt und die armen Leute hatten ihren Verdienst ungeschmälert. Die

Gräfin notirte die bedürftigen Spinner und Weber, die mit Attesten versehen bei den Beamten der Spinnmaschine sich meldeten, mit denen sie in beständigem Verkehr war. Sie schickte treue Sortirer hin und kümmerte sich um alles.«

Der hier genannte Staatsminister Christian v. Rother gehörte zu den damaligen Arbeitgebern, die in enger Verbindung mit der preußischen Regierung sowohl die Industrialisierung als auch das Handwerkswesen, besonders in Krisengebieten, förderten. Als »Arbeitgeber« war Rother Chef der preußischen Seehandlung – genauer: der »Preußische(n) Staatsbank Seehandlung« –, die er bereits seit 1820 in persönlicher Verantwortung leitete. Als eine Art Musterfabrik hatte er u. a. die Flachsgarn-Maschinenspinnerei in Erdmannsdorf ins Leben gerufen, die die Gräfin Reden 1843 für ihre Hilfsmaßnahmen anging.

Nicht vergessen werden soll, daß es in allen von der »Seehandlung«, also letztendlich vom preußischen Staat subventionierten Fabriken eine beispielhafte Sozialfürsorge gab, wozu Krankenkassen, Invalidenkassen und Sparkassen gehörten. Als Beitrag zur Krankenkasse galt zum Beispiel für jeden Tag Lohn ein Silbergroschen. Im Krankheitsfalle gab es freie Medikamente, freie ärztliche Behandlung und den halben Tageslohn. Zudem erhielt »jeder Fabrikarbeiter morgens unentgeltlich ein Quart Suppe«.

Daß all diese verantwortungsbewußten Initiativen nicht genügten, speziell die immer größer werdende Not der schlesischen Weber ausreichend zu lindern, diese in ihrer Verzweiflung zum Mittel des Aufstands griffen, gehört zur Tragik der mit Problemen und Konflikten beladenen Jahre vor 1848.

Mit dem Namen Rother ist aber besonders die allgemeine preußische Staatspolitik der ersten Regierungsjahre Friedrich Wilhelms IV. verbunden, weil er Präsident der Staatsschuldenkommission und Gründer der Staatsschuldentilgungskommission war.

Zum Verständnis dieser Gründung ist eine Rückerinnerung an die Regierung Friedrich Wilhelms III. geboten.

1820 hatte man ein Staatsschuldengesetz verabschiedet. Die damals nicht exakt bestimmbare Staatsschuld wurde durch eine fiktive Summe Geldes, zuzüglich der jährlichen Verzinsungssumme, festgesetzt und der Staatsetat beschlossen. Das hieß nun, daß in Zukunft keine weiteren Staatsschuldendokumente ausgegeben werden sollten, es sei denn, die Reichsstände – damit war eine erst noch zu konstituierende reichsständische Versammlung gemeint – beschlössen und genehmigten neue Anleihen beziehungsweise neue Schulden.

In Artikel 13 des Gesetzes von 1820 hieß es: »Endlich ist die Staatsschuldenverwaltungsbehörde verpflichtet, der künftigen Reichsständischen Versammlung alljährlich Rechnung zu legen. Bis zur Einführung derselben tritt der Staatsrath an deren Stelle.« Der Staatsrat als oberste Staatsbehörde setzte sich zusammen aus gebürtigen Mitgliedern – den volljährigen Prinzen des königlichen Hauses –, durch ihr Amt berufenen Mitgliedern – zum Beispiel Oberpräsidenten der Provinzen und Generäle – und durch besonderes Vertrauen ausgezeichnete und bestimmte Herren.

Als Friedrich Wilhelm IV. 1845 einen neuen Vorstoß unternahm, allen, seit Beginn seiner Regierung ihm abratenden Stimmen zum Trotz, endlich den »Vereinigten Landtag« einzuberufen, um einerseits das »Verfassungsversprechen« seines Vaters einzulösen und andererseits eine neue Staatsanleihe, vor allem zum weiteren Ausbau des Eisenbahnnetzes, zu beantragen, wurden die Widerstände massiv. Leopold v. Gerlach schrieb in sein Tagebuch: »21. Januar 1845. Der König ist jetzt fest entschlossen, die Generalstände zu versammeln . . . In wie weit noch ein Einfluß auf ihn auszuüben ist, . . . steht dahin. – Gestern auf der Parade rief mich der Prinz und ging mit mir nach seinem Palais. Er leugnet, sich mit dem König geeinigt zu haben.«

Der Prinz von Preußen war gegen die »Schwächung der königlichen Macht«. Als nächster Agnat berief er sich deshalb auf sein Recht, im Staatsrat sein Votum, seinen Einspruch zu erhe-

Prinz Wilhelm, der »Prinz von Preußen«

ben. Die Einberufung des Vereinigten Landtages mußte also noch zurückgehalten werden. Als der König hartnäckig auf seinem Beschluß bestand, wiederholte auch Prinz Wilhelm im März 1846 bei der Eröffnung einer Sitzung der Verfassungskommission seine Argumente gegen die Einberufung der Landstände. Das wiederum rief Graf Anton Stolberg auf den Plan.

Stolberg gehörte als zweiter Chef des Königl. Hausministeriums – unter dem Fürsten Sayn-Wittgenstein, mit dem er sich aber nicht gut verstand – zum Hofstaat und somit zum engen Kreis um Friedrich Wilhelm IV. Er fühlte sich darüber hinaus als »Freund und Ratgeber« berufen, zwischen dem König und seinem nächsten Bruder zu vermitteln. Deshalb schrieb er am 27. März 1846 eindringlich an den Prinzen Wilhelm: »Aber bedenken Ew., was soll daraus werden, wenn gerade das Mitglied des Königl. Hauses, was dem Könige nach allen Richtungen hin am nächsten steht, Sich bei dem wichtigen Ereignisse des Vaterlandes von seinem Bruder, von seinem Könige trennt! Halten Ew. Sich gewiß überzeugt, S. M. werden die gefaßte

142

Entschließung unerschütterlich festhalten, weil Allerhöchstdemselben die Überzeugung zur Gewißheit geworden ist, daß dieser Entschluß zum Heil der Krone und des Landes führen werde. Keine Macht der Erde wird daher die Entschließung des Königs ändern. Was soll aber werden, wenn Höchstdieselben den fraglichen Revers niederlegen? Wollen Ew. wider Willen sich an die Spitze der Malcontenten aller Farben stellen und demgemäß das Band zwischen König und einem Theil des Volkes lösen? Welche Folgen wird es haben, wenn der Unfriede zwischen dem Könige und Dessen Nachfolger in der Krone zur allgemeinen Kenntnis des In- und Auslandes gelangt, wie wird dies tief in die Verhältnisse des Königshauses und von da herab in alle Verhältnisse des Königreiches dringen? Welch Beispiel wird es in einer Zeit wie der jetzigen geben? – Wird nicht – vergeben mir Ew. diese offene Sprache – die Unfolgsamkeit sanctioniert sein?«

So endeten die ersten Regierungsjahre Friedrich Wilhelms IV. mit einem Konflikt, in dem sich staatspolitische und persönliche Bereiche durchkreuzten, und der uns schwerwiegende Folgen erahnen läßt.

V. 1847

Das Krisenjahr des »Vormärz«

Zu Anfang des Jahres 1847 machte sich der König große Sorgen um die Königin. Elisabeth hatte eine Lungenentzündung. »Ihre Gesundheit war nicht stark«, schrieb Alfred v. Reumont, der von 1843 bis 1848 in Berlin als Legationsrat im Ministerium des Äußeren lebte und ein gern und oft eingeladener Gast am Hofe war: »Die Königin lebte das Leben ihres Gemahls mit. Sie ist in Manchem seine Ergänzung gewesen. Seine oft übersprudelnde Lebendigkeit und Erregbarkeit fanden in ihrer ruhigeren Anschauung ein Correctiv, sein Unmuth über Widerstand und Täuschung eine Beruhigung. Wo die Phantasie bei ihm zu überwiegen drohte, verschaffte sie der Realität ihr Recht... Ihre Conversation war ungezwungen, ruhig, heiter und belebt und berührte in gleichem Maße Tagesvorgänge wie Literatur und Kunst... Im Geschichtsfache war sie ungewöhnlich bewandert... (Sie liebte) besonders lyrische Dichtung... Sie hatte eine gewisse Scheu vor der Oeffentlichkeit... An allen großen wohltätigen Anstalten und Stiftungen der Regierung des Königs hat sie den lebendigsten, selbstthätigen Antheil genommen.«

Das hier angedeutete, feinfühlige Eingehen Königin Elisabeths auf ihren Gemahl findet auch im Tagebuch Ludwig Persius Erwähnung, zwar in einer Nebensache, die er aber als liebenswert festhalten wollte. Während wohl Friedrich Wilhelm intensiv und zeitvergessend sich mit seinem Architekten über Bauvorhaben unterhielt; »guckt die Königin durch die Thür ›Fritz es ist angerichtet‹ – ›So?‹ – Als die Unterhaltung dennoch

144

Königin Elisabeth

fortschreitet, tritt sie wiederholt näher: ›Es ist schon 3 ½ Uhr
Fritz‹ – ›Ist nicht möglich, nun dann empfehle ich mir Sie!‹«
   Zu den von der Königin mit persönlicher Fürsorge begleiteten Stiftungen gehörte das Krankenhaus und Diakonissen-
Mutterhaus Bethanien in Berlin.
   Am 1. Februar 1847 endlich erließ Friedrich Wilhelm IV. das
königliche Patent, durch welches der »Erste Vereinigte Landtag« zum 11. April einberufen wurde! Diese Vertretung und Repräsentation der Staatsbürger Preußens bestand aus zwei Kammern: dem Herrenhaus und dem Haus der Abgeordneten der
Provinziallandtage. Die Eröffnungsfeier fand am 11. April
1847 im Weißen Saal des Berliner Schlosses statt. Der König
hielt eine lange Ansprache, in der er hauptsächlich um Vertrauen warb: »Seit vielen Jahren war mein fester Entschluß,
diese gesetzlich gebotene Versammlung . . . zu bilden. Sie ist gebildet. Ich habe ihr alle (aus der Regierungszeit meines Vaters
übernommenen) Rechte zuerkannt, und über dieselben hin-

145

aus ... auch das Steuerbewilligungs-Recht ... Jeder Preuße weiß seit vierundzwanzig Jahren, daß alle Gesetze, die seine Freiheit und sein Eigenthum betreffen, zuvor mit den Ständen beraten werden. Von *dieser* Zeit an aber weiß Jedermann im Lande, daß Ich, mit alleiniger nothwendig gebotener Ausnahme der Kriegs-Drangsale, keine Staats-Anleihe abschließen, keine Steuer erhöhen, keine neue Steuer auflegen werde ohne die freie Zustimmung *aller* Stände.

Edle Herren und getreue Stände! Ich weiß, daß Ich mit diesen Rechten ein kostbares Kleinod der Freiheit Ihren Händen anvertraue, und Sie werden es treu verwalten. Aber ich weiß auch eben so gewiß, daß Manche dies Kleinod verkennen, daß es Vielen nicht genügt ...

Edle Herren und getreue Stände! Es drängt Mich zu der feierlichen Erklärung: daß es keiner Macht der Erde je gelingen soll, Mich zu bewegen, das natürliche, gerade bei Uns durch seine innere Wahrheit so mächtige Verhältnis zwischen Fürst und Volk in ein conventionelles, constitutionelles zu verwandeln, und, daß Ich es nun und nimmermehr zugeben werde, daß sich zwischen Unsern Herrgott im Himmel und diesem Land ein beschriebenes Blatt, gleichsam als zweite Vorsehung eindränge, um Uns mit seinen *Paragraphen* zu regieren und durch sie die alte, heilige Treue zu ersetzen. Zwischen uns sei Wahrheit. Von *einer* Schwäche weiß ich mich gänzlich frei. Ich strebe nicht nach Volksgunst. Ich strebe allein danach, Meine Pflicht nach bestem Wissen und nach Meinem Gewissen zu erfüllen und den Dank Meines Volkes zu verdienen, sollte er Mir auch nimmer zu Theil werden ... Noch ein Wort über eine Lebensfrage, ja Ich muß sagen über *die* Lebensfrage zwischen Thron und Ständen ... Nächstdem haben Sie die Rechte zu üben, welche Ihnen die Krone zuerkannt hat. Sie haben ferner der Krone Rath gewissenhaft zu erteilen, den dieselbe von Ihnen *fordert.* Endlich steht es Ihnen frei, Bitten und Beschwerden, Ihrem Wirkungskreise entnommen, ... an den Thron zu bringen ... *Das* aber ist Ihr Beruf *nicht*: Meinungen zu repräsentieren, Zeit- und Schulmeinungen zur Geltung zu bringen, das (würde) zu unlösbaren Verwickelungen mit der Krone (führen), welche nach dem Gesetze Gottes und des Landes und nach eigener freier Bestimmung herrschen soll, aber nicht nach dem Willen der Majoritäten regieren kann und darf... Ich gedenke der Worte eines Königlichen Freundes: ›Vertrauen weckt Vertrauen.‹ ... Daß Mein Vertrauen zu Ihnen ein sehr großes ist, habe Ich Ihnen durch Meine Worte bewiesen und mit der That Ihrer Berufung besiegelt. Auch von Ihnen, Meine Herren, erwarte Ich Zeugnisse des Vertrauens und in denselben Antwort auf Meine Rede durch die That ...«

Befürchtete Friedrich Wilhelm bereits, daß jetzt, nachdem es ihm endlich gelungen war, diese einem Parlament vergleichbare Versammlung einzuberufen, ihr Wirken bereits in Frage gestellt war? Es war ihm klar, daß so manchem die Rechte, die er dieser Versammlung »anvertraute«, nicht genügten. Er wußte vor allem auch – und das war entscheidend –, daß sie wiederum anderen, allen voran seinem Bruder Wilhelm zu weitgehend waren und als Schmälerung der Rechte der Krone angesehen wurden. Klingt in seiner Rede nicht an, als wolle er gerade diese Gegner beruhigen, wenn er betont, daß zwischen Volk und Fürst kein »conventionelles, constitutionelles« Verhältnis, sondern eines der Treue vorwalten solle? Noch hoffte er, noch wagte er zu hoffen, daß die auf diesem Vereinigten Landtag anstehenden Entscheidungen von jedem einzelnen nach »bestem Wissen und Gewissen« getroffen würden, unbeeinflußt von Fraktionsbildungen, die jeweils nur den Sieg ihrer Majorität im Auge hatten.

In den Landtagsdebatten der nächsten Wochen zeigten sich denn auch wirklich, zwar noch lose, aber schon umrißhaft, Parteienbildungen. Und der wichtigste Antrag der Regierung auf eine Anleihe von 25 Millionen Talern zum Bau der »Ostbahn« wurde mit Zweidrittelmehrheit abgelehnt!

Friedrich Wilhelm IV. war enttäuscht und verbittert. Radowitz schrieb ihm: »In tiefstem Schmerze sorge ich, daß, weil das

Mögliche nicht versucht worden, jetzt das Unmögliche unternommen wird.« Der König ließ das bereits begonnene Ostbahnprojekt, das 8000 Menschen Arbeit gab, kurzerhand abbrechen: »Mich macht das Verwerfen der Anleihe nicht kalt und nicht warm. Es soll aber die ›Preußen‹ kalt und warm machen . . . Es mußte dem erkrankenden Landtag und den in Ungesetzlichkeit ersoffenen ›Preußen‹ in specie ein Eimer kalten Wassers über den Kopf gegossen werden!«

Wenigstens »etwas Gutes«, so meinte der Gelehrte Reumont, habe die Versammlung der Landstände in Berlin doch gehabt: »Sie hat das Bewußtsein der Zusammengehörigkeit der einzelnen Theile der Monarchie belebt . . . Sie hat Gelegenheit geboten, einander scheinbar widerstrebende und doch auf einen Ausgleich angewiesene Kräfte miteinander zu messen.«

*

Um neue Kräfte zu schöpfen, faßte Friedrich Wilhelm Ende August 1847 den Entschluß, in Begleitung von Reumont eine kurze Reise nach Venedig zu machen. »Am Abend des 3. September waren wir (von Triest aus) an Bord des Loyddampfers ›Imperatore‹. Es war eine schöne sternhelle Nacht, und der König blieb lange auf dem Verdeck, wo ich ihm Platensche Gedichte recitierte.« Reumont las wohl auch dieses vor:

> Wer die Schönheit angeschaut mit Augen,
> Ist dem Tode schon anheimgegeben,
> Wird für keinen Dienst der Erde taugen,
> Und doch wird er vor dem Tode beben,
> Wer die Schönheit angeschaut mit Augen.

»Die knappgemessene Zeit für Venedig wurde sorgsam benutzt. Ehe der König nach dem Hotel (Danieli) ging, sah er sich schon San Marco und Dogenpalast an . . . Nach dem Diner (am Abend) ging es nach dem Teatro Fenice.« Hier saß zufällig auch der jungverheiratete Otto v. Bismarck mit seiner Frau Johanna: »Der König, der mich im Theater erkannt hatte«, erinnerte sich der spätere Reichskanzler, »befahl mich folgenden Tags zur Audienz und zur Tafel, mir so unerwartet, daß (ich nicht) in correctem Anzug (erscheinen konnte).«

Alfred v. Reumont hielt die weiteren Reiseerlebnisse chronologisch fest: »Den folgenden Tag ... nach San Michele di Murano ..., wo wir einen Regensturm hinbrausen lassen mußten, nachdem wir vorher den Dom San Donato ... besucht hatten ... Früh am 8. war der Himmel hell ... Wir gingen schon früh mit dem Könige aus, ... er war in freudigster, freiester Stimmung ... Nach dem Diner, es war Abend geworden, spazierte er (von Venedig Abschied nehmend) auf dem von Menschen gefüllten hell erleuchteten Marcusplatz ... Am 9. September (ging es mit der Bahn weiter) bis Padua. Hier wurden ... Giotto's Fresken, ... Dom und Baptisterium besucht und in dem vielgerühmten Café Pedrocchi mit Chocolade gefrühstückt ... Dann ging's weiter nach Vicenza, ... zu Palladio's Olympischem Theater, zu der Rotunde Capra, ... hinauf nach der Madonna von Monte Berico ... Ein wahrhaft paradiesisches Land lag vor unseren Blicken ... Es wurde dem König schwer, sich ... zu trennen.«

*

Aus Italien zurückgekehrt, erwarteten den König Hiobsbotschaften. Die Getreideernte fiel 1846/47 um 1/3 geringer aus als erwartet. Folglich gab es für die Bevölkerung Teuerung, Steuerlasten, Armut; ein typischer Nährboden für Unzufriedenheit und Tumulte entstand. Denn Preußen war im Zeitalter beginnender Industrialisierung noch vorwiegend Agrarland und die Volkswirtschaft hing vom Ergebnis der Ernten ab, von Wind und Wetter, von Sonne und Hagel. Von Irland her verbreitete sich zudem eine Kartoffelfäule, die Preußen 1847 erreichte. Einige Gegenden waren so stark betroffen, daß es zu Hungerkrisen kam. War es verwunderlich, daß vielenorts gestohlen und geplündert wurde? Ein Pfarrer berichtete dem König, daß Männer, in Sorge um ihre Familien, in der Nachbarschaft Kartoffeln gestohlen hatten und dafür zu schweren Haft- und Geldstrafen verurteilt worden waren. Er bat um ihre Begnadigung; allein nicht für alle, weil einige Männer dabei waren, die sich »überhaupt schlecht aufführten«. Darauf entgegnete Friedrich Wilhelm: »Jene Drei, mein lieber Herr, Sie nehmen die Sache so genau, so gewissenhaft. Wenn Sie mir schreiben, daß die Drei Ihnen auch noch ehrliche Reue beweisen, will ich sie auch noch begnadigen ... Ich selbst bin auch ein armer sündiger Mensch und kann nicht Jedem helfen; aber ich habe den Willen! Sie sollen sich nicht von mir loslügen lassen.« Der Pfarrer, von der Demut und dem Einfühlungsvermögen des Königs ergriffen, schrieb die Geschichte auf.

Die Notlage des Jahres 1847 wurde noch durch eine Typhusepidemie vergrößert, die sich von Galizien aus besonders in Schlesien verbreitete. Es war nicht Darmtyphus, sondern Fleckfieber, oder »Hungertyphus«. Diese äußerst ansteckende Krankheit ergriff vor allem die Armen der Bevölkerung. Kinder und Greise blieben dabei gewöhnlich verschont. Wo Menschen in schlecht gelüfteten Räumen in der kalten Jahreszeit eng zusammenlebten, übertrug sich der Typhus am raschesten. In sechs Monaten gab es in Oberschlesien ca. 70 000 Typhuskranke, von denen rund 16 000 starben.

Friedrich Wilhelm IV. sandte daraufhin Johann Hinrich Wichern nach Schlesien, der sich an Ort und Stelle ein Bild machen und hinterher Vorschläge unterbreiten sollte, wie das Elend zu lindern sei. Wichern galt als geeignet, war er doch in Hamburg durch die Gründung des sogenannten »Rauhen Hauses« bekannt geworden. Sein besonderer Hilfseinsatz galt Kranken, Armen und Sträflingen. Später sollte er deshalb vom König den Auftrag erhalten, Gefängnisse und Zuchthäuser in allen Provinzen der Monarchie zu besuchen und an seine Beobachtungen Vorschläge zu Verbesserungen zu knüpfen.

Aber auch der seit 1845 in Breslau residierende Fürstbischof Melchior v. Diepenbrock organisierte seinerseits eine große

Hilfsaktion und besprach sich darüber mit dem König, der ihm erbetene Unterstützung zukommen ließ. Friedrich Wilhelm hatte den geistlichen Fürsten schon vor Jahren kennen und schätzen gelernt.

Diepenbrock hatte einen bewegten Lebensweg hinter sich. Er wurde 1798 in Westfalen geboren und war ein begabter aber wilder Knabe. Mit 12 Jahren kam er auf das Militärlyzeum in Bonn, wo man ihn bald wegen »wiederholter Vergehen gegen die Subordination« entließ. Darauf meldete er sich zum Militär, doch das Kasernenleben wurde ihm bald zu eng, so daß er wieder den Abschied nahm und nicht so recht wußte, was er künftig tun sollte. Eine Begegnung mit dem bayrischen Theologen Michael Sailer veränderte sein Leben von Grund auf. Er wurde Priester und begleitete den zum Bischof geweihten Michael Sailer als Sekretär nach Regensburg. 1832, nach Sailers Tod, sollte Diepenbrock dessen Nachfolger werden, doch er lehnte es ab und wehrte sich dann auch 1840, Erzbischof von Köln zu werden. Erst 1845 gelang es Friedrich Wilhelm IV., ihn für das Bischofsamt in Breslau zu gewinnen. Vor Antritt dieses Amtes mußte Diepenbrock in Berlin den »Homagialeid« ablegen und sagte bei dieser Gelegenheit zu seinem weltlichen Souverän: »Ich nahe mich dem Throne Eurer Majestät nicht ohne Zagen ... Mit Zagen erfüllt mich der Blick in meine Vergangenheit und meine Zukunft ... Es ermutigt mich aber das unbegrenzte Vertrauen auf die Weisheit und Gerechtigkeit meines königlichen Herrn ... Mit Freude schwöre ich daher, wie vor 31 Jahren als Offizier den Fahneneid, so nun als Bischof den Untertaneneid.« Wer vertraute dem König schon so unbegrenzt? Im Wesen Diepenbrocks vereinten sich, wie bei Friedrich Wilhelm, tiefer Ernst und Heiterkeit. Von dem Humor des Geistlichen zeugt eine für ihn typische kleine Geschichte: Anläßlich eines Besuches bei seinem ehemaligen Kommandeur, dem Generalfeldmarschall Ernst v. Ziethen, sagte er beim Betreten des Hauses mit ungerührter Miene und gleichzeitig mi-

*Friedrich Wilhelm IV. nach Jahren getragener
Verantwortung*

litärische Haltung annehmend: »Euer Excellenz, der Sekonde-
leutnant Diepenbrock meldet sich als Fürstbischof von Breslau!«

*

Der außergewöhnlichen, innerpolitische Krisen heraufbe-
schwörenden Konstellation des Jahres 1847 gesellte sich ein au-
ßenpolitisches Problem hinzu, das viele Gemüter in Preußen erregte.

Im Vertrauen auf militärische Unterstützung des Deutschen

Bundes begannen am 4. November dieses Jahres sieben Schweizer Kantone (die sich 1845 zum »Sonderbund« zusammengeschlossen hatten) einen bewaffneten Angriff gegen die anderen »Eidgenossen«. Ende November wurden sie bereits besiegt. Die Folge war, daß in der Schweiz – nach dem Muster der Vereinigten Staaten von Amerika – eine neue Verfassung geschaffen wurde, welche das Land von einem Staatenbund in einen fester gefügten Bundesstaat verwandelte.

Es geschah nicht reibungslos. Im Kanton Neuenburg (mit der Hauptstadt Neuchâtel), der seit 1707 preußisches Fürstentum war, führten Unruhen dazu, daß Republikaner den royalistischen Staatsrat absetzten. Das ging auch den preußischen König an, der aber nur mit Protest reagieren konnte, denn faktisch war die Herrschaft der Monarchie hier beendet. Viele preußische Patrioten aber verübelten das dem König. Doch auch die »konservativen« Großmächte Frankreich, Österreich und Rußland intervenierten in der »Schweizer Angelegenheit« erfolglos.

»Nachdem der politische und kirchliche Parteienkampf das Feld seiner besten und reinsten Absichten verwüstet hatte« – so jedenfalls beschreibt Radowitz die innere Verfassung seines königlichen Freundes –, unternahm Friedrich Wilhelm IV. mit den restlichen, zusammengerafften Kräften, Ende des Jahres 1847 den Vorstoß, die fällige Erneuerung des Deutschen Bundes voranzutreiben.

Radowitz selber schlug dem Monarchen vor, »sich mit dem besseren Geiste der Nation zu verbünden, ... Preußen in und durch Deutschland zu gewinnen«, denn »daß Deutschland mächtig und einträchtig dastehe, dieses ist die Lebensfrage für Preußen, die oberste Bedingung seiner eigenen Existenz.«

Friedrich Wilhelm IV. berief den General, der damals Gesandter am Badischen Hof und zugleich Militärbevollmächtigter beim Deutschen Bund in Frankfurt war, nach Berlin. Er besprach mit ihm die nächstliegenden notwendigen Schritte zur möglichst baldigen Aktivierung der Bundesversammlung und gab ihm den Auftrag, diese in einer Denkschrift festzuhalten. Radowitz legte dem König am 20. November 1847 sein »Memorandum« vor. Es enthält zuerst die Aufzählung der »Punkte«, deren Realisierung gefordert wird:

»1) Die Pressegesetzgebung mit Wegfall der Censur.

2) Die Öffentlichkeit der Protokolle.«

Dann folgt die Reihe der »Institutionen«, denen jeweils der Begriff »gemeinsam« hinzugefügt ist, zum Beispiel: »Gemeinschaftliches Handelsrecht –, allgemeins Heimathrecht –, allgemeine Münze.«

Und weiter heißt es in der Denkschrift von Radowitz: »Für die Ausführung sind sofort besondere Commissionen der Bundesversammlung zu bilden, und Sachverständige aus allen Theilen Deutschlands zu deren Arbeiten zuzuziehen. – Hieraus erwächst zugleich der unschätzbare Vortheil, die besten geistigen Kräfte Deutschlands in unmittelbaren Zusammenhang mit der Thätigkeit der Bundesorgane zu bringen, und das lebendigste Interesse für dieselben in allen Ständen und Landen rege zu machen. Was an der jetzt so laut erschallenden Forderung nach einer Theilnahme ›des Volks‹ an den Bundesgeschäften unbezweifelt Dienliches ist, würde durch jene Einrichtung in großem Maßstabe realisirt.«

Die Ausführung dieser Anliegen sollte durch unüberbrückbare Hindernisse verschoben und verändert werden.

VI. 1848

Januar bis Mai: die Revolution

Die in Augsburg erscheinende »Allgemeine Zeitung« berichtete am 12. Januar 1848: »Der Winter ist seit einigen Tagen mit Strenge hier aufgetreten. Die durch unzureichende Maßregeln gegen den Holzwucher so hoch geschraubten Preise des Brennmaterials drücken die Armen in solchen Zeiten furchtbarere als selbst der Hunger. Ehemals war der Verkauf des Holzes aus den königlichen Forsten durch königliche Beamte geleitet, und dasselbe wurde nach billig festgesetzten Preisen geliefert. Jetzt hat der hohe Schall des Wortes Freiheit in diesen Verkehr die wahre Tyrannei in denselben eingeführt, wie es denn überhaupt schwer ist, eine echte Freiheit praktisch herzustellen.«

Im gleichen Januar 1848 schrieb Friedrich Engels: »Kämpft also nur mutig fort, Ihr gnädigen Herren vom Kapital! ... Ihr müßt uns die Reste des Mittelalters und die absolute Monarchie aus dem Wege schaffen ... Ihr müßt uns durch Eure Fabriken und Handelsverbindungen die Grundlage der materiellen Mittel liefern, deren das Proletariat zu seiner Befreiung bedarf ... Aber vergeßt nicht: Der Henker steht vor der Tür.«

Diese Sätze kamen Friedrich Wilhelm natürlich nicht zu Ohr, und dennoch stehen sie für die aufgeregte Atmosphäre des Jahres 1848.

In Paris stürmten Ende Februar Studenten und Arbeiter den Sitzungssaal der französischen »Kammer«, erzwangen die Abdankung König Louis Philippes und bewirkten die Ausrufung der Republik. Im selben Februar 1848 gab es auch in mehreren deutschen Städten Unruhen.

155

Am 2. März 1848 reiste General v. Radowitz im Auftrag des Königs nach Wien. Im Rückblick auf die Ereignisse berichtete er folgendes: »Als Grundlage für die Beratungen über die Entwickelung des Bundes legte der Preußische Bevollmächtigte am 5. März ein Memorandum vor, welches sämmtliche Punkte der Denkschrift vom November 1847 umfaßte. Die Kaiserliche Regierung zog diese Anträge in ernstliche Erwägung, (es wurde beschlossen) ohne alles Zögern (einen Congress einzuberufen), auf welchem die Fürsten und ihre Minister ... unverzüglich das Nothwendige anzuordnen vermöchten.« Als Ort wurde Dresden gewählt und »eine am 10. März 1848 ... geschlossene Übereinkunft verpflichtete beide Regierungen gleichzeitig am 15. März 1848 die Einberufung des Congresses und dessen Zweck öffentlich bekannt zu machen«.

Aber bereits am 3. März hatte Friedrich Wilhelm seinem Bruder Carl geschrieben: »Ich bin jetzt entsetzlich angegriffen von Kummer über die Vorgänge in Deutschland und von Besorgnis.« Seine Besorgnisse, oder vielmehr der Grund seiner Besorgnisse, zeigte sich wenige Tage später, als Radowitz aus Wien berichtete: »Es ist eine der allerschmerzlichsten Betrachtungen, daß diese Schritte zur wahrhaft nationalen Aufrichtung des Bundes (die Vorbereitung des Dresdner Congresses), welche noch vor drei Monaten das heilsamste Gegengewicht gegen die politische Prinzipienagitation dargeboten hätten, jetzt bereits hinter der letzteren zurücktreten.«

Am 13. März begann der Aufstand in Wien. Radowitz meldete: »Wien ist heute der Schauplatz unruhiger Ereignisse«, und einen Tag später: »Die hiesige Regierung hat dem Aufruhr nachgegeben.«

Am 14. März wurde der alte Staatskanzler Fürst Metternich gestürzt. Dieser floh nach London. Und am 17. März mußte auch Radowitz seine Wiener Mission als gescheitert ansehen: »Nach den Berichten, welche hier aus den süddeutschen Residenzen eingegangen sind, scheint es sich immer mehr dahin zu neigen, daß diese Regierungen ... keinen Teil an dem Kongreß zu Dresden zu nehmen gedenken ...«

Auch in Bayern, vor allem in München, hatte es seit Anfang März Unruhen gegeben. König Ludwig I. trat schließlich am 20. März zurück, sein Sohn Maximilian folgte als Regent.

Aus Dresden, wo es ebenfalls Tumulte gegeben hatte und am 16. März ein neues Ministerium ernannt werden mußte, schrieb der sächsische König Friedrich August II. an Friedrich Wilhelm IV. – noch einmal auf dessen Pläne zur Bundesreorganisation eingehend: »Ich muß Dich bitten, von der ... Idee, Dresden zum Sitz der vorgeschlagenen Ministerkonferenz zu machen, abzustehen.«

Der preußische König hatte inzwischen am 13. März 1848 eine Order unterzeichnet, mit der er den Zweiten Vereinigten Landtag berief. Am 15. März wurde verabredungsgemäß der beabsichtigte Fürstenkongreß bekanntgegeben. Und am 18. März unterschrieb der König das von seinem Justizminister Karl v. Uhden in Auseinandersetzung mit Friedrich Karl v. Savigny hinausgezögerte, nun endlich fertig formulierte »liberale«, neue preußische Pressegesetz.

Am gleichen 18. März 1848 vormittags unterbreitete Friedrich Wilhelm IV. folgende Vorschläge, die die Berliner Bevölkerung an allen Anschlagsäulen lesen konnte:

»Vor Allem verlangen Wir, daß Deutschland aus einem Staatenbund in einen Bundesstaat verwandelt werde. Wir erkennen an, daß dies eine Reorganisation der Bundesverfassung voraussetzt, welche nur im Verein der Fürsten mit dem Volke ausgeführt werden kann, daß demnach eine vorläufige Bundesrepräsentation aus den Ständen aller deutscher Länder gebildet und unverzüglich berufen werden muß. – Wir erkennen an, daß eine solche Bundesrepräsentation eine constitutionelle Verfassung aller deutschen Länder nothwendig erheische, damit die Mitglieder jener Repräsentation ebenbürtig neben einander sitzen.« Es folgte die Aufzählung der wesentlichen Punkte, die bereits in der vom König an Radowitz beauftragten Denkschrift vom November 1847 enthalten waren: Allgemeine deutsche Wehrverfassung, Deutsches Bundesgericht, allgemeines Heimatrecht, Aufhebung der Zollschranken. Dieses »Patent« wurde von den Berlinern zumeist mit Zustimmung aufgenommen.

Die weiteren, sich nun überstürzenden Ereignisse des 18. März hielt der im Berliner Schloß diensthabende Flügeladjutant Oberstleutnant v. Schöler in dem sogenannten »Journal« fest: »Das Vivat! auf dem Schloßplatze und der ausgesprochene Wunsch, dem König zu danken, veranlaßten Allerhöchstdenselben inzwischen kurz vor ½ 2 Uhr (mittags), sich auf dem Balkon zu zeigen. Darauf ermahnte Minister v. Bodelschwingh zum ruhigen Auseinandergehen. Dies fruchtete jedoch nicht. S. M. erschienen noch mehrere Male, zogen sich indes, der drängenden Arbeiten halber, zurück. Das Volk wurde immer ungestümer, offenbar in böswilliger Absicht, indem die Gutgesinnten ... sie vergeblich zum Eindringen en masse in den Schloßhof abzuhalten suchten. Alle Ermahnungen blieben fruchtlos. Endlich mußte Kavallerie und Infanterie vorrücken, um den Schloßplatz freizumachen. Die Kavallerie hatte dabei das Gewehr nicht aufgenommen. Leider aber gingen durch Zufall und Mißverständnisse 3 Gewehre los, jedoch ohne Schaden zu tun. Dies ward ausgebeutet. Es kamen verschiedene Anträge, immer darauf gerichtet, das Militär zurückzuziehen, denen natürlich nicht Folge gegeben werden konnte. Nun entstanden Barrikaden. In der Breiten Straße wehte auf einer solchen die dreifarbige Fahne (schwarz-rot-gold). Die Truppen blieben ruhig. So ward diniert. Die Herrschaften, S. M. und die Kgl. Prinzen, wie auch Prinzeß (Augusta) von Preußen, in der Halle. Die andern verschiedenen Anwesenden, Befehlshaber der Truppen, Offiziere, verschiedene Minister usw. . . . im roten Zimmer. Beim Aufheben der Tafel (nach 4 Uhr) ward von den Barrikaden nach den Truppen auf der Langen Brücke gefeuert. Von diesen ward nun Artillerie vorgebracht, die erste Barrikade genommen, und das Gefecht entspann sich nach und nach auf verschiednen Punkten ... Während des Laufes des Gefechts (kamen) Deputationen der Professoren der Universität, dann des Magistrats – wobei der Abgeordnete Schauß durch den Affekt ohnmächtig und nur mit Mühe, unter eigner Mitwirkung I. Kgl. H. der Prinzeß von Preußen und ärztlicher Hülfe wieder zu sich gebracht wurde – und zuletzt der (evangelische) Bischof Neander mit einigen Bürgern. Alle sprachen immer von Zurückziehung der Truppen und wurden nach Möglichkeit beruhigt und über die Sachlage aufgeklärt. Von der letzteren ist gefordert, das Aufheben der Barrikaden durch die Bürger selbst zu veranlassen. Falsche und wahre Nachrichten jagen sich, und es ist nicht möglich, etwas Bestimmtes festzustellen.«

Dieser sachlich gemeinte und doch so spannend geratene Bericht des Flügeladjutanten sagt aber nichts über den zwischenzeitlich erfolgten Wechsel der militärischen Führung aus. Nach dem Zeugnis Leopold v. Gerlachs entband der König mittags zwischen ein und zwei Uhr den Gouverneur von Berlin, General Ernst v. Pfuel, von dem Kommando der Truppen und übertrug es vollständig dem General Prittwitz.

Auch an der politischen Spitze hatte es am 18. März einen Wechsel gegeben. Ministerpräsident Ernst v. Bodelschwingh wurde durch den Grafen Adolf v. Arnim-Boitzenburg abgelöst.

Als Arnim dann dem Prinzen von Preußen die Namen seiner neuen Minister nannte, unter ihnen Alfred v. Auerswald und Graf Maximilian v. Schwerin, soll der Prinz – nach Leopold v. Gerlachs Überlieferung – geantwortet haben: »Das ist ganz wie in Paris, warten Sie doch damit noch.« Doch Arnim entgegnete: »Nein, es ist die höchste Zeit!« Der Wortwechsel deutet an, daß sich der König auch im Kreis der politischen und militärischen Führung in einer äußerst gespannten Konfliktsituation befand.

Aus der Sicht eines Barrikadenkämpfers hielt der Berliner Moritz Steinschneider die Ereignisse des *18. März* fest: »Sonnabend um 2 Uhr heißt es: Konstitution, Ministerwechsel usw., die Bürgerdeputation zog vor das Schloß, dem König ein Lebe-

hoch zu bringen ... Um 3 ½ Uhr heißt es: die Läden sind geschlossen, das Militär schießt auf die Bürger usw. Ich renne den
kleinen Weg nach Hause, und um 4 Uhr hatte Berlin mehrere
hundert Barrikaden! Auch mich hättest Du Steine tragen und
Blöcke wälzen sehen können. Indes hieß es, es sei das zufällige
Losgehen der Gewehre auf dem Schloßplatz Grund des Miß-
verständnisses. Augenzeugen behaupten, daß man auf die Bürger eingehauen habe.

Die Sache ist noch nicht geklärt, genug, die Erbitterung hatte
den höchsten Grad erreicht ..., und als um 4 ½ das Militär anfing, sich in die verbarrikadierten Straßen zu begeben, fand es
an vielen Punkten eine unerwartete heldenmäßige Verteidigung
der Bürger, namentlich Schützen und Studenten. Man glaubt
allgemein, daß der Prinz von Preußen auf Vorschreiten des Militärs mit Kartätschen und Granaten gedrungen ... Um 12 Uhr
(nachts) hörte das Schießen in meiner Nähe ein wenig auf, und
gegen 1 Uhr schlief ich ein.«

Am 19. März hatte Major Adolf v. Bonin den Dienst als Flügeladjutant und schrieb ins Journal: »S. M. entwarfen noch in
der Nacht eine beruhigende Proklamation an die Bürger Berlins, die gleich gedruckt und am frühen Morgen an den Straßen
angeklebt wurde. Um 6 ½ Uhr (früh) sprachen S. M. (den
Schriftsteller) Herrn Rellstab, der später mit mehreren Bürgern
Berlins sich wieder bei S. M. einfand und denen S. M. eine das
Innerste des Herzens bewegende Ansprache hielt und sie auf-
forderte, sich in den Straßen zu verteilen und alles zur Beruhigung der Berliner beizutragen. Sie versprachen es mit Hand und
Mund.« In der Proklamation bat der König seine »lieben Berliner«: »Kehrt zum Frieden zurück, räumt die Barrikaden ...
und ich gebe Euch mein königliches Wort, daß alle Straßen und
Plätze sogleich von den Truppen geräumt werden sollen, ...
vergeßt das Geschehene, ... um der großen Zukunft willen,
die ... für Deutschland anbrechen wird.«

Nachdem eine Abordnung Berliner Bürger die Nachricht ins
Schloß brachte, es seien bereits drei Barrikaden niedergelegt, er-

ging an die Truppen der Befehl zum Zurückweichen: »Vertrauend auf das Wort der angesehendsten Gemeindebeamten, daß mit der Aufräumung der Barrikaden der freiwillige Anfang gemacht sei und daß gleichzeitig mit Zurückziehung der Truppen jede Widersetzlichkeit aufhören werde, sollten die Truppen von den Straßen und öffentlichen Plätzen zurückgezogen, jedoch das Schloß, die Zeughäuser und andere öffentliche Gebäude mit starker Hand besetzt bleiben.« Daß dann unter dem Oberbefehl von Karl Ludwig v. Prittwitz auch der Schloßplatz geräumt wurde, brachte dem General heftige Kritik von fast allen Militärs ein. Er erklärte und verteidigte seine Motive später in einer ausführlichen, 1854 datierten und erst 1985 veröffentlichten Abhandlung.

Das Abziehen des Militärs wurde von den Soldaten zumeist als Schmach empfunden. »Warum erhielten also plötzlich die Truppen Befehl zum Rückzuge?« kritisierte Leutnant Prinz Hohenlohe, »warum befreite man nicht erst die Stadt Berlin von den Übriggebliebenen des Janhagels, den man überwunden hatte, ehe man Zugeständnisse machte, die man für nöthig hielt?« Und Leopold v. Gerlach schrieb: »Am Montag den 20. versammelten wir Generäle von der Garde uns bei dem General Prittwitz in Civilkleidern, alle waren tief erschüttert.«

Nach den Aufzeichnungen des Prinzen Hohenlohe zählten die Truppen damals »einundzwanzig Todte und einhundertdreißig Verwundete«, die Aufständischen dagegen »zwischen zwei- und dreihundert«. Der Maler Menzel aber behauptete: »Das Militär hat unverhältnismäßig mehr Todte und Verwundete als die Bürger.«

Wie doch diese Zahlen die Einstellung ihrer Übermittler zu den Ereignissen der Berliner Märzrevolution spiegeln!

Der damals 32jährige Werner Siemens teilte seine Begeisterung seinem Bruder am 20. März aus Berlin mit: »Ich beeile mich, Dir auch meinen ersten Gruß aus einem freien Lande zu überbringen! Gott, welche Änderung seit 2 Tagen! Die beiden aus Versehen getanen Schüsse am Schloßplatz haben Deutsch-

land mit einem Sprunge um ein Menschenalter fortgescho-
ben!«

Am Sonntag, den 19. März 1848, ereignete sich die berühmte
Szene, in der die toten Barrikadenkämpfer vor den Balkon des
Königs getragen wurden und er sich entblößten Kopfes vor ihnen verneigte. Was in diesem Augenblick die anwesenden Soldaten empfanden, drückte der General Gustav v. Rauch mit
den Worten aus: »Das Bataillon, welches noch im Schloß
stand, mußte die Helme abnehmen. Die jungen tüchtigen Soldaten wendeten die Köpfe weg, um ihre Tränen nicht sehen zu
lassen, welche die Wut über diese Erniedrigung ihnen aus-
preßte.«

Krieg es auch für Friedrich Wilhelm IV. eine »Erniedrigung«?
Viele seiner Zeitgenossen lasteten ihm sein »Verneigen vor der
Revolution« als eine Geste an, die eines Monarchen unwürdig
sei. Ludwig v. Gerlach fürchtete jetzt, er habe »Steuer und Ru-
der und alles weggeworfen, um sich ganz dem Winde und dem
Strom der Revolution zu überlassen«.

Prinz Hohenlohe, der den König später als sein Flügeladjutant kennen und verehren lernen sollte, urteilte verständnisvol-
ler: »Sein weiches Gemüth, seine Abneigung gegen Blutvergießen, das Überraschende der von ihm nie für möglich gehaltenen
Nothwendigkeit, gegen eigene Unterthanen kämpfen zu müssen, die Hoffnung, dem Unglück ohne ferneres Blutvergießen
ein Ende machen zu können, die Nervenerschütterung infolge
der Scenen in einer solchen schlaflosen Nacht, das Alles erklärt
und entschuldigt.«

Die Stimmung der Berliner, die den Nachmittag des
19. März auf dem Schloßplatz miterlebten, gab der Journalist
Karl Frenzel wider: ». . . ein Wagen mit sechs oder sieben ent-
stellten Leichen war in den inneren Schloßplatz gelangt. Die
Wut und der Schmerz des Volkes waren bei diesem Anblick un-
ermeßlich, unbeschreiblich. Alle schrieen nach dem König. Er
erschien in der inneren Wendeltreppe. Unter dem Anstimmen
des Liedes ›Jesus meine Zuversicht‹ wurden ihm und der Köni-

gin an seinem Arm die Leichen entgegengehalten. Dunkel ist mir die Erinnerung, als hätte er einen grauen Mantel über dem Generalsrock getragen. Deutlicher ist mir das Gefühl geblieben, dem ein Mann in meiner unmittelbaren Nähe mit den Worten Ausdruck gab: ›Herr Gott, wenn jetzt einer auf ihn schießt.‹«

Die Verbeugung des Königs vor den Toten der Märzrevolution muß wohl als Zeichen seines demütigen Gottesglaubens gesehen werden. Die Last, für diesen Bruderkampf persönlich verantwortlich zu sein, beugte ihn nieder.

*

Der Prinz von Preußen als Repräsentant des harten politischen Kurses mußte noch am 19. März Berlin verlassen. Sein und seiner Gemahlin Schicksal überlieferte Gräfin Luise Oriola als begleitende Hofdame der Prinzessin Augusta: »Die Menge forderte die Auslieferung des Prinzen von Preußen ... Der Prinz und die Prinzessin waren noch im Vorzimmer des Königs, ... da wurde der Prinz zum Könige gerufen. Eine schwüle Stille herrschte unter uns. Als der Prinz wieder zurückkam, wandte er sich sogleich an die Prinzeß: Der König wünsche, daß sie das Schloß (diesen 19. März) verließen ... (Zunächst ging es) incognito nach der Zitadelle von Spandau ... (von dort) die nächste Nacht unbemerkt ... (mit einem Boot zur Pfaueninsel) ... Einer der (begleitenden) Offiziere sprang ans Land, um den Hofgärtner zu wecken ... Ein Mann im Schlafrock erschien, zitternd vor Angst. (Es war der Hofgärtner Fintelmann), der begleitete uns in sein Gärtnerhaus und führte Prinzeß und mich in sein gutes Zimmer, wo erstere auf dem Sofa, ich mit Hilfe einiger Kissen auf dem Fußboden lagerte ... Es entstand eine Art Ballspiel, wobei Prinzeß mir eins ihrer Kissen zuwarf und ich sie wieder zurück gab, bis endlich die Ruhe des Schlafes uns besiegte ... (Nächsten Morgen, 22. März) währte es nicht lange, so kam ein Abgesandter ... mit der erwarteten Ordre des Königs, wodurch der Prinz beauftragt wurde, ... nach London zu gehen.«

Inzwischen hatte sich die Bürgerwehr formiert. Ein aus etwa 400 Künstlern gebildetes »Künstlercorps« unter Führung des Malers Hensel übernahm die besondere Bewachung des Schlosses und des Königs!

Am 20. März hatte dann Flügeladjutant Eduard v. Brauchitsch den Dienst beim König: »Es ist schwer, ein klares Bild von diesem Tage zu geben, da die bisherige Geschäftsordnung völlig über den Haufen geworfen und noch keine neue an ihre Stelle getreten ist. S. M. wird von Anfragen, Meldungen pp. bestürmt, erteilt Audienzen, spricht mehrere Male den Polizeipräsidenten, nimmt Deputationen an, arbeitet mit den einzelnen Ministern, wie er den Beratungen des gesamten Ministerii beiwohnt. Tafel en retraite. Nachmittag geht das Treiben ebenso fort wie am Vormittage begonnen; die Halle ist der Schau- und Sammelplatz unzähliger Menschen . . . Gegen Abend inspiziert der König die gesamte Bürgerwache und wird mit Jubel empfangen und entlassen. Thee und Souper en retraite. Nachts schlafen der General v. Forstner und sämtliche Flügeladjutanten auf Matratzen vor ihres Herrn Zimmer, ihn womöglich gegen jede eventuelle Unbill zu schützen.« Noch am gleichen *20. März* erließ Ministerpräsident Graf Arnim im Auftrag des Königs eine Proklamation, die alle Deutschen anging: »Mit Vertrauen spreche Ich heute, im Augenblicke, wo das Vaterland in höchster Gefahr schwebt, zu der Deutschen Nation, unter deren edelste Stämme Mein Volk sich mit Stolz rechnen darf. Deutschland ist von einer Gährung ergriffen und kann durch äußere Gefahr von mehr als einer Seite bedroht werden. Rettung . . . kann nur aus der innigsten Vereinigung der Deutschen Fürsten und Völker unter *einer* Leitung hervorgehen.

Ich übernehme heute die Leitung . . . (und) habe heute die alten deutschen Farben angenommen und Mich und Mein Volk unter das ehrwürdige Banner des Deutschen Reiches gestellt. Preußen geht fortan in Deutschland auf.«

Am 21. März hatte August v. Schöler wieder Adjutantendienst und schrieb ins »Journal«: ». . . fortwährendes aufgeregtes Getreibe ... nach 10 Uhr (vormit.) der Entschluß, an die Spitze der Bewegung zu treten! Um ¾ 11 Uhr der König, nur von dem geringen gerade gegenwärtigen und berittenen Gefolge, wie von den Ministern begleitet, zu Pferde unter das Volk ... von tausend und aber tausend Vivatrufen begleitet ... über den Schloßplatz ... am Opernhaus vorbei ... um ½ 2 Uhr abermaliger Ausritt ... an den verschiednen Wachposten herzliche Ansprachen, durch lebhaften Zuruf beantwortet.«

Umgehend ließ Gustav Kühn in Neuruppin einen kolorierten Bilderbogen mit dem »Umritt« drucken, den jedermann für drei Pfennig kaufen konnte: Friedrich Wilhelm IV. reitet dort hinter dem »ehrwürdigen Banner«, der Fahne mit den »alten deutschen Farben Schwarz-Rot-Gold«, und wird von Bürgern der Hauptstadt freundlich begrüßt. Für viele war dieser Bilderbogen ein ausgesprochenes Ärgernis, denn die schwarz-rot-goldene Fahne wurde mehr und mehr zum Symbol der Demokraten.

Sehr unterschiedlich fiel dann auch das Urteil aus über die Haltung des Königs am 22. März, dem Begräbnistag der gefallenen Bürger.

Auf den Maler Adolf Menzel machte der »großartige Leichenzug einen furchtbar mächtigen Eindruck«. Er schuf ein eindrucksvolles Gemälde, auf welchem die Ausstellung der Särge auf der Freitreppe der Neuen Kirche auf dem Gendarmenmarkt dargestellt ist, und in einem Brief schildert er seinen Eindruck vom Schloßhof aus, als der Trauerzug mit den Särgen am Balkon des Königs vorbeiführte: »Auf dem Balkon standen ein Adjutant mit einer Trauerfahne, ihm gegenüber ein Bürgeroffizier mit einer schwarz roth gelben Fahne, und noch 2-3 schwarze Herren, die nicht zu erkennen waren. So oft nun ein neuer Zug Särge vorbeikam, trat der König baarhaupt heraus, und blieb stehen, bis die Särge vorüber waren. Sein Kopf leuchtete von ferne wie ein weißer Flecken.«

Viele Soldaten und Offiziere glaubten, der König sei gezwungen worden, sich den Leichenzug anzusehen. Prinz Hohenlohe zum Beispiel, der die Märzereignisse als Leutnant miterlebte

Aufbahrung der Märzgefallenen: Gemälde von Menzel

und am 22. zu seinem Kummer wieder Kasernendienst hatte, berichtet in seinen Erinnerungen, daß sich die Offiziere »heulend umarmten«, und daß sich »die fabelhaftesten Gerüchte bildeten, ... der König sei gefangen und handle nur gezwungen«. Er und seine Freunde diskutierten sogar ernsthaft, »ob die Befehle eines gefangenen Königs Gültigkeit hätten und ob man sie befolgen müsse«.

Und auch Otto v. Bismarck sah damals seine »nächste Aufgabe in der Befreiung des Königs, der in der Gewalt der Aufständischen sein sollte«. Er reiste nach Postdam, erkundigte sich nach der Lage »und fand Erbitterung über den befohlenen Rückzug und Verlangen nach neuem Kampf«. Bismarck fuhr dann weiter nach Berlin und besprach mit General v. Prittwitz »die Möglichkeit selbständigen Handelns. ›Wie sollen wir das anfangen?‹ sagte Prittwitz«; Bismarck antwortete ihm nicht, tat aber seine Meinung auf andere Weise kund, indem er auf dem

geöffneten Klavier »den Infanteriemarsch zum Angriff...
klimperte«!

Selbstverständlich hatte der König von der unruhigen Stimmung seines Offizierskorps erfahren. Er hielt deshalb in Potsdam am Samstag den 25. März eine Rede, die – wie sich der alte Fürst Bismarck in seinen Lebenserinnerungen ausdrückte – mit »Murren« angehört wurde.

Diese Rede Friedrich Wilhelms IV. ist in mehreren, dem Inhalt gleichen, der Form nach etwas unterschiedlichen Versionen überliefert. Leopold v. Gerlach übernahm sie nach den Aufzeichnungen eines Offiziers: »Ich freue Mich, wieder in Ihrer Mitte zu sein. Es sind Gerüchte im Umlauf, als ob ich nicht ganz frei in meinen Entschlüssen wäre ... Mein Erscheinen ist der beste Beweis des Gegentheils ... Es sind in Berlin ebenfalls Gerüchte verbreitet, als ob unter den Truppen, namentlich unter den Offizieren eine Diversion beabsichtigt würde. Ich bitte Sie, sich aller Äußerungen zu enthalten, erstens aus Liebe zu mir, zweitens aus Liebe zum Vaterlande, drittens um die Kraft nicht zu zertheilen, die wir gegen äußere Feinde nöthig haben möchten, wodurch ganz Europa in Gefahr kommen könnte. Alle meine Kräfte sind für das Deutsche Vaterland jetzt in Anspruch genommen, in diesem entscheidendsten Augenblicke, wo Deutschland in der höchsten Gefahr ist, sich zu zersplittern. Um diesen Zweck (der Einigung) zu erreichen, werde ich kein Opfer scheuen, schon den 17. und 18. war Alles vorbereitet, ja schon früher, und keine Macht der Welt würde Mich gezwungen haben, anders zu handeln, wenn ich es nicht für das Glück des Deutschen Volkes nothwendig hielte. Das Benehmen der Truppen ist über alles Lob erhaben, in meiner Sterbestunde werde ich es Ihnen noch gedenken ... Ich weiß nicht, ob das Verhältnis von Berlin Ihnen jetzt bekannt ist, es ist ein ganz abnormes Verhältnis. Es gibt keine Obrigkeit, keinen Magistrat, keine Stadtverordneten und dennoch ist durch den Willen der Bürger das Eigenthum und die Person geschützt. Meine Person ist niemals sicherer gewesen und ich habe nicht geglaubt, daß

die Berliner solche Anhänglichkeit an mich gehabt haben . . .« –
Nach einer Pause, in welcher General v. Rohr dem König etwas
zuflüsterte –: »Aber das kann ja nicht mißverstanden werden.
Mißverstehen Sie mich nicht, Ich habe gemeint, daß Meine Person seit dem Augenblick, wo die Truppen Berlin verlassen haben, nie sicherer gewesen ist, als jetzt.«

Ludwig v. Gerlach hatte sich bereits nach dem Umritt des
Königs geäußert, er sei »wahnsinnig geworden« und an die
»Eventualität eines Thronwechsels« gedacht, um die Ehre der
preußischen Armee und des monarchischen Staates wiederherzustellen. Sein Bruder Leopold vertraute denn auch am
30. März 1848 seinem Tagebuch an: »Erster Versuch zur Gründung eines ministère occulte . . . ich dachte mir die Möglichkeit
der Wiederherstellung der Königlichen Gewalt von der Armee
und der auswärtigen Politik aus.«

Der versteckte Widerstand gegen die Politik des Königs und
der offenkundige Widerstreit von Meinungen – hier kündigt
sich schon das Entstehen von Parteien an –, führte Ende März
nochmals zu einem Ministerwechsel.

Am 29. März 1848 nahm Graf Arnim-Boitzenburg, der von
1842 bis 1845 preußischer Innenminister gewesen und seit dem
19. März Ministerpräsident war, seinen Abschied. Das neue, als
»liberal« geltende Ministerium setzte sich zusammen aus dem
Ministerpräsidenten Ludolf Camphausen, Mitbegründer eines
Kölner Handlungs- und Bankhauses, dem Außenminister
Alexander v. Arnim, dem Innenminister Alfred v. Auerswald
und dem Finanzminister David Hansemann – Gründer der Aa-
chener Feuerversicherungsgesellschaft. Dieses »liberale« Ministerium forderte die Opposition der »Rechten« heraus.

Als dann am 2. April 1848 der wiederum umstrittene 2. Vereinigte Landtag einberufen wurde, hatte der damals 33jährige
Abgeordnete Otto v. Bismarck eine unangenehme Auseinandersetzung, die er zunächst verschwieg, aber 1890, in seinen
mehrmals durchgearbeiteten Lebenserinnerungen, preisgab:
»Während der Zweite Vereinigte Landtag zusammentrat, nahm

Georg von Vincke im Namen seiner Parteigenossen und angeblich in höherem Auftrage meine Mitwirkung für den Plan in Anspruch, den König durch den Landtag zur Abdankung zu bewegen und mit Übergehung, aber im angeblichen Einverständnis des Prinzen von Preußen eine Regentschaft der Prinzessin für ihren minderjährigen Sohn herzustellen. Ich lehnte sofort ab und erklärte, daß ich einen Antrag des Inhalts mit dem Antrage auf gerichtliches Verfahren wegen Hochverrats beantworten würde. Vincke verteidigte seine Anregung als eine politisch gebotene, durchdachte und vorbereitete Maßregel . . . Herr von Vincke gab seinen Versuch, mich für die Regentschaft der Prinzessin zu gewinnen, . . . auf; ohne Mitwirkung der äußersten Rechten, die er als durch mich vertreten ansah, werde der König nicht zum Rücktritt zu bestimmen sein. Die Verhandlung fand bei mir im Hotel des Princes, parterre rechts, statt und enthielt beiderseits mehr, als sich niederschreiben läßt. Von diesem Vorgange und von der Aussprache, welche ich von seiner Gemahlin während der Märztage in dem Potsdamer Stadtschlosse zu hören bekommen hatte, habe ich dem (späteren) Kaiser Wilhelm niemals gesprochen und weiß nicht, ob andre es getan haben. Ich habe ihm diese Erlebnisse verschwiegen.«

Es gab aber auch Menschen, die den König verstanden. Prinz Johann schrieb ihm am 1. April aus Dresden einen Brief, den Friedrich Wilhelm wie ein Labsal empfunden haben muß: »Liebster Freund! Du kannst dir denken, was ich in diesen letzten 14 Tagen um dich, um euch gelitten habe. Ach! was sind das für Zeiten und für Begebenheiten! Erst quälte mich die Sorge um eure persönliche Sicherheit. Die Spitze davon erreichte ein Abend, wo man das Schrecklichste von dir sagte und ich mehrere Stunden in der Ungewißheit darüber schwebte. Jetzt kränken und kümmern mich die vielen ungleichen Urtheile, die ich über meinen besten Freund, dessen edles Herz ich so genau kenne, täglich hören und lesen muß . . . Oft hat es mich ordentlich gedrängt, in deiner Nähe zu seyn ... Was jetzt zu thun sey, ist von einem untergeordneten Standpunkt aus gar nicht zu beurtheilen ... Lebe wohl, mein guter guter Freund!«

Fürstbischof Diepenbrock, ein ebenso wahrer Freund Friedrich Wilhelms, rief in diesen Tagen in einem Hirtenbrief seine »lieben katholischen Schlesier« auf, »Liebe und Anhänglichkeit an den König« zu bewahren. Und General Radowitz fühlte sich gedrängt, den »vielen ungleichen Urtheilen« über seinen Monarchen durch eine Schrift entgegenzuwirken mit dem Titel »Deutschland und Friedrich Wilhelm IV.«. Hierin machte er deutlich, daß der König kontinuierlich, von Beginn seiner Regierung an, das Ziel verfolgte, Deutschland als Zentralmacht Europas zu bilden, aber nicht mit Gewalt, sondern auf dem Rechtswege und durch die Kraft der Verständigung. Radowitz endete sein Vorwort, datiert vom 13. April 1848: »An die Gerechtigkeit und Wahrhaftigkeit seines Volkes wendet sich der Verfasser dieser Schrift; Möge er sie, in der Verwirrung und Leidenschaftlichkeit die uns umgibt, nicht vergeblich angerufen haben!«

War es in einer solchen Zeit der »Verwirrung und Leidenschaftlichkeit« überhaupt möglich, für die verantwortlichen Minister, ebenso wie für den König, eine sogenannte »klare Linie« der Politik zu sehen und zu befehlen?

*

Kaum schien sich die Lage in Berlin beruhigt zu haben, wurde die »deutsche Frage« nochmals aktuell, dieses Mal aber von anderer Seite aus.

»Ich habe eben in Berlin eine harte Scene mit Minister Arnim über die teutschen Angelegenheiten gehabt«, beginnt ein Schreiben des Königs vom 3. Mai 1848 an den Grafen Anton Stolberg. Die Rede war von dem erst seit kurzem amtierenden Außenminister Freiherr Alexander v. Arnim, der nach dem Sturz des französischen »Julikönigtums« Friedrich Wilhelm IV.

170

am 17. März 1848 eine Denkschrift überreicht hatte, in der er liberale Reformen und ein Parlament befürwortete.

Der König schrieb nun am 3. Mai weiter an Stolberg: »Ich bin erschöpft vor Anstrengung und Ärger und Kummer und schwerster Besorgnis für die Zukunft . . . Dahlmann hat mir geschrieben, daß, wenn sich die Fürsten über gewisse Vorfragen nicht einigten, . . . so würde das Volk im Parlament die thörichsten Dinge durchsetzen . . . Heut nun hab' ich Arnim . . . befohlen, incontinente an die königl. und dem kayserl. Hof zu schreiben, und sie aufzufordern, über folgende Punkte einig zu werden und sie am 18. d. M.'s als souveräne Beschlüsse vor das Sauparlament zu bringen: 1) erbl. Kayserthum in der Person des jedesmal. Hauptes des Erzhauses Österreich, 2) feste Constituirung des Fürsten- oder Oberhauses, um dagegen dem Parlament die Constituirung des Unterhauses zu überlassen. Suum cuique. 3) feste Constituirung der Heeres-Verfassung . . . Arnim erklärte, garnichts thun zu wollen und warum? Weil er gegen menen (sic) fest ausgesprochenen übergut motivirten Willen mir !!!!!! das Kayserthum geben lassen will und deshalb in der Unthätigkeit verharren will, damit Teutschland, die Krone in der Hand, zu mir kommen soll und es nicht aussähe, als forderte ich die Krone . . . Ich bin krank vor Ärger und Kränkung. Ich nehme die Krone *nicht* an; Er weiß, alle Minister wissen es, aber sie glauben, ich heuchle. Und ich kann Gott zum Zeugen anrufen, daß ich es nicht will und zwar aus dem einfachen Grunde, weil Österreich aus Teutschland dann scheidet . . . Ich kann nicht mehr und bin dem Weinen vor Wut nahe.«

Nur einen Tag später antwortete der Monarch dem Professor Friedrich Dahlmann, der 1837 zu jenen »Göttinger Sieben« gehört hatte, die nach einem Verfassungsstreit in Hannover eine »Protestation« verfaßten und deshalb von König Ernst August ausgewiesen wurden und den er 1842 nach Bonn berufen hatte, wo er seither als Historiker lehrte und jetzt einen für die deutsche Zukunft bestimmten »Reichsverfassungsplan« konzipiert hatte.

171

»Solange noch die Hoffnung vorhanden ist, das *ganze* Deutschland *zusammenzuhalten,* . . . *nehme ich die Reichskrone nicht an* . . . Erst wenn ich weiß, daß Metternichs haltlose Politik (die Annahme Österreichs unmöglich macht) werd' ich annehmen, aber *mit gebrochenem Herzen*; mein Reich würde der Rumpf Deutschlands sein, . . . nicht mehr geeignet Deutschlands, von Gott ihm gestellter Aufgabe zu genügen, nämlich: die Centralgewalt Europas zu sein, so *groß*, so *mächtig*, um der Revolution im Westen und der Despotie im Osten die Spitze jederzeit siegreich bieten zu können . . .«

Bereits seit dem 31. März 1848 tagte in Frankfurt – in Opposition zum »Deutschen Bund« – das sogenannte »Vorparlament« mit dem Ziel, die Einberufung einer verfassunggebenden Nationalversammlung vorzubereiten.

Damit war Friedrich Wilhelms IV. Initiative zur Reorganisation des »Deutschen Bundes« eingeholt worden.

*

VII. 1848

Revolutionäre Unruhen: bis zum Ende des Jahres

»Wir saufen jetzt die Hefen der Wiener Kongreß Sünden aus, und sie sind schon herbe und bitter«, so drückte sich der König in seiner bilderreichen Sprache, im Hinblick auf die Länderverteilung der Siegermächte von 1814, am 14. Mai 1848 gegenüber dem Grafen Anton Stolberg aus, und fügte hinzu: »Wenn es zu Felde geht, so rechne ich auf Sie.«

Das Revolutionsjahr kam nicht zur Ruhe.

Es herrschte Krieg in Dänemark. Deutsche Bundestruppen unter dem Oberbefehl des preußischen Generals v. Wrangel hatten am 23. April bei Schleswig einen Sieg errungen. Wie sollte es weitergehen?

Inzwischen wurde in Frankfurt am Main die Paulskirche in einen Saal für politische Versammlungen umfunktioniert und hier am 18. Mai 1848 die Deutsche Nationalversammlung eröffnet.

Am 19. Mai wählten die Versammelten den Freiherrn Heinrich v. Gagern zu ihrem Präsidenten – dessen Bruder Friedrich war vier Wochen zuvor als Oberbefehlshaber der badischen Truppen im Kampf gegen revolutionäre Freischärler gefallen.

Nicht allein nur in Frankfurt, auch in Berlin ging es Ende Mai 1848 um Beratungen einer neuen Verfassung. Hier in der preußischen Hauptstadt wurde in den Räumen der Singakademie am 22. Mai die preußische Nationalversammlung eröffnet. Aber die zerstrittenen Abgeordneten sollten zu keiner Einigung kommen.

In dieser so besonders komplizierten innenpolitischen Lage

Leopold und Ludwig v. Gerlach,
des Königs konservative Gegenspieler

fühlten sich die Brüder Gerlach berufen, »den Sieg des Rechtes« vorzubereiten, indem sie – zwar nicht als Träger eines Amtes, aber als Initiatoren von Gesprächen und Artikeln – die Staatspolitik beeinflussen wollten. Der General Leopold unterrichtete seinen Bruder Ludwig über alles, was er aus der nächsten Umgebung des Königs und von ihm persönlich erfahren konnte und hielt es zumeist als Tagebucheintrag, aber auch in Briefen fest. ».. . der arme Butte, er steht ganz isoliert da und neben ihm wird regiert«, schrieb er wenig respektvoll im April 1848 an Ludwig, und dieser meinte daraufhin in ungewöhnlicher Schärfe: »Genug, daß er = 0 ist und bleiben wird. Aber daß dem so ist, das festzuhalten, muß ich Dich dringend auffordern. Sonst kannst Du weder Gott noch ihm dienen, sondern wirst mit nullifiziert.«

Ein weiterer, den König bedrängender Konflikt bahnte sich in Baden an.

Seit Regierungsantritt (1830) des Großherzogs Leopold von Baden – in dessen Land es seit 1818 eine Verfassung mit zwei Kammern gab – hatten sich hier zunehmend liberale Mehrheiten durchgesetzt. »Die Rednerbühne und die Presse waren frei, die Constitution wurde durch keine Willkürlichkeiten der Legitimität verletzt, . . . und doch war Niemand zufrieden.«

Der Verleger Friedrich Bassermann, Herausgeber der im eigenen Verlag erscheinenden »Deutschen Zeitung«, hatte in seiner Funktion als Mitglied der 2. Badischen Kammer mit einer im Februar 1848 gehaltenen Rede in ganz Deutschland Aufsehen erregt. Er forderte damals eine baldige gesamtdeutsche Volksvertretung und eine konstituionell-monarchische Verfassung. Der Jurist Friedrich Hecker, gleichfalls Mitglied der 2. Badischen Kammer, hatte sogar gemeinsam mit dem Schriftsteller Gustav v. Struve die Republik propagiert und beide zusammen Mitte März 1848 den »Badischen Aufstand« entfacht. Dieser konnte im Gegenangriff der badischen Truppen im April vorerst beendet werden, sollte jedoch 1849 erneut heftig aufflammen.

Die drei Politiker Bassermann, Welcker und Hecker betrieben indes gemeinsam die Gründung und Einsetzung des Frankfurter »Vorparlamentes«. Hier sollten Vertrauensleute die Berufung einer neuen Deutschen Nationalversammlung vorbereiten.

Während noch der Badische Aufstand schwelte, gab es bereits einen Tag vor dem Zusammentritt des Vorparlamentes in der alten deutschen Kaiser- und Krönungsstadt Revolten, die aber rasch beruhigt werden konnten.

Ein einflußreicher Beobachter, der Bremer Senator Arnold Duckwitz – der sich unter anderem für die Schiffbarmachung der Weser und für eine deutsch-amerikanische Dampfschifffahrtslinie eingesetzt hatte –, erlebte die Debatten im Vorparlament mit:

»Am zweiten Tag hielt Hecker eine gewaltige Rede zugunsten der zu schaffenden unteilbaren deutschen Republik . . . Hekker . . . mit langem wallendem Haar und einer glänzenden Rednergabe, machte ungeheuren Eindruck, und als er schloß, erfolgte ein Bravogebrüll, das nicht enden wollte. Bis dahin hatte man sich gerissen, die Rednertribüne zu besteigen, nach Hecker blieb sie leer.

Da bewegte sich eine Rittergestalt gemessenen Schrittes zur

175

Bühne, bestieg dieselbe, legte die Hände auf die Brüstung und ließ den festen Blick über die noch immer sehr laute Versammlung schweifen, bis alles mäuschenstill geworden war. Es war Heinrich v. Gagern. Mit hocherhobener Stimme erklärte er sich für die konstitutionelle Monarchie und führte den Gedanken in glänzender Rede durch.«

Nachdem dann die Wahl von Vertretern für eine »verfassunggebende Nationalversammlung« beschlossen und auch durchgeführt wurde, konnte am 18. Mai 1848 in der Frankfurter Paulskirche die feierliche Eröffnung der »Deutschen Nationalversammlung« stattfinden. Am 19. Mai wurde der schon durch seine »Rittergestalt« aufgefallene Heinrich v. Gagern zum Präsidenten gewählt und Eduard Simson zum Schriftführer.

Unter den damals anwesenden Abgeordneten befand sich auch Joseph v. Radowitz, der seiner Frau am 25. Mai berichtete: »Meine Aufgabe ist nun, zu diesen Zielen mitzuwirken, . . . (nämlich) für die einzelnen Staaten die rechtliche konstitutionelle Monarchie und für das gesamte Deutschland eine Verfassung, bei welcher die Bundeseinheit gesichert wird, ohne den Fortbestand der Staaten zu gefährden.« Noch hatte er Hoffnungen, hier im Sinne Friedrich Wilhelms IV. mitwirken zu können, aber etwa drei Wochen später klang Skepsis aus seinem Brief: »so fühle ich, daß meine Persönlichkeit . . . nicht in dieses verworrene . . . Getriebe paßt. Es ist ungefähr, als wenn man einen Benediktiner in eine Bierschenke versetzt.«

*

Die kriegerischen Auseinandersetzungen in Dänemark waren noch nicht beendet. Seit Regierungsantritt des Königs Friedrich VII. im Januar 1848 hatte es Schwierigkeiten mit den Herzogtümern Schleswig und Holstein gegeben. Die sogenannten »Eiderdänen«, bekannt durch ihre Forderung »Dänemark bis an die Eider«, stimmten für die Einverleibung der Herzogtümer in das dänische Königreich. Die meisten Einwohner aber sangen:

176

»Schleswig-Holstein, meerumschlungen,
Deutsche Sitte, hohe Wacht!...«
und verlangten den Anschluß an »Deutschland«. Schließlich
kam es in Schleswig zur Bildung einer provisorischen Regierung, und auch Freikorps gründeten sich. Erste Gefechte mit
dänischen Truppen machten schnell deutlich, wie hoffnungslos
die Lage der Schleswig-Holsteiner war. In ihrer Not wandten
sie sich um Hilfe an den »Deutschen Bund« in Frankfurt, und
von dort aus schlug ihnen eine Welle nationaler Begeisterung
entgegen. Bundestruppen unter dem Oberbefehl General v.
Wrangels besiegten dann die Dänen bei Schleswig, aber die dänische Flotte blieb unschlagbar und blockierte die Ostseehäfen.
Das brachte nicht nur den preußischen Handel in arge Be-
drängnis, sondern betraf auch England und Schweden, vor
allem aber Rußland.

In dieser außenpolitischen Krisensituation erhielt Friedrich
Wilhelm einen vorwurfsvollen Brief von seiner Schwester Charlotte. Der Zar hatte ihr seine politischen Bedenken in die Feder
diktiert, und die Zarin fügte einige Sätze hinzu, die ihre ganz
persönliche Sorge um den Bruder ausdrückten: »... durch Deine ... Anerkennung der revolutionären Regierung in Rends-
burg hat eigentlich Preußen diese Aufregung in Deutschland
hervorgerufen ... dies ist die allgemeine Meinung, hier, wie in
England. Es sind Deine Truppen, die in einer ungerechten Sache das schwache Dänemark ... besiegt haben ... Halte ein!
... setze den Kaiser nicht in die Notwendigkeit, einem Staat
durch kräftige Maßregeln zu Hilfe zu kommen, dessen Unter-
gang Rußland nicht ... dulden kann.

Du scheinst ruhiger als ich geglaubt ... Ach, ich weiß es
doch, Du bist tief traurig. Deine Nächte sind oft schlecht ...
Das Gebet des Glaubens vermag viel, schreibst Du mir! Gewiß!
Das ist die einzige Hülfe! Aber verzweiflungsvolle Minuten
muß es doch für Dich gegeben haben ... Deine Engels-Elis Dir
immer zur Seite, darin lag der erste Segen Gottes. Die erhalte
Dir der Himmel ... Grüße Sanssouci, das geliebte.   Ch.«

Friedrich Wilhelm antwortete der Schwester im Juni: »Ich bin natürlich tief betrübt. Aber mit der Trübsal ist mein Gottvertrauen wunderbar gestärkt. Die Hoffnung ist frisch, und ich laß den Kopf nicht hängen. Der Herr wird's mit Preußen nicht ausmachen wollen. Er hat es immer wunderbar geführt und seine Fürsten aus ›Graus in Wonne, aus Nacht in Sonne, aus Tod in Leben eingeführt‹. Erinnerst Du Dich dieses Verses, der durch den alten kreuzbraven Zauberring (Fouqués) wie ein roter Faden durchgeht? Wie ich als sehr romantischer Jüngling vor dem Kriege das zuerst las, machte mir's gleich den Eindruck, als gälte es mir persönlich.«

Der preußische König trat nun energisch für Friedensverhandlungen mit Dänemark ein, die sich bis in den August hinzogen.

Für die siegreichen Truppen unter Wrangel war das eine arge Enttäuschung; sie konnten es gar nicht glauben, zurückbefohlen zu werden. So zog es zum Beispiel Friedrich Karl, den Sohn des Prinzen Carl, gerade jetzt nach Schleswig, er bat, dorthin versetzt zu werden. Deshalb schrieb Prinz Carl seinem königlichen Bruder: »Daß wir ... sein Gesuch nicht gerade unterstützen, sondern es lediglich Deiner Weisheit anheimgeben, wirst Du, teuerster Fritz, wohl begreiflich finden. Dein bis in den Tod getreuer Bruder Carl.«

Der König antwortete umgehend: »Bei den Friedensverhandlungen mit Dänemark, die unser höchstes Interesse ist anzuknüpfen, würde Fritzens Rückkehr zur Armee ein politischer Fehler sein, den ich nicht begehen werde. Auch Nicolas (dem Zaren) gegenüber.«

Im preußischen Heer setzte man sich jetzt verstärkt, wohl auch als Reaktion auf die Enttäuschungen, für die Rückkehr des Prinzen von Preußen aus England ein und sang in Berlin nach der Melodie des Liedes »Prinz Eugen«:

»Prinz von Preußen, ritterlich und bieder,
Kehr zu Deinen Truppen wieder ...!«

14. Juni 1848: Plünderung des Berliner Zeughauses

Er kehrte Anfang Juni 1848 tatsächlich zurück. Als er in Potsdam von seinen Offizieren empfangen wurde, »donnerte ihm ein ›Hurrah!‹ entgegen«.

*

Während in Berlin noch immer die zerstrittene preußische Nationalversammlung tagte, kam es am 14. Juni 1848 zum »Zeughaussturm«. Der Jurist Rudolph Schleiden – aus Schleswig-Holstein stammend – beobachtete die Unzufriedenheit und die Unruhen in der Hauptstadt:

»Das Kastanienwäldchen vor der Singakademie, in welcher die Nationalversammlung ihre Sitzungen hielt, war während derselben der Hauptsammelplatz einer tobenden Menge ... Fast abendlich fanden Katzenmusiken und Straßenaufläufe statt. Alle Polizei war von den Straßen verschwunden ... Am Abend des 14. Juni kam es zu einem neuen Zusammenstoß eines Pöbelhaufens mit der Bürgerwehr beim Zeughaus, dessen untere Räume, nachdem die Bürgerwehr sich zurückgezogen hatte, trotz tapferer Gegenwehr der Studenten, gestürmt und geplündert wurden ... fünfundzwanzig Minuten genügten, mehrere tausend Gewehre und wertvolle alte Waffen zu stehlen.«

Die Frau des Archäologen Richard Lepsius, Elisabeth Lepsius, erlebte den Zeughaussturm sogar aus nächster Nähe mit:

»Ich habe dem ganzen Treiben einige Stunden zugesehen; es war der schlimmste Tag seit dem 18. März. Ich hörte die Schläge an die Türen und Fenster. Von der Vorderseite ist man eingedrungen und hat sich aller Waffen in den unteren Räumen bemächtigt. Dann ist aber die Verteilung unter das Volk ruhig verlaufen. Die oberen Räume sind noch mit 2 bis 3 Hundert Soldaten besetzt und scheinen vom Volke aufgegeben zu sein. Um 12 fanden wir noch immer große Haufen um das Zeughaus. Die Wut der Aufrührer war auf das Höchste gestiegen, als die Bürger gegen sieben Uhr gefeuert und drei oder fünf Leute erschossen haben. Der Tumult war grenzenlos.«

Daraus mußten der König und die Regierung Konsequenzen ziehen. Noch am 14. Juni trat Innenminister Alfred v. Auerswald zurück. Ministerpräsident Camphausen und Außenminister Arnim nahmen wenige Tage später ihren Abschied. Es gab nun also den dritten Ministerwechsel im Jahre 1848, und es sollten zwei weitere folgen. Im neuen Ministerium hatte Rudolf v. Auerswald die Doppelfunktion als Präsident und Außenminister übernommen. Hansemann blieb unter ihm Finanzminister. Friedrich Wilhelm IV. war tief betroffen; jetzt hatten nicht Soldaten, sondern »Bürger« gegen Revolutionäre schießen müssen. Aufrichtig und eindringlich setzte er sich mit der Schuldfrage auseinander, wenn er an seinen Vertrauten, den Grafen Stolberg, schrieb: »Die eigene Schuld erkenne und bekenne ich so lebhaft und vielleicht lebhafter als Sie, und die Schuld meiner alten, treuen, aber Schwierigkeiten machenden, die Gefahr nicht erkennenden Räthe ist mir jetzt so klar wie vor dem 18. März... Meine Schuld in dieser Hinsicht ist,... Bodelschwingh nicht eher abgesetzt zu haben, und ist das eine Schuld zu nennen?... Denn einen so herrlichen Mann wie Bodelschwingh zu prostituiren, dazu fehlt mir die Kraft. Ist *das* Schuld, so bekenne ich sie gern. Er war aus unrichtig angewendeter Charakterfestigkeit unthätig gegen die Verschwörer und sah sie mit offenen Augen nicht... Ich hoffe – Gott allein weiß, ob ich mich irre – daß der Frevel und die Thorheit, namentlich Berlins, sich selbst ihr Grab graben, und daß Gott der Herr die Thoren und Frevler verwirren und mit dem Schwindelgeist schlagen wird... (ich hoffe auch) der Herr erhört mein täglich Flehen, meine Schuld nicht Ursach des Ruins meines Volks und Reichs seyn zu lassen... – Die verfassungsmäßige Bahn verlasse ich nicht wieder, weil sie meiner Überzeugung entspricht...«

*

Vor dem Frankfurter Paulskirchen-Parlament rief dann Heinrich v. Gagern am 24. Juni 1848 seinen berühmt gewordenen Satz aus: »Ich tue einen kühnen Griff und sage Ihnen, wir müssen die provisorische Zentralgewalt selbst schaffen.«
Die »Deutsche Nationalversammlung« wählte daraufhin am

28. Juni den Erzherzog Johann von Österreich zum Reichsverweser. König Friedrich Wilhelm IV. schrieb ihm warnend am 3. Juli 1848: »Die unberechtigte Frankfurter Versammlung hat Euer Kaiserlichen Hoheit Vollmachten zugedacht, die Sie selbst als unvereinbar mit dem Bestehen souveräner Könige und Fürsten ansehen werden.«

Gerade in diesen Tagen mag sich der König eines Gespräches erinnert haben, das er am 23. März 1848 mit Max v. Gagern, dem Bruder des Mannes mit dem »kühnen Griff«, in Berlin hatte. Gagern war als Sprecher der Regierungen von Nassau, Hessen-Darmstadt und Württemberg zu ihm gekommen: »Ew. Majestät wollen mir in dieser feierlichen Stunde ein Wort gestatten, das allerdings jedem amtlichen Auftrage fremd ist. Was Ew. Majestät für die Rettung Deutschlands aus drohender Gefahr in den letzten Tagen getan und ausgesprochen haben, würde *vor* dem 18. März uns alle vereinigt und mit unseren Fürsten an der Spitze gegen jede Bewegung von außen und innen sichergestellt haben. Wie die letzten Ereignisse von Berlin in unsern Ländern aufgenommen werden, können wir von hier aus nicht beurteilen. Nach meiner Kenntnis der Stimmung der Parteien und nach meiner tiefsten Überzeugung kann uns jetzt nur noch ein neuer, noch kühnerer Entschluß – ein auswärtiger Krieg, vor Anarchie und Auflösung bewahren . . . ein Krieg gegen Rußland.«

»Nie und nimmer mehr, bei Gott, werde ich den Degen gegen Rußland ziehen!« entgegnete Friedrich Wilhelm IV. Wie wenig wurde der König doch verstanden, aber, und das kommt deutlich in Gagerns Worten zum Ausdruck, wie stark war bereits das Drängen, den Krieg als Mittel der Politik einzusetzen.

Im Juli 1848 hielt der »Reichsverweser« Erzherzog Johann von Österreich seinen feierlichen Einzug in die alte deutsche Krönungsstadt Frankfurt. Der Freiheitsdichter Ernst Moritz Arndt erlebte den Tag begeistert mit: »Frankfurts Reichtum und Schönheit hatten sich ausgelegt – mit Fahnen und Blumen, Grün und vor allem mit seiner Glanzsoldateska – daß ein Fremder... gewiß eine mächtige Empfindung von Deutschlands Macht und Reichtum bekommt, ... obgleich ich ebensowenig als andere weise Leute mich unterstehe, die Zipfel der Decke, welche die Zukunft verhüllt, lüpfen zu wollen.«

Am 12. Juli hielt der österreichische Bundespräsidialgesandte eine Abschiedsrede im Namen des »alten Deutschen Bundestages«, der sich – vorläufig – an diesem Tage auflöste. Er betonte, »... daß die Bundesversammlung die Ausübung ihrer verfassungsmäßigen Befugnisse und Verpflichtungen in die Hände der *provisorischen* Zentralgewalt lege, daß die Mitwirkung aller deutscher Regierungen dem Reichsverweser zur Seite stehe und sie ihre bisherige Tätigkeit als beendet ansehe.«

*

Mitte August feierte Köln die sechshundertjährige Wiederkehr der Grundsteinlegung des gotischen Domes: 15. August 1248 – 15. August 1848.

Bei diesem Dombaufest begegneten und umarmten sich der Reichverweser Erzherzog Johann und der König von Preußen.

Von seinen persönlichen Erlebnissen – neben den offiziellen – erzählte Friedrich Wilhelm seiner Schwester Charlotte: »Unter unsäglichen Ermüdungen habe ich doch einen Labetrunk auf der Reise nach Köln getan. Die Liebe und Treue, die mir da in unsern alten Landen entgegengekommen, im Brandenburgischen, im Magdeburgischen ... werde ich ... nie vergessen ...

Der Empfang zu Köln war echt und wahr im rasenden Enthusiasmus ... Nach sechshundert Jahren auf den Tag ihren Dom, das Weltwunder, zum ersten Male in seiner ganzen Größe dem Gottesdienste geweiht zu sehen und das hauptsächlich durch meine Hülfe, das entzündete die Koloniaten. Außer dem längst fertigen hohen Chor steht jetzt die ganze Kirche bis zur Höhe von 100 Fuß fertig da, und wer weiß, daß noch 50 Fuß Höhe fehlen, wird schwerlich meinen, ein schöneres Gotteshaus gesehen zu haben. In sieben Jahren könnte es fertig sein, mit Ausnahme der Türme, die 30 Jahre erfordern!!! Jetzt denke Dir, beste Schwester, diesen göttlichen Dom mit mehr als 20 000 Menschen gefüllt, zwei Erzbischöfe und acht Bischöfe mit Inful und Krummstab, eines jeden güldener Mantel von zwei reich gekleideten Diakonen gehalten, die den Erzherzog Johann und mich in Prozession empfingen und nach kurzer Predigt des Kölner Erzbischofs uns vortraten und mit dem Domkapitel ins ›schwindelnde‹ Chor zum Hochamt und Tedeum geleiteten, während 1000, sage eintausend Sänger, den Weihepsalm ›Quam dilecta tabernacula tua, Domine Deus Sabaoth‹ in der alten Kirchentonart anstimmten!!!

Dein alter treuer Fritz«
In der Begleitung des Königs befanden sich der Ministerpräsident v. Auerswald und Alexander v. Humboldt.

Als ihm die Abgeordneten der Frankfurter Nationalversammlung vorgestellt wurden, sagte Friedrich Wilhelm unmißverständlich: »Meine Herren! . . . Seien Sie überzeugt, daß ich nie vergessen werde, welch ein großes Werk zu gründen Sie berufen sind, wie ich überzeugt bin, daß Sie nicht vergessen werden, daß es in Deutschland Fürsten gibt und daß ich zu diesen gehöre.«

*

Dem Abgeordneten Wichmann erschien der König in Köln »erschöpft und still«. Friedrich Wilhelm war bedrückt, weil sein Einsatz für den Frieden mit Dänemark von allen Nationalgesinnten als Verrat angesehen wurde.

Am 26. August 1848 konnte in Malmö ein siebenmonatiger Waffenstillstand mit Dänemark beschlossen und die Blockade der deutschen Häfen aufgehoben, somit »die aufgebrachten Handelsschiffe nebst Ladung wieder herausgegeben werden«. Außerdem wurde die provisorische Regierung der Herzogtümer außer Kraft gesetzt. Dies löste in der Frankfurter Paulskirchenversammlung scharfe Proteste aus. Der Germanist Jakob

Grimm schrieb aufgebracht seinem Bruder Wilhelm: »Du kannst Dir vorstellen, welch unseligen Eindruck hier der ... Waffenstillstand macht ... Wie kann Deutschland Vertrauen setzen auf Preußen, das ... sich von seiner augenblicklichen Verlegenheit leiten ließ, die Ehre des Vaterlandes auf's Spiel zu setzen!«

Nach längeren Debatten fiel dennoch in der Sitzung vom 16. September die Entscheidung zur Annahme des Vertrages mit Dänemark. Daraufhin beschlossen »Horden ... die Nationalversammlung zu sprengen, die Zentralgewalt aufzuheben und die Republik zu proklamieren.« In der Stadt brach ein Aufstand los.

Domkapitular Förster, der Breslauer Abgeordnete, informierte umgehend seinen Fürstbischof Melchior v. Diepenbrock über Einzelheiten aus Frankfurt: »Um ½2 Uhr (des 18. September) wurde die Versammlung geschlossen, nachdem eine Erklärung von angeblich 20 000 Bürgern verlesen wurde, nach welcher wir 255 Abgeordnete, welche den Waffenstillstand ratifiziert, für Volksverräter erklärt worden ... Ich verließ die Paulskirche, welche von Barrikaden fest umschlossen ist ... Abends, nachdem noch ein Regiment Darmstädter hier eingezogen, ... hat man die Rebellen gefragt, ob sie die Barrikaden räumen und abziehen wollen, sie haben abgelehnt, und der Kampf hat von neuem begonnen ... in diesem Augenblick fährt ein Pulverwagen an meinem Fenster vorüber – das Lärmen tönt durch die Stadt ... die Gasfabrik ist zerstört, auch die Schienen auf der Mainzer Eisenbahn sollen ausgerissen sein ...«

Am nächsten Tag berichtete Förster weiter: »So ist es denn wahr, Fürst Lichnowsky und General Auerswald sind auf das entsetzlichste gemeuchelmordet ... Beide (waren gestern ausgeritten), von Turnern ... mit Schüssen verfolgt, ... umringt ... flüchteten sich über eine Mauer in ein Gartenhaus. Auch dorthin folgten ihnen die Turner, rissen sie aus ihrem Versteck und töteten den General mit einem Säbelhieb über den Kopf. Dem

Fürsten zerschlugen sie auf das schauerlichste Arme und Beine und schossen nach ihm wie nach einer Scheibe . . . So weit sind wir denn – die Feder entsinkt meiner Hand – «

*

In Berlin ging dem General Leopold v. Gerlach alles zu schleppend voran, er trug am 22. September in sein Tagebuch ein: »Apathie, Schwäche, Effaciern vom 20. oder 25. März bis 29. August, fünf traurige Monate. Seit dem 7. September Versuche zu einem Ministerium zu gelangen, was denn endlich am 20. zu Stande kommt.«

Zum vierten Mal mußte also in diesem Jahr das Ministerium gewechselt werden!

Ernst v. Pfuel, General, 69 Jahre alt, wurde von Friedrich Wilhelm IV. als Kriegsminister und zugleich Ministerpräsident berufen. Er hatte sich bereits in den Freiheitskriegen hervorgetan, dann als 24jähriger die militärische Ausbildung unterbrochen, um mit seinem Freunde Heinrich v. Kleist durch Deutschland, Frankreich und die Schweiz zu wandern. Zuletzt hatte er, im Sommer 1848, im Auftrag des Königs mit Zar Nikolaus vertrauliche Gespräche über Schleswig-Holstein geführt. Leopold v. Gerlach fand »Pfuel leichtsinnig und frivol«.

Die Brüder waren wieder mit ihrem Monarchen unzufrieden: »(Er) ist *jetzt* noch *so* mächtig, *so* reell, daß *nur* er, nicht aber Minister und Versammlung den Preuß. Staat definitiv zu Grunde richten können«, schrieb Ludwig am 27. Oktober 1848 an Leopold, der sich fast täglich in der Nähe des Königs aufhielt: »diese Wahrheit mußt Du ihm, aufrichtend und Gewissen treffend zugleich vorhalten.«

Eigenmächtig verfaßte Ludwig sogar einen »Regierungsplan« für Friedrich Wilhelm. Er schlug die Auflösung der preußischen Nationalversammlung vor und ein neues königstreues Ministerium mit »Brandenburg, Prittwitz, Alvensleben, Bismarck«.

Die Friedenskirche im Park von Sanssouci

»Gestern die Einweihung der Friedenskirche, ... mir wurde ein Billet geschickt, ... ich ging nach der Garnisonkirche«, notierte Leopold v. Gerlach am 25. September 1848.

Ist es nicht ein Beweis, daß der General das Wesen seines Monarchen, dem er doch täglich nahe war, gar nicht kannte? Sonst hätte er gespürt, daß gerade *diese* Kirche mit ihrer Einweihung in *diesem* Jahr ein Markstein des inneren Weges von Friedrich Wilhelm war. Aber der General ging am 24. September nicht in die Friedens-, sondern in die Potsdamer Garnisonkirche und hinterher zur Parade, wo er den Prinzen von Preußen traf und sprach.

Der König hatte bereits 1845 dem alten Bischof Eylert, der schon seinem Vater Friedrich Wilhelm III. eng verbunden war, geschrieben: »Nach vielem Nachdenken will ich die neue Vorstadtskirche ›Christ-Kirche‹ oder ›Friedens-Kirche‹ nennen, nach ihrer Vollendung aber als Weiheinschrift setzen: ›Christo dem Friede-Fürsten unserm Herrn‹ und das ihren eigentlichen, offiziellen Namen seyn lassen. Es scheint mir passend, eine Kirche, welche zu einem Pallast-Bezirk gehört, der den Namen Sans Souci, ›ohne Sorge‹, trägt, dem ewigen Friedensfürsten zu weihen und so das wesentlich negative ›Ohne Sorge‹, dem geistlich positiven ›Frieden‹ entgegen oder vielmehr gegenüber zu stellen . . .«

Friedrich Wilhelm hatte die Entwürfe selbst gezeichnet und sie zur Ausführung seinem »lieben Persius« übergeben, der, zum Kummer des Königs, nach Fertigstellung der Baupläne im Juli 1845 verstorben war. Häberlin, genannt »Belani«, fertigte in seinem 1855 herausgegebenen Buch über die Bauten im Park von Sanssouci eine Beschreibung an: »Nach den Ideen des Königs . . . hat dem verewigten Persius bei dem Entwurf des Plans das Motiv einer Basilika, und zwar ganz besonders der Basilika di san Clemente in Rom mit ihrem Vorhofe vorgeschwebt. Aber die Friedenskirche erhielt einen frei danebenstehenden Glockenturm nach dem Motiv (der Kirche) von Santa Maria in Cosmedin. – Der Schönheit gebührt ein Spiegel, . . . Lenné sorgte dafür, daß . . . ein See entstand, in dem sich die malerische Architektur . . . mit ihrem Säulengange am Wasser, abspiegeln konnte.«

*

Peter Joseph Lenné kannte Friedrich Wilhelm nicht nur seit 1816, seit seinem Eintritt in preußische Dienste, sondern als Künstler verstand er den Künstler in seinem Monarchen, und mit seinen eigenen schöpferischen Kräften und gartentechnischen Möglichkeiten erfüllte er die Träume des Königs: »Der Schönheit gebührt ein Spiegel.«

Alle Bauten Friedrich Wilhelms IV. sind in natürlich oder künstlich gestaltete Landschaften eingebettet. Unter der Leitung Lennés entstand geradezu eine Fülle von Parkanlagen um Schlösser und Villen, hinzu kamen Gestaltungen wie zum Bei-

Der König auf einem Spaziergang

spiel der Berliner Tiergarten, der Zoologische Garten, der Wildpark in der Pirschheide oder der Landwehrkanal. Der Wirkungs-
bereich erstreckte sich weit über Berlin hinaus, bis München
oder Wien, sogar bis Venedig. Seit seinem Regierungsantritt be-

sprach sich der König mit Lenné, den er später zu seinem »General-Gartendirektor« ernannte.

»Welche Gefühle der König gegen Lenné hegte, mag folgender von mir verbürgter Vorfall beweisen«, beginnt eine Erzählung von Hermann Wichmann (dem Sohn des Bildhauers Ludwig Wichmann), der als Knabe oft seine Ferien im Haus der Lennés verbrachte. Das Haus steht noch immer im Park von Sanssouci, am Anfang des Weges zum Schloß, und die überlieferte Geschichte ist ein unvergeßlich liebenswürdiges Porträt Friedrich Wilhelms IV.

»Eines schönen Sommermorgens, es war in den längsten Tagen vier Uhr in der Früh, erwachte unser Direktor von einem Klopfen wie mit einem Stocke an's Fenster. Sein Schlafzimmer lag dem äußeren Wege vor dem Hause zu. Der Hund knurrte, Lenné sprang aus dem Bette und in der warmen Sommernacht eilte er im Hemde zum Fenster. Bereits war es hell.

›Was giebt's hier?‹ rief er, die Scheiben öffnend. Da stand der König, der oft schon vor Sonnenaufgang eine Promenade machte, allein vom Jäger begleitet, dicht an der Mauer. ›Kleiden Sie sich an, Lenné, kommen Sie, ich habe Ihnen etwas zu zeigen.‹

›Majestät, ich brauche zwar keine besonders lange Zeit zu meiner Adonisation, aber ein halbes Stündchen geht doch darüber hin, bis meine Toilette hoffähig ist. Majestät können doch nicht auf mich warten.‹ ›Hoffähig will ich Sie auch nicht, sondern in Ihrer Arbeitskleidung. Warten kann ich, denn es giebt bei so früher Stunde kein Ministerkonseil. Sie brauchen sich nicht zu beeilen, reichen Sie mir nur den Schlüssel zum Friedensgarten heraus (nur der König und Lenné führten denselben), ich thue indes ein paar Schritte hinein, doch bleibe ich vorne am Eingang, damit Sie nicht erst zu suchen brauchen. Machen Sie sich nicht zu schön.‹

Der Jäger erschloß die grüne Friedensgartenthür, die unmittelbar an das Lennésche Grundstück grenzte, und der König verschwand hinter den Fliederbüschen seines Lieblingsaufenthaltes.

Unser Freund hatte keine Ahnung, was mit ihm geschehen solle; wohl wußte er, daß sein Herr kleine Späße liebte, dennoch verließ ihn hier seine Divinationsgabe. Nur so viel fühlte er bestimmt, Unangenehmes stand ihm nicht bevor.

›Das ist ja schnell gegangen, Sie sind ja noch vor Ablauf der mir angedrohten Zeit fertig‹, sagte der König, als er Lenné binnen kurzem im karrirten Sommeranzug vor sich sah. ›Beginnen wir nun unsere Promenade, wir haben eine ziemliche Strecke Weges zurückzulegen.‹ Der kleine Zug bewegte sich in mannigfachen Windungen durch dunkle Baumalleen, Hecken, Gebüsche und Blumenbeete, der König im einfachen Militärrock, in der Hand seinen Spazierstock, Lenné ihm zur Seite, hinter ihnen der Jäger, daneben Hektor, der Neufundländer, mit ausdrücklicher königlicher Erlaubniss, gegenwärtig zu sein, die Gesellschaft umkreisend.

Es war an einem Sonntage, kein Wölkchen trübte den blauen Himmel, der König, in frohester Laune, freute sich nicht allein über den herrlichen, durch Lennés Kunst verschönerten Garten, nein, jedes einzelne Blättchen schien ihn zu entzücken.

Noch eine kleine Wendung und... ›Wir sind am Ziele‹, sagte Friedrich Wilhelm, dann stand er an einem kleinen freien Rasenplatze plötzlich still.

Lenné, der bei jedem Schritte neugieriger geworden war, schien jetzt wie angewurzelt vor Ueberraschung. Gestern Morgen noch hatte er dieselbe Stelle überschritten, die nichts als einfaches Grün bedeckte, und heute sah er zu seinem Erstaunen seine Marmorbüste auf einem prächtigen Syenitpostament aufgestellt, von frisch eingepflanzten, dasselbe überragenden jungen Pappeln umgeben. Der König wußte nämlich, daß Lenné Sonnabend Vormittags regelmäßig Geschäfte halber nach Berlin zu fahren genöthigt war. In einem Tage hatte er dies längst vorbereitete Monument setzen lassen, die Arbeit selbst inspizirt und war noch abends spät an Ort und Stelle gewesen, sich zu vergewissern, ob auch Alles so weit vollendet sei, um von seinem Freunde am nächsten Morgen in Augenschein genommen

Peter Joseph Lenné

werden zu können. Man wird sich die Rührung denken, mit der
unser Gärtner das ihm gebotene betrachtete... Besagte Büste
war ein Meisterwerk Rauch's, der sie bereits früher in Gyps an-
gefertigt, nun auf des Königs Bestellung in Marmor abgeliefert
hatte.«

Der Einweihungstag der Potsdamer Friedenskirche mag für
Friedrich Wilhelm IV. eine schöne Erholungspause gewesen
sein. Aber schon Anfang Oktober 1848 erreichten ihn äußerst
beunruhigende Nachrichten aus Österreich, und fast gleichzeitig trat sein Ministerium Pfuel zurück.

Am 6. Oktober 1848 erhängten Wiener Aufrührer Österreichs Kriegsminister Latour an einem Laternenpfahl – Kaiser
Ferdinand floh nach Olmütz. Das hatte Folgen auch in Berlin.

»Die Oesterreichische Regierung sammelte Truppen unter
dem Fürsten Windischgrätz... Die Berliner Nationalversammlung beschloß, die Preußische Regierung solle die Armee zur
Hülfe der bedrängten Wiener Aufrührer marschieren lassen,

und fast zugleich oder bald darauf beschloß die Nationalversammlung die Aufhebung des Adels. Das war dem König doch zu arg«, betonte Leutnant Prinz Hohenlohe, der sich zu dieser Zeit mit seiner Batterie »eine Meile von Berlin« auf Warteposten befand. In seinen später verfaßten Lebenserinnerungen charakterisierte er das politische Gerangel zwischen Ministerium und Nationalversammlung in Berlin als »Widerstreit der Grundsätze«: »Die Versammlung hatte eigentlich keine andere Befugnis, als die neue Verfassung zu entwerfen . . . Aber sie befaßte sich auch mit allen möglichen Dingen, die sie gar nichts angingen, faßte Beschlüsse . . . und verlangte von der Regierung deren Ausführung, . . . unter Anderem . . . die Preußische Regierung solle die Preußischen Truppen auf den Erzherzog Johann vereidigen lassen.« Hohenlohe berichtete weiter, daß der König mit dem Ministerpräsidenten v. Pfuel verabredet habe, er solle auf Grund dieses letzten kompetenzüberschreitenden Beschlusses die Nationalversammlung auflösen. Pfuel aber habe, entgegen dem Willen des Königs, gegenüber den Herren der Nationalversammlung den Mut verloren und diesen erklärt, die preußische Regierung werde sich den Beschlüssen der Nationalversammlung anschließen. Als dann Abgeordnete in der Berliner Singakademie sogar von Hilfe preußischer Truppen für die Wiener Aufrührer sprachen, erklärten sich die Brüder Gerlach dem König gegenüber entschieden gegen das »schwache« Ministerium Pfuel und schlugen sondierende Gespräche mit dem General Graf Brandenburg vor. Als schließlich – nachdem bei den Verfassungsberatungen der Nationalversammlung behauptet wurde, die Formel »von Gottes Gnaden« sei ein Relikt der alten absolutistisch-patriarchalischen Regierungsform und solle deshalb nicht mehr übernommen werden, und Friedrich Wilhelm IV. darüber äußerst aufgebracht war und den Deputierten, die zur Gratulation an seinem 53. Geburtstag ins Schloß Bellevue gekommen waren, sagte, er fühle sich als »Lehnsträger des Königs der Könige« in seinem »Beruf von Gottes Gnaden« – General v. Pfuel des Königs Aufregung überflüssig fand, wurde sich der König mit den Brüdern einig, daß ein ganz anderes, neues Ministerium unter General Brandenburg anzustreben sei. Ministerpräsident v. Pfuel trat also mit seinen Ministern zurück!

In Wien bewegten sich die revolutionären Unruhen auf eine kriegerische Auseinandersetzung hin.

Eine Abordnung der linken Fraktion der Frankfurter Nationalversammlung fühlte sich aufgerufen, zur Beobachtung nach Österreich zu reisen. Dazu gehörte auch der Abgeordnete Robert Blum, der durchaus nicht beabsichtigte, an blutigen Kämpfen teilzunehmen, aber doch zu seinem Unglück mithineingezogen wurde.

Am 17. Oktober 1848 berichtete Blum seiner Frau aus Wien, noch ahnungslos, wie tragisch alles für ihn persönlich werden sollte: »Die Leute (hier) treiben die Revolution gemütlich, aber gründlich. Die Verteidigungsanstalten sind furchtbar, die Kampfbegier grenzenlos.«

Als sich die »Kampfbegier« Ende Oktober steigerte, kam es zu einer – von den kaiserlichen Truppen vorbereiteten – Schlacht mit der unnachgiebigen Wiener Bevölkerung. Robert Blum wurde dabei gefangengenommen, verurteilt und am 9. November standrechtlich erschossen. Nachdem der Aufstand niedergeschlagen war, bildete Fürst Schwarzenberg ein neues Kabinett, und Kaiser Ferdinand trat zugunsten seines jungen Neffen Franz Joseph zurück – der dann bis 1916 regieren sollte. In Österreich begann eine »neue Ära«.

Natürlich verfolgte man in Berlin die Wiener Ereignisse mit Spannung und Betroffenheit. Das Tagebuch Leopold v. Gerlachs spiegelt die nervöse Stimmung in der Umgebung des Königs wider, auch noch, nachdem Graf Brandenburg am 1. November 1848 neuer Ministerpräsident geworden war: »Ich nannte dem König Ludwig als Justizminister, was er aber noch für zu früh hielt . . . Man sucht halbe Menschen in das Ministerium . . . Soll man hier auch wie in Wien warten, bis ein Minister aufgehangen ist?«

Ludwig v. Gerlach überschrieb seine Tagebucheintragungen vom 11. Oktober bis zum 13. November 1848 ironisch »Journal der Camarilla«; die Brüder versuchten in dieser Zeit, den König mit allen Mitteln zu beeinflussen. Die Nominierung Brandenburgs war ja schließlich ein erster Erfolg.

Prinz Hohenlohe erlebte die ernste politische Entwicklung des November 1848 auf seine Art – mit einem Schuß Humor: »Graf Brandenburg wurde Ministerpräsident und dieser wählte sich Freiherrn v. Manteuffel zum Minister des Innern und Strotha zum Kriegsminister . . . Unser alter Wachtmeister hatte noch unter Strotha gedient . . . und sagte: ›Strotha als Kriegsminister, das paßt für die Nationalversammlung. Der schnaubt (er brauchte hier einen derberen Ausdruck, der zu widerlich ist, um ihn schriftlich wiederzugeben) sie an, denn ein Schnupftuch führte er nie.‹ . . .

Am neunten November begab sich das neue Ministerium in die Nationalversammlung . . . Es wurde mit entsetzlichem Gebrüll empfangen. Als es endlich zu Worte kam, wurde die Kabinetts-Ordre verlesen, welche das Ministerium ernannte . . . dann wurde eine Königliche Botschaft verlesen, daß die Nationalversammlung durch die letzten Beschlüsse ihre Befugnisse überschritten habe, deshalb vertagt werde . . . und sich demnächst in Brandenburg a. H. (an der Havel) wieder zu versammeln habe. Die meisten Mitglieder brüllten vor Wuth. Manteuffel erinnerte den Grafen Brandenburg daran, daß es nun Sache des Ministeriums sei, eine Versammlung so schnell als möglich zu verlassen, die kein Recht mehr habe, hier zu tagen, denn es wurde ihm in dieser Gesellschaft etwas bange. Aber der brave alte Brandenburg wollte nicht gleich fortgehen und sagte: ›Ich möchte mir die Kerle noch ein bißchen ansehen . . .‹

Die Nationalversammlung aber beschloß, ihre Sitzungen in Berlin im Schauspielhause fortzusetzen. Die Bürgerwehr erklärte sich bereit, sie zu beschützen. Jetzt war der Streit ausgebrochen. Ein Kampf auf Leben und Tod zwischen der Regierung und der Berliner Bürgerwehr schien unvermeidlich.

Wrangel erhielt den Befehl, in Berlin einzurücken und die gesetzwidrigen (denn es war das Recht des Königs, den Ort zu bestimmen, wo die Nationalversammlung zu tagen habe) Sitzungen der Nationalversammlung zu verhindern. Allen Widerstand sollte er mit der Gewalt der Waffen beseitigen.«

Die »Eroberung« Berlins erlebte Prinz Hohenlohe dann als Leutnant im militärischen Einsatz mit: »Wir setzten uns in Bewegung. Die Batterie (vier Geschütze mit Bedienungsmannschaft) marschierten zwischen beiden Bataillonnen (je circa 700 Soldaten). Plötzlich ›halt‹! Aha! Jetzt kommt der Angriffsbefehl. Richtig, da jagt ein Adjutant heran. ›Soll die Batterie vor?‹ – ›Nein, die Musik an die tête (die Spitze)!‹ – Der Schellenbaum der Janitscharen, der Militärmusik der Königsgrenadiere, war also der Sturmbock!... Ein Führer (der Bürgerwehr) war unseren Truppen entgegengeeilt und hatte erklärt, er könne den Einmarsch der Truppen nicht dulden und stehe mit seinen Bataillonen bereit, um das Tor – (eines der Stadttore war gemeint) – zu verteidigen. Die Musik des Pariser Einzugsmarsches übertönte seine Worte. ›Um Gottes Willen, lassen Sie Ihre Truppen halten!‹ schrie er. – Fürchterlichster Lärm von Trommeln, Pfeifen, Pauken usw. antwortete. – ›Lassen Sie halten, Herr Oberst!‹ – Kopfschütteln und Musik antwortete. – ›Sie werden doch nicht ein entsetzliches Blutbad verursachen wollen?‹ – Wieder Kopfschütteln und Musik. – ›Ich werde mich widersetzen!‹ – ›Ach, machen Sie sich doch nicht lächerlich!‹ – ›Ich erhebe Einspruch gegen Ihren Einmarsch!‹ – ›Meinetwegen.‹ – ›Wenn ich nun Gewalt gebrauche, werden Sie dann wieder Gewalt gebrauchen?‹ – ›Na, das sehen Sie ja!‹ – ›Nun gut, so weiche ich der Gewalt‹, schrie er mit Schwung und eilte schleunigst voraus, um seiner Bürgerwehr den Befehl zu geben, uns ungehindert durchzulassen.«

Die Bürgerwehr wurde nun aufgelöst. Wrangels Soldaten veranlaßten die Mitglieder der Preußischen Nationalversammlung, das Schauspielhaus zu verlassen. 227 Abgeordnete der linken Fraktion blieben aber in der Stadt und beschlossen am 15. November eine allgemeine Steuerverweigerung.

Das brachte erneut Verwirrung unter die Bevölkerung; sollte man den Abgeordneten oder den Ministern gehorchen? In Breslau nahm der Magistrat sogar die Steuerverweigerung an. Darauf trat Fürstbischof v. Diepenbrock ins Feld. Er erließ einen Hirtenbrief, der sogar in protestantischen Gemeinden verbreitet wurde: »Da in den gegenwärtigen Zeitverhältnissen... mancher Gläubige über die Pflicht der Steuerzahlung schwankend... geworden und daher eine oberhirtliche Belehrung ihm zur Beseitigung seiner Gewissenszweifel willkommen sein wird, so erkläre ich hiermit vor Gottes Angesicht und vor aller Welt: daß, da Seine Majestät der König nicht aufgehört hat, unser rechtmäßiger König, d. h. unsere von Gott gesetzte Obrigkeit zu sein, die Pflicht des Gehorsams gegen ihn und insbesondere die Pflicht der Fortentrichtung der Steuern... eine unzweifelhafte heilige Gewissenspflicht ist... Ich ermahne alle, dem Könige zu vertrauen. 18. Nov. 1848«

Friedrich Wilhelm IV. dankte dem Fürstbischof: »Man sagt, Ihr Hirtenwort habe auf Katholische und Evangelische wunderbar gewirkt und ich verstehe das. Ihr Dasein in Schlesien, teuerster Fürst, zeigt sich jetzt als providenziell. Ich glaube, daß Sie selbst es fühlen, und Gottlob! Sie wuchern mit dem anvertrauten Pfunde!... Ihr wohlgeneigter König und wahrer Freund Friedrich Wilhelm.«

*

In dieser unsicheren und unruhigen Zeit feierte das Königspaar am 29. November 1848 seine silberne Hochzeit.

Leopold v. Gerlach notierte kurz und unbeteiligt: »Am 29. war Gratulations-Cour... ich habe in dieser Zeit den Hof nicht gesehen.«

Ganz anders reagierte Prinz Johann. Er gratulierte am 26. November aus Dresden mit einem Gedicht: »Liebster

Freund!... Wie gern ich mit euch das schöne Fest gefeiert
hätte,... wie glücklich es mich gemacht hätte, in dieser ent-
scheidungsvollen Zeit dir einmal mein Herz auszuschütten,
brauche ich Dir nicht zu sagen... Die Stimmung bei uns ist seit
den Wiener Begebenheiten,... seit der bei euch eingetretenen
Crisis eine fieberhaft gespannte... Ich muß daher auf das
Glück entsagen... Meine Gedanken und meine Wünsche werden am 29. beständig bey euch sein...

Als Ihr vor fünfundzwanzig Jahren Euch verbunden,
Da lag so hell des Lebens Pfad vor Euch,
Des Ruhmes Glanz, der Liebe Rosenstunden
Umschmeichelten der Zukunft Zauberreich.

Wie anders jetzt! Es brausen die Orkane,
Es bebt die Erde unter Eurem Fuß,
Mit Flor umhüllt ist Hohenzollerns Fahne,
Und banger Ahnung voll ist Preußens Genius.
...
Doch was auch Eurer harrt in fernen Tagen,
Ob Glück, ob Leid auch bringt der Zukunft Land,
Mein Freundesherz wird warm stets für Euch schlagen,
Und fest Euch fassen meine Bruderhand.«

Zu denen, die dem Königspaar in echter Anteilnahme verbunden waren, gehörte auch das Ehepaar Lepsius. »Heut ist
unsres geliebten Königspaares silberne Hochzeit!« schrieb Elisabeth Lepsius in ihr Tagebuch, »Gottes reichster Segen über
den Edlen! Möchte der schönste Friede ihnen wieder erblühen,
möchten bald alle Herzen so voll Liebe ihnen schlagen, wie die
unsren. Richard hat dem königlichen Paar einige aus tiefstem
Herzen kommende Glückwünsche gesandt.« Lepsius gehörte
zu den vielen Künstlern und Wissenschaftlern, die dem König
eine großzügige Förderung verdankten. Zu den »Höhepunk-
ten« seiner Laufbahn zählte, daß er im Verlaufe einer wissenschaftlichen Expedition nach Ägypten, am 15. Oktober 1842,

15. X. 1842 auf der Cheopspyramide

dem Geburtstag des Königs, auf der Cheops-Pyramide die preußische Fahne hissen konnte.

Am 27. November 1848 begann dann die nach Brandenburg verlegte Preußische Nationalversammlung in Anwesenheit des Ministerpräsidenten Brandenburg und seines Kabinetts ihre erneuten Verhandlungen zur Beratung einer Verfassung. Die Versammlung war aber zunächst nicht beschlußfähig, weil noch viele Abgeordnete in Berlin verblieben. Endlich erschienen am 1. Dezember – außer den Anhängern der äußersten Linken – die übrigen Mitglieder.

Es zeigte sich bald, daß eine Einigung zwischen den »Rechten« und »Linken« – es gab ja noch keine richtigen Parteien mit festen Programmen und Organisationen – nicht möglich war. Unter diesen Umständen entschloß sich die Regierung, die Nationalversammlung ganz aufzulösen.

Selbstverständlich hatten Minister und Berater des Königs auch schon seit einiger Zeit an dem Entwurf einer Verfassung gearbeitet. Leopold v. Gerlach hielt in seinem Tagebuch am

23. November 1848 fest: »Die Minister hatten den abgeänderten Verfassungsentwurf geschickt ... Der König machte Artikel für Artikel seine Bemerkungen mit blauer Tinte ... und schloß mit der Erklärung, daß das einzige Muster, welchem man folgen könnte, England sein müsse.«

Dem Oberpräsidenten von Pommern, Freiherr Senfft-Pilsach, erklärte der König diesen Gedanken näher: »Mein Streben geht von Anfang März an dahin, eine Verfassung wie die verscheidende! sächsische, bayrische etc. zu geben: 2 Häuser, eine tüchtige Pairie mit Beisitzern aus Magistrat und Hochschule, dann ein Volkshaus nach Ständen und Klassen bis zum niedern Volk herab – da aber ist nicht der Sitz, sondern nichts als die Spitze der Freiheit des Volks. Diese selbst muß im Selfgovernement, vernünftig geordnet, gesucht werden nach unserm Adler-Wahlspruch: suum cuique. Dem Volk, was des Volks, dem Könige, was des Königs, Gotte, was Gottes ist.«

Dieses »Selfgovernement« hatte ja aber zu keinem Erfolg geführt! Die unter sich und mit den Ministern zerstrittenen Parlamentarier der preußischen Nationalversammlung waren zu keiner Einigung gekommen. »Rathen Sie mir jetzt, die Constitutions Komödie ohne Constitution noch fortzusetzen?« frug der König den Grafen Stolberg und hatte sich bereits zu anderen Schritten entschlossen. Es war genug abgewartet worden.

Am 5. Dezember 1848 erteilte die Preußische Regierung aus eigener Kraft eine Verfassung. Sie ging als »oktroyierte« in die Geschichte ein und sollte mit ihren wesentlichen Punkten bis 1918 existieren. Die damaligen Beurteilungen fielen recht unterschiedlich aus.

In Wien war man entsetzt: »Wie ist es möglich, daß die Regierung im Vollbesitz ihrer Macht eine Verfassung gibt, die bis auf wenige Bestimmungen kaum von der aufgelösten Versammlung hätte liberaler gedacht werden können.«

Der Breslauer Fürstbischof Diepenbrock schrieb: »Wir haben jetzt eine vom Könige gegebene Verfassung der freiesten Art. Ich habe dem Könige herzlich gedankt in meinem und der

Kirche Namen. Daß der Kirche ihr Besitz u. s. w. gewährleistet sein soll, diesen wichtigen Zusatz hat er eigenhändig in die Verfassung wieder hineingeschrieben; die Ausschüsse hatten ihn im Entwurf schon gestrichen.«

Mehrere in den nächsten Jahren gewechselte Briefe zwischen Friedrich Wilhelm IV. und Melchior v. Diepenbrock zeugen von gegenseitiger Achtung und Warmherzigkeit. Der Fürstbischof trat wo und wie er nur konnte für den König ein: »Das Stockpreußentum ist wahrlich nicht meine Liebhaberei, aber niemand ist davon freier als der König. Warum ihn also immer zum Schuld- und Schildträger einer Richtung machen, die ihm so ganz fremd ist?«

*

Friedrich Wilhelm IV. – der, wie sich immer wieder zeigte, wirklich frei vom »Stockpreußentum« war – schrieb zu Ende des Jahres 1848 als evangelischer Christ dem Oberhaupt der katholischen Christenheit folgenden eigenhändigen Brief in französischer Sprache: »Mit tiefer Betrübnis habe ich von den Ereignissen Kenntnis erlangt, die Eure Heiligkeit dazu gezwungen haben, für einige Zeit Ihren Staat zu verlassen, um sich vor den Forderungen entfesselter Leidenschaften in Sicherheit zu bringen . . . Sollten die Beschlüsse der Vorsehung und der Lauf der Ereignisse die glückliche Rückkehr hinausschieben oder Eure Heiligkeit bewegen, Italien zu verlassen, würde ich es begrüßen, wenn Eure Heiligkeit bereit wären, ein Asyl in meinem Lande anzunehmen. In allen Schichten der Bevölkerung wird Sie auf Gefühle hoher Verehrung stoßen, die Euren hohen Tugenden und edlen Opfern, die Sie sich auferlegt haben, zu verdanken sind. Ich erteile sofort Befehle, damit Schloß Brühl, das nahe der antiken Metropole Köln gelegen ist, in Stand gesetzt wird. Eure Heiligkeit kann über diesen Besitz als Souverän verfügen.

Ich bitte den Ausdruck meiner Gefühle hoher Verehrung und

201

vollkommener Wertschätzung als erhabener Kirchenfürst und als Heiligkeit entgegenzunehmen

von Ihrem ergebenen
Friedrich Wilhelm von Preußen.«

Die Übersetzung klingt etwas formell, dennoch ist zu spüren, daß den König mehr bewegte, als nur diplomatische Höflichkeit. Was war mit den »Opfern« gemeint, die sich der Papst freiwillig auferlegt habe?

*

Die Idee der »nationalen Einheit«, verwoben mit den Idealen »Freiheit, Gleichheit, Brüderlichkeit«, wirkte sich in allen Ländern aus. Und gerade Italien mit seiner Zersplitterung in viele Einzelstaaten war Nährboden für ihre Wirkung.

Im Januar 1848 hatte es Aufruhr in Mailand, Palermo und Neapel gegeben, im März war der »nationale« Krieg gegen Österreich ausgebrochen. Nachdem der 81jährige Feldmarschall Radetzky ein letztes Mal – in Mailand und Venedig war bereits die Republik ausgerufen worden – siegreich das Lombardo-Venezianische Königreich unter das österreichische Zepter zwingen konnte, flammte die Begeisterung für den »heiligen Krieg« in Rom auf.

Hier regierte Papst Pius IX., der 1846 sein Pontifikat mit einer Amnestie politischer Häftlinge begonnen hatte, obgleich viele seiner Kardinäle dagegen gestimmt hatten. Er legte »sein weißes Käppchen« »auf die schwarzen Kugeln«, denn die Abstimmung hatte – wie im antiken Griechenland mit schwarzen und weißen Bohnen – mit der Mehrzahl der schwarzen Kugeln das Zeichen »dagegen« gesetzt. 1847 hatte Giuseppe Mazzini, ein überzeugter Republikaner, dem Papst geraten, er solle dem Volk vertrauen! Die Römer hatten bereits eine Bürgerwehr organisiert.

Und Pius IX. hörte auf die Stimme des Volkes und gab seinem Staat, dem Kirchenstaat – wozu damals Latium und die

Papst Pius IX.

Marken Rimini, Ravenna, Bologna und Ferrara gehörten – eine neue Verfassung mit einer Volksvertretung. Dennoch konnte der Papst-König nicht verhindern, daß sich viele seiner unzufriedenen Bürger an den Kämpfen gegen Radetzky beteiligten.

Im Revolutionsjahr 1848 kam es dann im September auch in Rom zu Tumulten. Im November wurde Innenminister Rossi ermordet, und die Aufrührer setzten sich mit Gewalt durch. Sie forderten in einer Volksversammlung nicht nur ein demokratisches Ministerium, sondern beschlossen, mit dem »Volksverein« selbst die Regierung in Rom zu übernehmen. Pius IX. befand sich zu der Zeit in seinem Regierungssitz, dem Quirinalspalast, und seine 66 Schweizer Gardisten versuchten, ihn zu schützen. Da stellten die Revolutionäre dem Papst-König ein Ultimatum; wenn er nicht allen ihren Forderungen nachgäbe, würden sie den Palast stürmen und alle darin befindlichen Personen töten!

Pius IX., der weiteres Blutvergießen verhindern wollte, dankte als Fürst des Kirchenstaates ab und beugte sich so der brutalen Gewalt.

Dieses »Sichbeugen« empfand Friedrich Wilhelm IV. als »Opfer«, das ihn persönlich und tief bewegte.

Dank einer List des Botschafters der französischen Republik konnte dem Papst aber zur Flucht aus dem Quirinalspalast verholfen werden. Verkleidet und ausgewiesen als sein eigner Leibarzt bestieg Pius IX. den Reisewagen des bayrischen Gesandten Graf Karl v. Spaur und fuhr nach Neapel. Hier im Schutzbereich des Königs beider Sizilien, Ferdinands II. aus dem Hause Bourbon, hielt er sich über ein Jahr auf.

Als Friedrich Wilhelm IV. dem Papst schrieb, konnte noch niemand wissen, daß ausgerechnet Truppen im Auftrage der französischen Republik zum Kampf gegen die Römer aufbrachen. Die Römische Republik wurde von den Anführern Guiseppe Mazzini und Guiseppe Garibaldi verteidigt. Nach wochenlanger Belagerung und Bombardierung konnten die Franzosen am Abend des 3. Juli 1849 ihren Siegeseinzug in die rebellische »Heilige Roma« feiern. Sie lösten die Nationalversammlung auf, verboten radikale Clubs und führten die Pressezensur ein. Mazzini floh in die Schweiz und Garibaldi nach Südamerika. Beide sollten 1859 erneut auf den Plan treten, um für die nationale Einheit Italiens zu kämpfen.

Im Sommer 1849 zog Pius IX. zunächst wieder als König in Rom ein. Er nahm seine Wohnung im Lateran. Den Quirinalspalast wollte er nicht mehr betreten, ebenso scheute sich auch Friedrich Wilhelm IV. nach der Berliner Märzrevolution, das Berliner Schloß zu betreten.

*

Auch in Deutschland wurde die nationale Einigung von Revolutionären vorangetrieben. Gustav Struve aus Baden ließ – allerdings bereits Ende Spetember 1848 – einen »Aufruf an das deutsche Volk« drucken: »Der Kampf des Volkes mit seinen Unterdrückern hat begonnen. Selbst in den Straßen der Stadt Frankfurt a. M., am Sitze der ohnmächtigen Centralgewalt und der geschwätzigen konstituirenden Versammlung ist auf das Volk mit Kartätschen geschossen worden. Nur das Schwert kann das deutsche Volk noch retten. Siegt die Reaktion in Frankfurt, so wird Deutschland auf dem sogenannten gesetzlichen Wege furchtbarer ausgesogen und geknechtet werden, als dieses in den blutigsten Kriegen geschehen kann.

Zu den Waffen deutsches Volk! Nur die Republik führt uns zum Ziele nach dem wir streben. Hoch lebe die deutsche Republik!«

*

VIII. 1849–1850

Die deutsche Kaiserkrone; des Königs Ablehnung

Am 15. Januar 1849 begannen in der Frankfurter Paulskirche unter Führung von Eduard Simson, als dem neuen Präsidenten der Nationalversammlung, die Debatten über das »Reichsoberhaupt«, den Kaiser der Deutschen.

Da Friedrich Wilhelms IV. Ablehnung dieses Kaisertums bekannt war, sandte ihm der 80jährige Abgeordnete Ernst Moritz Arndt einen langen, beschwörenden Brief: »9. März 1849 . . . Alle, die von Gott nicht mit Blindheit geschlagen sind, können in dem Könige von Preußen nur den Halter und Retter Deutschlands und seinen künftigen Herrn sehen . . . Erhabenster König und Herr, groß ist die Gefahr des Augenblicks, aber herrlich ist auch der Preis, der dem Muthe winkt . . . In der Größe des Kühnen, in dem Glanze des Hohen wird der kleinliche Jammer untergehen, und selbst der radicale und socialistische Jammer und Unsinn wird sich in dem Edlen und Hohen vernichtet fühlen. – Dies mußte mein Herz meinem Könige aussprechen. Dieses Herz klingt und spricht hier nur aus den Herzen vieler getreuesten und redlichsten Preußen und Deutschen!«

Friedrich Wilhelm IV. antwortete am 18. März 1849, dem denkwürdigen Jahrestage der Berliner Revolution: ». . . Es will mich fast dünken, mein theurer Arndt, als walte in Ihnen ein Irrthum, den Sie denn leider mit vielen wackeren und lieben Menschen teilen: als sähen Sie die zu bekämpfende Revolution nur in der sogenannten rothen Demokratie und den Communisten – der Irrthum wäre schlimm. – Die Revolution ist das Aufheben der göttlichen Ordnung, das Verachten, das Beseitigen der rechten Obrigkeit; sie lebt und athmet ihren Todeshauch, so lange unten oben und oben unten ist.«

Friedrich Wilhelm schrieb weiter, er sei bereit, »die Verständigung mit der Deutschen Nationalversammlung über die zukünftige Verfassung des großen Vaterlandes im Verein mit allen deutschen Fürsten zu versuchen, aber«, so schränkte er ein, »auf eine Botschaft, wie sie mir aus Frankfurt droht ... geziemt mir das Schweigen. – Ich darf und werde nicht antworten, um Männer, die ich ehre und liebe, auf die ich, wie Sie selbst, mein alter Freund, mit Stolz, ja mit Dankbarkeit blicke, nicht zu beleidigen, denn was würde mir geboten? Ist diese Geburt des gräßlich kreisenden 1848sten Jahres eine Krone? Das Ding, von dem wir reden, trägt nicht das Zeichen des heiligen Kreuzes, drückt nicht den Stempel von Gottes Gnaden auf's Haupt.«

Noch hatte sich die Nationalversammlung nicht für das Erbkaisertum Preußen entschieden!

Es gab gewichtige Stimmen dagegen. Der Dichter Ludwig Uhland erinnerte zum Beispiel daran, daß die »politische Neugestaltung« von der »demokratischen Seite« ausgegangen sei, und er folgerte: »Die Revolution und ein Erbkaiser, das ist ein Jüngling mit grauen Haaren!«

Andererseits äußerte sich Freiherr v. Vincke in einer Rede: »Ich würde es lieber sehen, wenn das Haus Österreich als erbliche Kaiserfamilie an die Spitze kommen und sich ihm Preußen unterordnen würde.«

Von seiten der Fürsten hatte der Großherzog Karl Friedrich von Sachsen-Weimar schon früher den Versuch unternommen, den König zur Annahme der Kaiserkrone zu bewegen, und Friedrich Wilhelm hatte ihm damals (im Janur 1849) seine Ablehnung mit realistischen Argumenten begründet: »...mit Wehmut über die verdrehte Zeit und ... mit Besorgnis, ... mißverstanden zu werden.

Eure königliche Hoheit sind der Erste, der mir, um es rundheraus zu sagen, die Krone von Deutschland anbietet.«

Er setzte ihm dann ausführlich drei Gründe seiner Ablehnung auseinander: Erstens »aus dem lauteren Quell der Gewissenhaftigkeit, (meine) Pflicht ... gegenüber 16 Millionen preußischer Untertanen nicht mehr erfüllen« zu können – Zweitens »aus altfürstlichem Stolz: Wer bietet mir? Antwort: Eine Versammlung von pp. 600 Untertanen ... Was bietet man mir? ... Eine sogenannte Krone, ... nicht die tausendjährige Krone ›deutscher Nation‹« – Drittens »aus dem Argumente der Politik ...; (wegen der) Schwächung Deutschlands (würde ich), wenn Sie und alle großen Fürsten Ihrer Art mir die echte Krone von Gottes Gnaden, die alte Krone der Deutschen, böten – zu dem Preis des Ausscheidens von Österreich aus Deutschland – dieselbe ... zurückweisen!«

Auch den Abgeordneten der Frankfurter Nationalversammlung war die Einstellung Friedrich Wilhelms IV. hinlänglich bekannt, dennoch wählten sie ihn zum Kaiser der Deutschen, nachdem die revidierte Reichsverfassung am 28. März 1849 verabschiedet worden war. Diese Revision der Verfassung beinhaltete eine entscheidende Veränderung: Der »Reichsrat« als Vertretung der Länderregierungen, also praktisch der Fürsten und freien Städte, wurde in dem Verfassungsentwurf negiert, so daß nunmehr allein der »Reichstag« als Volksvertretung der Bundesstaaten kompetent sein sollte.

Trotzdem und noch einmal unternahm es Josias v. Bunsen, seinen »Freund« umzustimmen: »Ew. Majestät können das, was geschehen muß, vielleicht auf ihre Lebenszeit verhindern. Geschehen wird es aber; denn das Gefühl Deutschlands, eine Nation zu sein und als solche dem Auslande gegenüber zu stehen in Krieg und Frieden, ist unvertilgbar!« Der König aber schwieg.

Als ihm schließlich in Berlin am 3. April 1849 durch den Präsidenten Eduard Simson, in dessen Begleitung sich auch Ernst Moritz Arndt befand, die »in der Reichsverfassung begründete erbliche Kaiserwürde« angetragen wurde, antwortete er in angemessen diplomatischer Form: »Ich würde dem Sinn des deutschen Volkes nicht entsprechen ..., wollte ich, mit Verletzung heiliger Rechte und meiner früheren ausdrücklichen und feierlichen Versicherungen, ohne das freie Einverständnis der ... Fürsten und der freien Städte Deutschlands ... die Krone annehmen.«

Innerlich war der König »krank vor Ärger und Kränkung«. Doch raffte er sich auf, Bunsen zu antworten: »Wäre es der Paulskirchen Majorität wirklich um die Sache zu tun gewesen, so gebot es der gesunde Menschenverstand – so gut als ein Quentchen Rechtsgefühl und ein Lötchen Glauben an die Ehrlichkeit meiner offiziellen Äußerungen – diesen Patrioten, zuvor die Zustimmung der rechtmäßigen Obrigkeiten einzuholen.« Im übrigen machte er Bunsen – als englischen Gesandten – leicht spöttisch auf das Abstimmungsergebnis in Frankfurt aufmerksam: »Die hochgerühmte Majorität für die Kaiserwahl war – unter 538 Mitgliedern (des Parlamentes) 43!!! Bekanntlich eine Majorität, vor welcher englische Minister oft und mit Recht ihren Rücktritt erklären.«

Ob dem König erahnbar war, welche Folgen sein Entschluß haben würde, welche teils resignierten, teils stürmischen Reaktionen und Gegenkräfte er herausforderte?

Zunächst folgte das Ende der Deutschen Nationalversammlung. Nachdem die Preußische Regierung die Versammlung am 14. Mai 1849 mit der Begründung, »sie hatte nicht das Recht der Feststellung ..., sondern nur der Vereinbarung«, nicht mehr anerkannte, traten Simson und Gagern zurück. Die letzte Sitzung in der Paulskirche fand am 30. Mai statt. Ein nach Stuttgart verlegtes »Rumpfparlament« wurde dort am 18. Juni aufgelöst.

*

Im Mai 1849 kam es in Dresden zu erneuten Revolten, weshalb König Friedrich August und Prinz Johann zusammen mit ihren Familien nach Pillnitz umzogen. »Unsere persönliche Lage ...

war gesichert, aber peinlich, weil wir vor uns die Thürme Dresdens sahen und doch halbe Tage lang nicht wußten, wie es darin aussah. Seitdem der schreckliche 6tägige Kampf (vom 3. bis 9. Mai) beendet ist, athmen wir freilich leichter; aber das Gedächtnis des Mords und die Verwüstung in dem schönen freundlichen Dresden bleibt freilich ein trauriges«, schrieb Johann an Friedrich Wilhelm. An der Niederwerfung des Aufstandes hatten sich preußische Regimenter beteiligt.

In Baden führte die von Gustav Struve durch seinen »Aufruf an das Deutsche Volk« motivierte radikale Bewegung dazu, daß in Rastatt zum erstenmal Soldaten meuterten und am 13. Mai 1849 die im April vorigen Jahres eingedämmte Revolution erneut ausbrach. Der Großherzog floh jetzt außer Landes und eine provisorische Regierung mußte eingesetzt werden. Unstimmigkeiten zwischen Gemäßigten, Republikanern und Radikalen ließen die Kämpfe nicht zur Ruhe kommen, die bayrische Pfalz schloß sich an.

In dieser kriegerischen Situation forderten die Regenten von Bayern und Baden militärische Unterstützung vom Deutschen Bund. Dem wurde entsprochen. Reichstruppen unter dem Oberbefehl des Prinzen von Preußen rückten von der württembergischen Grenze aus den Aufständischen – die von dem polnischen Revolutionär Ludwig v. Mieroslawski geführt wurden – entgegen und besiegten sie. Nach der Besetzung von ganz Baden ergab sich am 27. Juli 1849 auch die Festung Rastatt. Mieroslawski entfloh in die Schweiz, die zurückgebliebenen Revolutionäre und Meuterer mußten sich vor einem Gericht verantworten und wurden hart bestraft.

Zu den Verurteilten gehörte auch der Kunsthistoriker Gottfried Kinkel, der sich am Sturm auf das Karlsruher Zeughaus beteiligt hatte und dafür, als ehemaliger Hilfsprediger in Köln, eine in der Festung Spandau abzubüßende Zuchthausstrafe erhielt.

»Könnte ich die sämmtlichen Evangelien und Episteln des Neuen Testamentes zusammenschmelzen zu wahrer Feuertaufe der Begnadigung in Euer Majestät für alle Bedürftigen, dann hätte ich die Überzeugung, auf die christliche Gesinnung in Euer Majestät in rechter Weise gewirkt zu haben«, schrieb Bettina v. Arnim an Friedrich Wilhelm IV., um Begnadigung für Kinkel bittend. Sie begann diesen Brief mit einem verwunderlichen persönlichen Geständnis: »Als ich Euer Majestät zum ersten Mal sah – Sie waren noch sehr jung – ich dachte gar nicht, daß es der Kronprinz sei, der dort zwischen höheren Adjutanten, wie ein junger Blütenbaum, zwischen zwei Stangen schwankend, dem Orgelspiel des Abbé Vogel zuhörte; ich sah nur die anmutige, heitere Lebhaftigkeit – und ohne darüber nachzudenken – meine Phantasie spielt hier der Wahrheit keinen Streich – ja, ohne zu denken, wer er sei, war ich ebenso plötzlich, ebenso unabweislich ihm hingegeben, wie damals dem verleumdeten Goethe!«

Trotz höchster Anspannung antwortete der König umgehend. Er dämpfte zunächst ein wenig ironisch ihre Bewunderung des »jungen Blütenbaums«: »Des Concerts des Abts Vogel erinnre ich mich sehr lebhaft. Es war in der Garnisonkirche anno 1800 oder 1801. Ich war dort nicht von Adjutanten umgeben, sondern an der Seite des liebenswürdigen und menschenfreundlichen Delbrück, meines Erziehers. Voglers Gewitter auf der Orgel machte mich so bange, daß ich dem Weinen ganz nahe war. Ich war ein sehr häßlicher Knabe, schnitt Gesichter. Die Gewitter-Furcht hat mich vielleicht verschönt? und doch: Seelige Zeit der Kindheit!«

An dieser Stelle seines Briefes mag Friedrich Wilhelm einen Augenblick, sich der Erinnerung hingebend, innegehalten haben. Dann aber ging er auf das problematische Anliegen der Dichterin mit tiefem Ernst ein: »Begnadigen wie Sie wollen, um Nichts und wieder Nichts, ist schön und warm im weiblichen Herzen; bei Männern, die ein gegebnes Amt zu verwalten haben, ist es pure Thorheit ... Persönliche Beleidigung kann ich umsonst vergeben und vergessen und tue es fast täglich. Das Antasten und Umwerfen der göttlichen Ordnung und des Gesetzes darf ich so nicht vergeben. Gottes Wort verkündet Vergebung nur allein dem Reuigen. So und nicht anders muß nach ihrer gebundenen Pflicht eine Obrigkeit von Gottes Gnaden verfahren.«

*

Noch einmal – ein letztes Mal – versuchte Friedrich Wilhelm IV. die nationale Einheit Deutschlands – so wie er sie sich vorstellte und ersehnte – voranzutreiben.

Der Weg war durch die Denkschrift von Joseph v. Radowitz vom November 1847 vorgezeichnet: Für den »Fall ... wie schmerzlich es auch sei«, daß durch den Deutschen Bundestag nichts »Gedeihliches« zu erzielen sei, »das schlechthin Nothwendige nunmehr außerhalb Preußens bisheriger Allianzen und außerhalb des formalen Bundesweges« tun zu müssen.

Radowitz selber sollte das »Nothwendige« einleiten.

Am 26. Mai 1849 schlossen sich Preußen, Sachsen und Hannover zu einem »Dreikönigsbündnis« zusammen. Diese »Union« wurde unter dem Vorbehalt eines späteren Anschlusses aller übrigen deutschen Staaten gebildet und sollte eine Reichsverfassung vorbereiten. Radowitz strebte einen »Reichstag« an, auf dem ein – bereits vorliegender neuer Verfassungsentwurf – vom »Volkshaus« und vom »Staatenhaus« beraten werden und anschließend auf einem Fürstentreffen genehmigt werden sollte.

Beide Unions-Versammlungen tagten später wirklich: Der Reichstag in Erfurt vom 20. März bis 29. April 1850 und der Fürstentag in Berlin vom 7. bis 15. Mai 1850.

Nur – diese vorangetriebenen Aktivitäten verkehrten Friedrich Wilhelms ursprüngliche Absichten geradezu ins Gegenteil, indem sie machtpolitische Rivalitäten zwischen Österreich und Preußen heraufbeschworen.

Unter den ehemaligen Abgeordneten der Frankfurter Nationalversammlung gab es Anhänger der Unions-Bestrebungen.

212

Sie vereinten sich im Juni 1849 in Gotha zu einer Art Nachparlament und berieten den Verfassungsentwurf für die Union, dessen ziemliche Übereinstimmung sie mit »ihrer« Reichsverfassung feststellten. Diese »Gothaer« traten entschieden für ein Deutschland mit Preußen an der Spitze ein.

Neben den Vorbereitungen von Radowitz zum Erfurter »Reichstag« liefen Verhandlungen Preußens mit Österreich, eine provisorische Bundesdirektion zur Ablösung der Reichsverweserschaft zu errichten, um so durch eine zwischenzeitliche Lösung die Rechte der ehemaligen deutschen Zentralgewalt zu wahren. Es kam ein Vertrag zustande; Grund genug für Erzherzog Johann, am 20. Dezember 1849 sein Amt niederzulegen.

Im gleichen Herbst 1849 waren Österreichs bisher außenpolitisch gebundenen Kräfte freigeworden: Der über 80jährige Feldmarschall Radetzky hatte die habsburgischen Herrschaftsgebiete in Italien zurückerobert. In Ungarn konnten die revolutionären, nationalen Erhebungen mit Hilfe russischer Truppen niedergeschlagen werden. So konnte nun der österreichische Ministerpräsident Fürst Schwarzenberg die Initiative ergreifen, den ursprünglichen Deutschen Bund zu regenerieren. Er berief deshalb einen vorbereitenden Kongreß zu Anfang Mai 1850.

Die Preußische Regierung mußte sich zwangsläufig ablehnend verhalten, war doch zum 7. bis 15. Mai der Fürstentag der »Union« in Berlin einberufen.

Trotzdem wurde am 1. September 1850 die ehemalige Frankfurter Bundesversammlung unter Vorsitz von Österreich wiedereröffnet!

Friedrich Wilhelm IV. reagierte zunächst innenpolitisch, indem er Radowitz am 14. September zum Außenminister berief, der die »Union« energisch weiterbetrieb.

Als sich darauf, am 11. Oktober 1850 in Bregenz, Österreich, Bayern und Württemberg zu einem Bündnis gegen Preußen zusammenschlossen, fürchteten viele eine Zerspaltung Deutschlands. Prinz Johann von Sachsen teilte diese Sorgen seinem Freund Friedrich Wilhelm mit: »Es gibt in Teutschland gewiss

kein loyaleres und wahrhaft teutsches Herz als das deinige . . .
Aber die Partey, die gegenwärtig bei euch am Ruder steht,
scheint mir von andern Ansichten auszugehen; sie will weniger
ein einiges Teutschland als ein mächtiges Preußen . . . Das ist
doch des Pudels Kern.«

Hatte er nicht recht? Eine »Denkschrift« des Prinzen von
Preußen vom 19. Mai 1850 enthält die Sätze: »Preußens geschichtliche Entwicklung deutet darauf hin, daß es berufen ist,
einst an die Spitze Deutschlands zu treten. Die Wiener Kon-
greßbestimmungen hinsichtlich der Länderverteilung zeigen
bezüglich auf Preußen deutlich, daß man auf alle Weise diese
Entwicklung hindern wollte. Die abnorme Einteilung Preußens
in zwei getrennte Hälften hatte wohl keinen andern Grund als
den, dasselbe nicht einig und daher nicht mächtig werden zu
lassen.«

Drei Tage danach, als das Königspaar am 22. Mai 1850 von
Schloß Charlottenburg nach Potsdam-Sanssouci fahren wollte,
wurde wieder ein Attentat auf Friedrich Wilhelm IV. versucht,
dessen Hergang Prinz Hohenlohe genau beschrieb: »Ein Mann
in der Uniform eines Unteroffiziers der Garde-Artillerie trat auf
dem Potsdamer Bahnhof an den König heran, als dieser gerade
im Begriff war, in seinen Salonwagen zu steigen, und feuerte aus
nächster Nähe eine Pistole auf ihn ab. Der König hatte den Arm
zur Abwehr gehoben und die Kugel drang ihm tief schräg in den
Arm hinein . . . Mich erreichte die wie ein Lauffeuer durch die
Stadt verbreitete Kunde . . . bei Gelegenheit einer Visite Unter
den Linden . . . Ich stürzte . . . nach dem Bahnhofe. Dort fand
ich . . . unter einer zahllosen Volksmenge einen Kameraden,
Leutnant v. Voigts-Rhetz, den späteren General Inspekteur der
Artillerie. Der Unteroffizier Sefeloge (hatte zufällig) mit ihm bei
derselben Batterie gestanden. (Er) sagte zu mir: ›Sollte man es
wohl glauben, es ist der verrückte Sefeloge gewesen, der nach
dem König geschossen hat!‹ Zufällig trat der Prinz von Preußen
aus einer Tür . . . und hörte diese Worte. Er stürzte in höchstem
Zorn auf uns zu mit den Worten: ›Den Teufel wird der Kerl ver-

Der König nach dem Attentat vom 22. Mai 1850

rückt sein. Eine Verschwörung ist es, gegen Thron und Vaterland, und noch dazu in den Reihen der Armee.‹«

Generaladjutant Leopold v. Gerlach ging – nach eigenen
Worten – »etwa fünf Schritt« hinter dem König, als er den
Schuß hörte: »Ich denke nicht an einen Mord, da höre ich einen
Schrei der Königin, und als ich vorgehe, um ihr zu sagen, der
König stünde ja ganz aufrecht, so sinkt der König hin, was mich
auch ganz furchtbar erschreckte ... Der König sagte im Aufstehen: ›mir fehlt nichts‹, hernach, ›mir ist so heiß am Arm‹, worauf das Blut schon aus dem Ärmel herausströmte ... Die Um-
stehenden ... Weiber und Kinder heulten und schrieen. Der

König hatte sehr stark geblutet; die Fußböden beider Stuben (im Bahnhofswartesaal) waren voll Blutflecken, das Kleid der Königin ebenfalls ...« Nachdem dem König ein Verband angelegt war, fuhr er mit der Königin zurück nach Schloß Charlottenburg. »Die Ärzte verboten (hier) jedweden Empfang und Zutritt, worüber Prinz und Prinzessin von Preußen sehr böse waren.«

»Merkwürdig ist es, wie schnell und tief die Meinung sich verbreitet, daß der Mordversuch von der Reaktion, von der Kreuzzeitungspartei sei«, schrieb damals Varnhagen von Ense. Und seine Beobachtung deutet auf eine äußerst angespannte politische Atmosphäre hin. »Es dauerte aber lange, bis der Wahnsinn Sefeloges konstatiert werden durfte; denn es lag im Interesse vieler, eine Verschwörung anzunehmen«, schrieb auch Hohenlohe, und er fügte dem makabren »Interesse vieler« leicht schmunzelnd hinzu: »Der Polizeipräsident v. Hinckeldey (zahlte seit diesem Vorfall) Jedem, der ihm einen Mordversuch denunzierte, als ersten Anfang ohne Untersuchung fünfzig Thaler, so holten sich viele Leute diese ... und retteten den König alle Augenblicke.«

Was ging damals in dem Generaladjutanten Leopold v. Gerlach vor, das er seinem Tagebuch nicht anvertrauen konnte? Hatte es nicht im Januar »heftige Szenen« zwischen ihm und dem König gegeben? Derart, daß sein Bruder Ludwig bemerkte: »Wir faßten den Bruch Leopolds mit dem König ins Auge.« Und hatte ihm sein Bruder nicht geschrieben: »... wer weiter sähe, würde vielleicht die Notwendigkeit des Falles des Thrones sehen«? Das war erst im März geschehen!

Ludwig v. Gerlach hatte die »Neue Preußische Zeitung« mitbegründet, die gewöhnlich nach dem am Kopf des Blattes abgebildeten Eisernen Kreuz kurz »Kreuzzeitung« genannt wurde. Sie galt als das Organ der »Hochkonservativen«.

*

Noch einmal flammten in Schleswig-Holstein Kämpfe auf. Nachdem die norddeutschen Herzogtümer im Juli 1850 eine entscheidende Niederlage erlitten hatten, blieb ihnen nun nichts anderes übrig, als sich in den Friedensschluß zu fügen. England, Rußland und Schweden kamen überein, einen Gesamtstaat Dänemark zu garantieren. So wurde vom Deutschen Bund der Rückzug preußischer und anderer Truppen aus Schleswig-Holstein befohlen. Dieser Rückzug wurde nicht allein von den betroffenen preußischen Soldaten und ihren Offizieren, sondern von allen Nationalgesinnten im Lande – von Liberalen ebenso wie von Hochkonservativen – als Demütigung empfunden. Und man lastete die nachgiebige Politik dem immer mehr als schwach geltenden König persönlich an.

*

Ein innenpolitischer Konflikt in Kurhessen, ein Zwist zwischen Ministern und Landtag, wirkte sich dann erneut auf die latenten Rivalitäten zwischen Österreich und Preußen aus und wurde zum Kompetenzstreit zwischen »Union« und »Deutschem Bund«. Ein Krieg schien unvermeidlich, als der hessische Kurfürst Bundestruppen anforderte und Fürst Schwarzenberg österreichische Truppen in Bewegung setzte.

In dieser angespannten Lage wandte sich der Prinz von Preußen Ende Oktober 1850 an den amtierenden Außenminister v. Radowitz: »Wir müssen ein Pfand haben, das uns berechtigt, mitzusprechen, und darum ist der Entschluß, so stark und so schnell wie möglich Hessen von unserer Seite zu okkupieren, der allein richtige.« Radowitz empfahl tatsächlich dem König die preußische Mobilmachung mit der Begründung: »Eine Verfügung über ein zwischen den westlichen und östlichen Provinzen der preußischen Monarchie mitteninne liegendes Land, ausgeführt ... sogar unter einem österreichischen Oberfeldherrn, würde die moralische Stellung Preußens vernichten.« Da beschwor Prinz Johann von Sachsen Friedrich Wilhelm:

»Dresden am 23. Oktober 1850. Liebster Freund! In diesen Tagen, wo der politische Horizont ... den nahen Ausbruch eines Gewitters befürchten läßt, fühlte ich oft einen inneren Drang, dir mein Herz auszuschütten.« Er ging zunächst auf die Unionspolitik ein: »Ich (halte) den von Oesterreich und seinen Bundesgenossen eingeschlagenen Weg für den correcteren.« Prinz Johann kam dann auf die »unglückliche Hessische Sache« zu sprechen und beklagte, daß Preußen im »Schleppthau« der »Gothaer Partey« handle: »Ich bin weit entfernt, die Persönlichkeit Hassenpflugs (des kurhessischen leitenden Ministers) und seines Churfürsten in Schutz nehmen zu wollen. So viel scheint mir aber gewiß, ... daß die dortige Beamten- und Offiziers-Revolution ein Vorgang der allergefährlichsten Art ist. Und doch hat die ... Stellung Preußens ... derselben eine bedeutende moralische Unterstützung gewährt ... Ich fürchte, ... daß uns ein neuer Dreyssigjähriger Krieg bevorsteht ...; denn jedenfalls werden die populären Leidenschaften mit ins Spiel kommen ... Ich sehe ... nur ein Mittel der Rettung für uns alle: *offner entschiedner Systemwechsel Seiten Preußens* ...

Dein treuer Freund Johann, der dir dann auch treu bleiben wird, wenn du uns Kanonenkugeln zuschickst.«

Friedrich Wilhelm IV. entschied sich für den »Systemwechsel«! Daraufhin erschien in der Kreuzzeitung ein von Ludwig v. Gerlach verfaßter Artikel, den der König als sehr gehässig empfand, und wütend äußerte er: »Mit Gerlach habe ich gebrochen, Österreichische Schandblätter haben Preußen nie so verhöhnt wie er.«

Um nun zwischen den Rivalen Österreich und Preußen zu vermitteln, lud Zar Nikolaus die Ministerpräsidenten beider Länder nach Warschau ein. Einen Tag vor Konferenzbeginn schrieb Prinz Johann erneut an den König: »Dresden, den 30. Oktober 1850 – Liebster Freund! ... Ich ergreife noch einmal die Feder, um dich bei allem, was dir heilig ist, Teutschlands und Preußens Wohl und bei unserer alten Freundschaft – wenn sie neben jenen großen Interessen genannt werden darf

– . . . nachzugeben! . . . Pflicht steht höher als Ehre, . . . denke an
die vielen Familien, die in beiden Feldlagern fechten würden – «

Ministerpräsident General Graf Brandenburg kehrte am
2. November 1850 – an Typhus erkrankt – aus Warschau nach
Berlin zurück. Danach wurde im Preußischen Staatsministerium
der Beschluß zur Aussöhnung mit Österreich gefaßt. Die Kriegs-
gefahr war endlich gebannt.

Der Bruder des Königs aber resümierte als Oberkommandie-
render der preußischen Truppen: »man unterwirft sich«. Seine
Frau, Prinzessin Augusta, meinte sogar, patriotische Niedergeschlagenheit zeigen zu sollen: »Nun ist es vorbei; es ist mir, als
kehrte ich von einem zweiten Leichenbegängnis zurück, das erste am 19. März 48, da wurde das alte Preußen begraben, das
zweite war am 2. November 1850, da wurde das neue Preußen
begraben.«

An diesem denkwürdigen 2. November 1850 ersuchte Radowitz den König um seinen Rücktritt.

Friedrich Wilhelm IV. war von der gesamten politischen und
menschlichen Situation zutiefst betroffen und schrieb noch am
gleichen Abend seinem scheidenden Außenminister als einem
seiner besten Freunde einen Brief, in dem sein persönliches Erleben und Erleiden von unzuvereinbarenden Gegensätzen und
Ambivalenzen bewegend zum Ausdruck kommt:

»Als der hochseel. König (Friedrich Wilhelm III.) geendet
hatte, war ich so traurig, weint ich so viel, daß ich, um den Kopf
oben zu behalten und meines Amtes leben zu können, auf aller-
hand Versuche von Gedanken kam.

So versucht' ich einmal, um mir Trost und Muth zu geben, mir
so recht tief in's Gemüth zu rufen: Nun, da bist du ja König. Die
Folge des Versuches war ein unerträglich brennender geistiger
Schmerz, daß ich ablassen mußte, wie den Finger vom heißen
Metall.

So versuchte ich heute, von Schwermuth überwunden und
zertreten (wie damals!) mich aufzurichten, indem ich mir selbst
zurief: Nun bedenke doch, den Frieden hast du sicher!

Und wie damals war *der* Gedanke für mich gerade der aller-untragbarste und ich mußte ablassen. Und doch gehöre ich, wie wenige Menschen zu den ›friedfertigen‹! Aber ach! das hab ich erfahren: das Ehrgefühl kann auch den Frieden zur Qual ma-chen!!! Nur Gottes Frieden nicht; Gott sey gelobt! . . .

So strahlend ehrenhaft ist, seit Erfindung der Spezies, noch kein Minister ausgeschieden als Sie, und so jammervoll hat nie ein König dabeigestanden als ich!

Ich habe bitterlich geweint. Bitten Sie Gott, daß Er zum be-sten des ›heut aufgegebenen Preußen‹ eine jede Träne in Segen wandle für bessere Tage! . . .

Mit ewiger Freundes Treue F W«

Am 6. November 1850 starb Ministerpräsident Graf Bran-denburg. Otto Freiherr v. Manteuffel wurde sein Nachfolger. Noch bevor er offiziell sein hohes Amt antrat, unterzeichnete er in Wien am 29. November zusammen mit Fürst Felix Schwar-zenberg die sogenannte »Olmützer Punktation«, einen Ver-tragsentwurf, der die Aufgabe der preußischen Unionspolitik und den Verzicht auf ein militärisches Eingreifen in Hessen be-inhaltete.

*

So endete das Jahr 1850 nicht im Sinne Friedrich Wilhelms IV. mit der Erneuerung des alten Deutschen Bundes, sondern – ganz im Sinne Österreichs – mit seiner Wiederbelebung.

Der König hatte Preußen eine Verfassung gegeben, aber das Oktroyieren geschah gegen seine ursprünglichen Absichten. Er konnte seinem Volk den Krieg ersparen, doch dabei wurde Preußens Ehre verletzt.

Und er wurde bewahrt vor dem Tod durch ein Attentat, aber, es geschah in einer politischen Atmosphäre, in der das Zusam-menwirken mit seinen engsten Beratern und vor allem mit sei-nem nächsten Bruder Wilhelm bereits auf eine Zerreißprobe hindeutete.

220

*

Graf Anton Stolberg, der sich in diesem Jahr wieder besonders
verantwortlich fühlte, zwischen den königlichen Brüdern zu
vermitteln, hatte wenig Hoffnungen, denn er mußte den Ausbruch eines Bruderzwistes fürchten, weil die Grundsätze der
»Gothaer« denen des Königs diametral entgegengesetzt waren;
sie befürworteten einen harten politischen Kurs und schreckten
vor Gewaltanwendung nicht zurück.

Stolberg wurde – wie er selber schrieb – von den »Freunden
der guten Sache« Ende 1850 nach Berlin »zitiert« (denn er hatte
sich schon seit einiger Zeit auf sein Gut Krepelhof zurückgezogen), um mitzuhelfen, einmal, daß der König Radowitz nicht
zum Generaladjutanten ernennen würde – weil die »Freunde«
dessen Einfluß auf den Monarchen fürchteten – zum anderen,
um Ausfälle der königlichen Brüder aus ihren gegensätzlichen
politischen Positionen heraus einzudämmen.

Stolberg vermochte es aber nicht trotz seiner Überzeugung,
»gegenüber Radowitz kann nur vereintes Gebet helfen«, dessen
Ernennung zum Generaladjutanten abzuwenden, und ebensowenig konnte er verhindern, daß sich die Abneigungen der Brüder gegeneinander verstärkten. »Dem Prinzen von Preußen gegenüber habe ich ernste Kämpfe zu bestehen gehabt, weil der
gnädigste Herr in einer Weise für die Partei Gotha schwärmte
und – wüthete – wie ich solche Ausbrüche der Leidenschaftlichkeit nicht für möglich gehalten habe.« Stolberg ließ hier mit Bedacht aus, gegen wen der Prinz wütete, und fuhr fort: »Ob sein
mir in die Hand gegebenes Versprechen, sich ruhig und wenigstens nicht aufregend zu verhalten, genützt haben wird, muß die
Zeit lehren.«

Aber auch Friedrich Wilhelm gegenüber hatte er Zweifel,
»indem der König gegen Manteuffel und die sogenannte Kreuz
Zeitungs Parthei und ihre Bestrebungen in einer Weise aufge-
regt war, wovon ich früher nie eine Spuhr in seinem Benehmen
hatte finden können«.

Das Berliner Schloß mit der Kapellenkuppel

Dem über solche Disharmonieen am preußischen Hofe »manchmal halb todt betrübten« Grafen Stolberg schenkte sich an der Wende des Jahres 1850 zu 1851 dennoch ein unerwartet tröstliches Erlebnis. Der König zeigte ihm den fast vollendeten Bau der »neuen außerordentlich schönen Kapelle in der Kuppel des Berliner Schlosses – Friedrich der Große hatte ja seinerzeit die Erasmus-Kapelle durch Einziehung von Zwischendekken in Wohnräume verwandeln lassen, aber seit 1845 wurde an dem Kuppelbau und der Ausgestaltung einer neuen Schloßkapelle gearbeitet – und lud den Grafen ein, an einer Probe des Berliners Domchores teilzunehmen, die dem 18. Januar 1851 als der 150jährigen Wiederkehr des preußischen Krönungsfestes galt (damals 1701 in Königsberg):

»Es war die schönste Harmonie der Töne, die ich je gehört . . .«

Friedrich Wilhelm IV. ging die Ehre Gottes über alle irdische Ehre.

IX.1851–1855

Von der Einweihung des Friedrichsdenkmals bis zum Tod Zar Nikolaus I.

Elf Jahre mußten vergehen – seit der Grundsteinlegung für das Denkmal zu Ehren Friedrichs des Großen, die so eng mit dem Regierungsantritt Friedrich Wilhelms IV. verbunden war –, bis endlich am 31. Mai 1851 die Einweihung gefeiert werden konnte.

Das von Christian Daniel Rauch geschaffene, in Bronze gegossene Reiterstandbild brauchte – mit Tüchern verhüllt – zwei Tage, um von der Werkstatt des Bildhauers auf Holzschienen mit Hilfe von Winden, langsam, des nachts, an Schloß und Zeughaus vorbei, auf seinen vorbestimmten Platz am Eingang der Linden-Allee zu gelangen. Bei der Feier, an der wieder wie damals 1840 alle Gewerke teilnahmen, schritt an der Spitze des Festzuges der alte, weißhaarige Christian Rauch, nur mit dem Orden pour le mérite geschmückt.

»Nach einer Pause wälzte sich ein gewaltiges Hurrahrufen vom Lustgarten her, ein Zeichen, daß der Königliche Herr das Schloß verlassen hatte. Unter dem Wehen Tausender von Tüchern und dem Spiel des Marsches Friedrichs des Großen durch die gesammten Musikcorps kam bald darauf König Friedrich Wilhelm in Generals-Uniform, mit Stern und Band des schwarzen Adlerordens geschmückt, auf einem lichtbraunen Paradepferde angesprengt. Sein Antlitz strahlte von der Freude des Tages, und unablässig erneuter Jubelruf folgte den huldvollen Grüßen, die er nach allen Seiten hin spendete. Um ihn waren alle Prinzen des Königlichen Hauses . . .«

Es folgte eine Rede des Ministerpräsidenten Freiherrn v.

*Das Denkmal Friedrichs des Großen eingeweiht
am 31. Mai 1851*

Manteuffel. Danach »erhob sich der König in den Bügel und
zog den Degen. »Achtung! Präsentirt's Gewehr!« kommandirte
er mit lauter Stimme, und dreißig tausend Hände schlugen an
das Gewehr und rauschend sank die Hülle nieder, die bisher
das Erzbild des großen Königs den Augen der Versammlung
entzogen hatte ... Die Fahnen und Standarten senkten sich vor
dem Heldenbilde und die Klänge des Hohenfriedberger Marsches schmetterten empor zu ihm.«
   Der König grüßte mit kurzen Ansprachen zuerst die alten
Fahnen und Standarten, dann die Vertreter seines Heeres und
schließlich die Abgesandten seiner Hauptstadt: »um Ihnen von
ganzem Herzen Glück zu wünschen zu einer so schönen neuen
Zierde der Stadt. Es fällt mir hierbei die Sitte der alten Völker
ein, die an solchen Orten, wo es ihnen ganz besonders wohlge-
fiel, ein Malzeichen errichteten. Ein solches Malzeichen, meine
Herren, sei dies Denkmal zunächst. Aber, meine Herren, es sei
auch noch etwas Anderes, und daß es das sei, darum bitte ich

Gott inständigst: nämlich für Alle ein Zeichen der Versöhnung und für Viele ein Zeichen der Umkehr.«

Anfang Juni 1851 verweilten der Zar und die Zarin mit ihrem Gefolge zu einem Besuch in der preußischen Hauptstadt. Friedrich Wilhelm IV. war natürlich sehr daran gelegen, sich mit seinem Schwager persönlich über die diplomatischen Verwicklungen des letzten Jahres, über den Vertrag von Malmö und den von Olmütz und deren Folgen zu unterhalten. Nach der Abreise der Russen bedankte er sich am 6. Juli noch einmal bei seiner Schwester Charlotte: »Ich danke Gott auf Knieen, daß Er's mir gegönnt hat, Dich Du Theuerste wiederzusehen und den herrlichen Kaiser – daß mein Verhältnis zu ihm fester und besser geworden als noch je zuvor, daß wir uns ausgesprochen, daß wir uns verstanden und begriffen haben Das ist politisch ein sehr grosser Segen . . . Sage dem geliebten Nix, . . . daß er mich liebbehalten und mir vertrauen soll . . .«

Prinz Carl, der 1826 die Krönung von Zar Nikolaus und Zarin Alexandra Feodorowna miterlebt hatte, wurde jetzt zu September 1851 zum 25jährigen Krönungsjubiläum eingeladen. Er mußte den König als seinen Souverän um Erlaubnis fragen: »Bester Fritz, am 13. Juli, also vor zehn Tagen, nahm ich mir die Freiheit, um Erlaubnis – der Einladung Charlottes nach Petersburg und Moskau folgen zu dürfen – zu bitten, und zugleich um eine allergn. Subvention. Diese 25jährige Krönungsfeier kehrt nie wieder!

Dein getreuer Bruder Carl«

Der Brief kam umgehend mit rückseitiger Beantwortung zurück: »Ich bin durch die Einziehung aller Staatshilfsquellen, . . . durch gleichzeitig schreckliche Zunahme an Hilfsbedürftigen und endlich durch leider! notwendig gewordene kostspielige Bauten und Reisen heuer zu so exorbitanten Dépensen gezwungen worden, daß mein Beitrag zu Deiner Silberhochzeit mit Moskau nur sehr sachlich ausfallen kann. Könnt ich mehr, Gott weiß es, ich tät es gern. Doch darum keene Feindschaft nich.«

*

Friedrich Wilhelms Hinweis auf die »Staatshilfsquellen« läßt uns an ein Ereignis im fernen Kalifornien denken, das mit seinen weltweiten Auswirkungen nun auch Preußen erreichte. Auf dem Gelände einer mit großer Energie und Glück selbst aufgebauten Farm in »Neu-Helvetien«, die dem ehemaligen Schweizer Gardisten Suter gehörte, wurde in der Nähe einer verlassenen Missionsstation der Brüder von »San Francesco«, im Januar 1848 Gold gefunden. Dieser erste Fund goldhaltiger Kiesel im Sacramento-Fluß löste einen wahren »Rausch« aus. Nicht nur von Amerika, aus allen Teilen der Welt machten sich gierige Menschen auf, und sie verwüsteten bei ihrer Suche Suters Felder, Herden und Häuser.

1850 verklagte der Schweizer beinah 17tausend Farmer, die sich seines Grund und Bodens widerrechtlich bemächtigt und ihn beraubt hatten. Er gewann den Prozeß, doch, was nützte ihm das: Die Angeklagten rächten sich, indem sie den Rest seines Besitzes verwüsteten, wobei Suters drei Söhne ums Leben kamen. Suter verzweifelte. Er starb geistesgestört erst 1880.

»San Francisco« aber wurde zur größten Handels- und Seehafenstadt des nordamerikanischen Staates Kalifornien. Von eintausend goldsuchenden Einwohnern im Jahre 1848 stieg die Zahl rasch auf rund 53 000 im Jahre 1852. Zudem wurde seit 1851 in Australien, damals englische Kolonie, in bisher unvorstellbaren Mengen Gold gefunden.

Diese für Amerika und England neuen finanziellen »Staatsquellen« kamen vor allem ihrer Industrialisierung zugute. Der Handel zwischen den beiden Ländern intensivierte sich folglich, so daß der Druck der Konkurrenz auf den europäischen Markt vorübergehend nachließ.

So galt es und lohnte es sich in dieser Zeit, auch den preußischen Außen- und Innenhandel mit allen zur Verfügung stehenden eigenen »Staatshilfsquellen« anzuregen. Friedrich

Wilhelm IV. setzte zur Bewältigung dieser Aufgabe insbesondere auf die Persönlichkeit von David Hansemann.

Hansemann – von März bis September 1848 Finanzminister – wurde anschließend Direktor der Preußischen Bank. Bedrängt durch die »Kreuzzeitungs-Partei« trat er 1851 von diesem Posten zurück, setzte sich aber weiterhin für die Förderung des freien Handels und Gewerbes ein, indem er 1851 die Berliner »Disconto-Gesellschaft« auf genossenschaftlicher Basis gründete, einen für Preußen neuen, epochemachenden Banktyp. Hier wurde jedem Mitglied Kredit gewährt. Der Anteil brauchte nur zu 10 Prozent als Bareinlage eingezahlt zu werden: »Der eigentliche Zweck der Gesellschaft besteht darin, den Handwerkern und überhaupt den kleineren und mittleren Gewerbetreibenden eine Erleichterung in der Gewährung von Personal-Credit . . . zu verschaffen, . . . und zwar zu ebenso günstigen Bedingungen, wie die, unter welchen der größere Fabrikant oder Kaufmann diesen Credit bei Banquiers findet.«

Hansemanns Initiativen galten auch dem Ausbau des staatlichen Eisenbahnnetzes. Nachdem die Arbeiten an der Ostbahn – auf Grund der Verärgerung des Königs über den Vereinigten Landtag von 1847 – still lagen, wurden sie jetzt mit Hilfe von Banken als Staatsunternehmungen weiterbetrieben. 1851 erreichte die Bahnlinie Bromberg, 1853 Danzig und Königsberg.

*

Prinz Carl bezahlte also seine Reise nach Rußland weitgehend selbst und erlebte im September 1851 das Krönungsjubiläum des Zarenpaares mit. Wieder verfaßte er anschauliche Briefe. Sein Bruder Friedrich Wilhelm bedankte sich dafür, gleichzeitig ein eigenes Erlebnis beschreibend, das ihn nach all den ertragenen Demütigungen des vergangenen Jahres besonders erfreut hatte: »Teuerster Carl. Eben von West angelangt, finde ich Deinen lieben Brief und eile herzlichst dafür zu danken. Deine Beschreibung der neuen Anlagen bei Peterhof, Oserky etc. jagt

mir das Wasser in's Maul. Wann werd ich des Glücks teilhaftig, die Lieben dort in so herrlichen neuen Umgebungen von
Natur und Kunst zu sehen!?! Der Tag, vielleicht die Stunde,
da Du schriebst, ist der oder die der Huldigung auf dem Zol-
lernberg (Burg Hohenzollern) gewesen. Eine der ergreifend-
sten, herrlichsten, innigsten und wohltuendsten Feiern, die ich
erlebt habe. Es war wie ein sehr ernstes, aber durch und durch
herzliches Familienfest. Das Wetter das herrlichste strahlend-
ste was ein Mensch sich denken kann . . .«

Die beiden hohenzollernschen Fürstentümer Sigmaringen
und Hechingen waren durch einen Staatsvertrag vom 7. Dezember 1849 preußisch geworden. Friedrich Wilhelm IV. ließ
nun die Burg Hohenzollern restaurieren und neben der vor-
handenen katholischen Kapelle im Burgbereich auch eine
evangelische Kapelle einrichten, in der – nach den Wirren des
Zweiten Weltkrieges und der Zerstörung der Potsdamer Garnisonkirche – die Särge Friedrichs des Großen und des Soldatenkönigs eine Ruhestätte finden sollten.

*

In diesem und den nächsten Jahren nahmen die politischen
Kontroversen zwischen dem König einerseits und dem Kreis
der »Rechten« und seinem Bruder Wilhelm andererseits derart zu, daß es ernsthafte Auseinandersetzungen mit den Brüdern Gerlach gab und es zu einer Krise im preußischen Königshaus kam. Friedrich Wilhelm IV. wußte von Machen-
schaften der »Partei« der Rechten mit Ludwig v. Gerlach an
der Spitze, von »Intrigen«, wie er sich seinem Bruder Carl
gegenüber im März 1852 ausdrückte, die »gespielt werden«,
deshalb betonte er dem Grafen Stolberg gegenüber: »Ich verlange, der Einzige und Alleinige Anordner der I. Kammer zu
sein, ein großer Theil der Rechten beider Kammern ist mir
darin entgegen.« Ludwig v. Gerlach hingegen riet seinem Bruder Leopold im Mai 1852: »Laß Dir beleidigende Reden vom

Prinz Carl als Herrenmeister des Johanniterordens

König gefallen, laß überhaupt das Meiste, was er redet, in die Luft verpuffen.«

*

Bevor gleichsam das Faß überlief, konnte sich der König noch am 15. Oktober 1852, an seinem 57. Geburtstag, einen langgehegten Wunsch erfüllen: Mit einer Kabinettsorder erneuerte er den im 12. Jahrhundert gegründeten und 1811 säkularisierten Johanniterorden nach seiner ursprünglichen Bestimmung als geistliche Ordensgemeinschaft. Neuer Herrenmeister des »ritterlichen Ordens St. Johannis vom Spital zu Jerusalem« wurde des Königs »treuer« Bruder Carl. Seine feierliche Einsetzung fand im Mai 1853 in der Charlottenburger Schloßkapelle statt. Das damals formulierte Gelübde enthält den Satz: »Der Johanniterritter hat zu geloben, daß er gegen die Feinde der Kirche Christi und gegen die Zerstörer göttlicher und menschlicher Ordnungen überall einen guten und ritterlichen Kampf kämpfen, sowie nach besten Kräften die christliche Krankenpflege des Ordens begünstigen, fördern und verbreiten soll.«

Sosehr der König nun die karitativen Initiativen der Johanniter unterstützte und sich daran freute, um so enttäuschter war er über den Eintritt seines Neffen Prinz Friedrich Wilhelm in den Freimaurerorden, dem der Vater desselben, der Prinz von Preußen, allerdings schon seit 1840 angehörte.

Friedrich Wilhelm IV. schrieb seinem Bruder am 25. Januar 1854: »Ich gestehe Dir gleich am Anfang dieser Zeilen, daß ich dieselben nicht ohne Aufregung schreibe. Schon im Herbst 1853 sah ich mich genötigt, gegen den in den Zeitungen gebrauchten Ausdruck: ›Diese Aufnahme sei mit meiner ausdrücklichen Genehmigung und Billigung geschehen‹ zu protestieren. Ich wiederhole hier ausdrücklich, daß sie sich weder meiner Genehmigung und Billigung zu erfreuen haben konnte, da sie seit lange ›ohne mein Wissen‹ vorbereitet worden war, und daß ich durch Dich erst am Vorabende, Nachts 11 Uhr davon unterrichtet worden bin. Da nun das Untersagen der Zeremonie eine Art Skandal im Orden und ein Kompromittieren Deiner Person abgegeben hätte, . . . so schwieg ich mit Einsprüchen in jener Nacht, . . . und habe wenige Tage darauf dem teuren Fritz, liebevoll aber ernst meine Mißbilligung und dieselbe mit Gründen mit bestem Wissen und Gewissen belegt.«

Der König wollte in einem Zeitungsartikel widerlegen lassen, daß er den Eintritt seines Neffen in den Freimaurerorden angeblich gebilligt habe. Auf diese Ankündigung hin verlangte der Prinz von Preußen einen sofortigen: »Contre Befehl, sonst muß ich Dich auf das Entschiedenste kompromittieren.« Friedrich Wilhelm IV. antwortete am »25. 1. 54, 11½ abends – Ich sende Dir Deinen über jeden Ausdruck unpassenden Zettel zurück.

So droht man nicht einem Kameraden
So droht man nicht einem Bruder
So droht man vor allem nicht dem König.«

Er ließ diesen »Zettel« durch seinen Kabinettsrat Markus Niebuhr persönlich überbringen, der »an allen Gliedern zitternd wie ein Espenlaub in Erinnerung an die Unterredung mit Dir«, zurückkehrte; der König schrieb seinem Bruder noch einmal und wurde deutlicher: »Ich erkläre Dir hier feierlich und überlegt, daß ich die Erfüllung Deiner Drohungen gegen mich als Bruch Deines geschworenen Gehorsams als erster Untertan und als Offizier betrachten müßte. Willst Du diese ekelhafte Seite, die noch niemals die Blätter der Geschichte unseres Hauses besudelt hat, mit eigener Hand schreiben? – Doch verzeih mir, teuerster Wilhelm, daß ich das geschrieben habe, denn ich fühle, daß es – so wahr und gewiß es auch ist – als Mißtrauen gegen Dich von Dir selbst ausgelegt werden könnte. . . . Du bist noch derselbe, der Du in der Kinderstube warst . . .«

Der Zeitungsstreit um den Eintritt des Thronerben in den Freimaurerorden legte sich endlich.

Aber der König war weiterhin persönlichen Angriffen und Anfeindungen ausgesetzt. Neuerdings wurde sein diplomatisches Verhalten gegenüber der »Orientalischen Krise« beanstandet.

Nachdem sich England und Frankreich verbündet hatten und an der Seite der Türkei schließlich gegen Rußland Krieg führten und beide Seiten sich um Unterstützung durch Österreich und Preußen bemühten, entschied sich Friedrich Wilhelm IV. zu »autonomer Neutralität«. Das wurde ihm als unzulässige politische Schwäche angelastet. Es kam zu Auseinandersetzungen vor allem mit Bunsen, mit Ludwig v. Gerlach und seinem Bruder Wilhelm.

Bunsen hatte als Gesandter in London gegen den Willen des Königs diplomatische Schritte zur Annäherung an England unternommen, darauf ließ ihn Friedrich Wilhelm abberufen. Gleichzeitig übte Ludwig v. Gerlach in seinen Artikeln in der

Kreuzzeitung scharfe Kritik gegen die Maßnahmen des Königs und wohl so boshaft, daß sich Friedrich Wilhelm veranlaßt sah, die sogenannten »Rundschauen« Gerlachs beschlagnahmen zu lassen. Dies wiederum löste einige öffentliche Proteste aus, zu denen auch Otto v. Bismarck Stellung nahm: »Ich betrachte die Unterdrückung der Rundschau als eine durch die äußere Politik gebotene Maßregel; Gerlachs Person dagegen in Anspruch zu nehmen, würde ich, auch wenn ich unabhängig von allen persönlichen Sympathieen und Rücksichtnahmen zu urtheilen suche, für politisch sehr bedenklich halten. Seine etwaige Bestrafung würde in und außer der Kammer weniger ihrer juristischen Begründung nach und mehr im Lichte eines criteriums für unsere Parteistellungen, eines Fehdebriefes für die äußerste Rechte aufgefaßt werden, und in diesem Sinne eine unermeßliche Tragweite erreichen können.« Ludwig v. Gerlach wurde nicht angeklagt, er setzte seine Angriffe gegen den König fort, die nun durch die Orientalische Krise neue Speisung erfuhren.

*

Über den Krimkrieg, der sich zu einem Weltkrieg auszuweiten drohte, ist eine Fülle von damaligen Korrespondenzen und Stellungnahmen überliefert. Ein Satz Friedrich Wilhelms IV. verdient unsere Aufmerksamkeit. Er schrieb der Queen Viktoria, daß er »den Frieden für einen Segen – den Krieg für einen Fluch« halte.

Am 12. März 1854 verfaßte der Prinz von Preußen wieder einen langen Brief an seinen Bruder Friedrich Wilhelm, diesmal bezüglich der politischen Haltung in der Krise des Krimkrieges: »Du ... willst nunmehr eine wirkliche Neutralität ... Diese willst Du unter allen Umständen aufrecht erhalten, es sei denn, daß jemand sie nicht respektieren wolle und Dir Zwang antue, aus ihr herauszutreten. Damit ist also die Selbstbestimmung aufgegeben, ... mit Deiner Macht und Ar-

232

mee einst das Gewicht in die Wagschale zu legen . . . Diese Stellung halte ich für . . . nicht würdig (und) . . . nicht durchführbar.«

Einen Tag zuvor hatte Friedrich Wilhelm IV. an Kaiser Franz Joseph den Vorschlag eines »Schutz- und Trutzbündnisses« zur gegenseitigen Verteidigung des Besitzstandes gemacht. Dahinter stand die Absicht, Rußland an der Überschreitung der Balkanlinie zu hindern.

Offensichtlich hatte Prinz Wilhelm schon mehrmals versucht, seinen Bruder umzustimmen. Der König antwortete am 15. März: »Dein langer politischer Brief hat mich unaussprechlich betrübt. Das Schwanken und Wanken Deiner politischen Ansichten, . . . wenn ich Deine Briefe der letzten 14–18 Tage zusammenstelle, ist nicht oder nur sehr beiläufig daran Schuld. Ebensowenig die kriegerische Tendenz gegen unsern alten, treuen kaiserlichen Freund und Schwager Nikolaus – es ist vor allem die tiefe Unzufriedenheit, das tiefe Mißtrauen mir gegenüber. Du weißt so gut wie ich selbst und wie es ein jeder weiß, der Einsicht in die Depeschen des Auslandes hat und in die Absichten der Regierung aktenmäßig eingeweiht ist (wie Du es bist kraft meines Vertrauens), daß ich vom ersten Augenblick des orientalischen Konflikts bis heute keinen Moment gewankt und geschwankt habe (wie das, Gott sei's geklagt, leider bei Minister v. Manteuffel der Fall gewesen ist!), sondern daß ich, treu dem als Pflicht, Schuldigkeit und Ehrengesetz erkannten Grundsatze und ohne mich durch Parteiintrigen verwerflichster Art beirren zu lassen, meinen graden Weg furchtlos gegangen bin. Das hab' ich auch dann getan, als unleugbare Gefahren daraus hervorgingen. Meine Ehre 1) als ehrlicher Mann, 2) als König von Preußen, 3) als Fürst meiner Völker, 4) als Christ *befiehlt mir aber*, 1) den Undank gegen treue Freunde wie die Pest zu fliehen, 2) meiner Krone Unabhängigkeit, 3) die freie Selbstbestimmung als sogenannte: ›Großmacht‹ als schwer errungenes Kleinod Preußens zu wahren, 4) meinen Ländern die Segnungen des Friedens zu erhalten, solange die ersten Bedingungen es zulassen, und 5) meines Teils niemals an dem Vergießen eines Tropfens Christenblut für den Islam schuldig zu sein . . . Darum mein autonomer Neutralitäts-Entschluß, . . . darum der Antrag auf engstes Zusammenschließen unter integraler Grenz-Garantie mit ganz Deutschland und ganz Österreich . . . Du scheinst nicht zu berechnen, daß das Eine-Masse-Bilden von mehr als 70 000 000 Menschen und von einer Million Soldaten in friedlicher Absicht (ob in friedlichem Erfolg steht bei Gott!) eine Sicherheit gibt, die . . . des Anstrebens schon wert ist.«

Im letzten Abschnitt dieses Briefes heißt es dann: »Es ist genug geschrieben – Talleyrand hat recht, wenn er sagt, daß die Sprache dem Menschen gegeben sei, um seine Meinungen zu verbergen. Noch wahrer aber ist es, daß das Schreiben oft dazu da ist, um die Meinungen ganz konfus zu machen . . .«

Der Bruderzwist fand kein Ende. Er erregte den König derart, daß er sich auf seinen einsamen nächtlichen Gängen im Park wieder einmal verletzte. Prinz Carl erzählte es seiner Tochter Anna: »Der König stieß nächtlicherweile bei einer Promenade in Charlottenburg heftig gegen einen Baum, verletzte sich tief die linke Backe, das Auge geschwollen, übergab sich 4 Stunden später und fieberte . . .«

In dem fortgesetzten Konflikt mit Prinz Wilhelm ging es dann um die Abberufung Bunsens und schließlich um die am 4. Mai ausgesprochene Entlassung des Kriegsministers Eduard v. Bonin.

Der Prinz von Preußen erhob sofort Einspruch dagegen: »Ich muß somit den Sturz Bonins als gegen mich gerichtet betrachten, und daher lege ich hiermit gegen seine Entlassung als 1. Offizier der Armee entschiedenen Protest ein, und ersuche Dich zum Wohle Deiner selbst, der Armee und Deiner politischen Stellung in diesem wichtigen Moment, die Entlassung Bonins sofort rückgängig zu machen. Im Verweigerungsfall zeige ich Dir hiermit an, daß ich meine Familie in Baden besuchen werde . . .«

Nun hatte sich der Prinz wirklich »an die Spitze der Malkontenten« gestellt, und was sollte daraus werden? Graf Stolberg, der ihn eindringlich davor gewarnt hatte, war im Februar gestorben.

Friedrich Wilhelm IV. antwortete: »Das Protestieren im Namen der Armee ignoriere ich diesmal noch. Du selbst wirst Dir am besten beantworten, was jeder militärische Vorgesetzte dann tun muß, wenn derjenige sein Amt nicht niederlegt, der im Namen von Truppen gegen höhere Befehle protestiert. Keine Armee ›darf‹ protestieren und die preußische ›tut es nicht‹. Sie würde im selben Augenblick aufhören, die preußische Armee zu sein . . .«

Und Prinz Carl schrieb in diesen Tagen seiner Tochter Anna, der verheirateten Landgräfin von Hessen-Kassel: »Wilhelms Benehmen gegen unsern König, den Chef der Armee, hat in unserm Familienkreise viel Kummer hervorgerufen . . . Um ihm Zeit zum Nachdenken zu lassen, gab der König ihm einen vierwöchigen Urlaub, der mit dem 6. Juni abends abläuft.«

In tiefster innerer Erregung versuchte der König am 24. Mai 1854 nochmals, seinem Bruder die Augen zu öffnen:

»Verstehe das ja recht deutlich, teuerster Bruder!

Du hast ›als Offizier‹ gegen Bonins Entlassung ›protestiert‹.

Du hast ›gefordert‹, ich solle ihn sofort wieder einsetzen.

Du hast ›gedroht‹ Berlin und das Land zu verlassen, wenn ich der Forderung nicht alsbald nachkäme.

Du hast endlich!!! Deine ›Drohung ausgeführt‹.

Mit einem Worte: Du hast meiner Armee und meinen Untertanen ein böses Beispiel gegeben.

Das mußt Du gutmachen. Ehe das nicht geschehen ist, darf und kann ich Dich nicht wiedersehen.

Ich weiß aus einem Brief . . ., daß Du die Ausführung Deiner Drohung mit meiner – wohlzuverstehenden aufoktroyierten – Urlaubserteilung bedecken willst.

Aber um alles in der Welt! Hast Du denn gar keine Ahnung von der Zartheit dieses meines Verfahrens? Du, der Mann der strengen Disziplin, siehst Du wirklich gar nicht ein, daß die

Lüge, die ich da in überwallender Bruderliebe begangen habe, nämlich die der ›Gewährung‹ eines ›nicht geforderten Urlaubs‹ das einzige Mittel war, um Dich nicht unter Kriegsrecht zu stellen, wenn ich nicht etwa moralisch, oder in der Tat, abdizieren wollte?

Nun teuerster Bruder: ich verlange nicht, ja, ich will nicht, daß Du mir einen Entschuldigungsbrief und Schuldbeichte schreibest. Ich bitte – Gott wird mir's verzeihen, daß ich da bitte, wo Seine heilige Ordnung will, daß ich befehle und zwinge – ich bitte Dich aus der Tiefe meines Herzens, schreibe mir nur die drei Worte: ›Es tut mir leid‹ – Ich bitte Dich noch einmal darum. Aber knüpfe keine Bedingungen daran.«

Diese Sätze trafen wohl das Herz des Prinzen, er schrieb aus Baden: »28. Mai – Ich kann Dir nur auf das Allerbrüderlichste danken, daß Du mir selbst die Worte angibst, durch welche die Irrungen, die sich zwischen uns aufgetürmt haben, zu beseitigen sind. Ich zögere daher keinen Augenblick, die von Dir selbst niedergeschriebenen Worte auszusprechen, daß es mir im tiefsten des Herzens leid tut, durch die Verhältnisse dahin gebracht worden zu sein, Dir wehe zu tun und Dich verletzt zu haben.« Er hoffe, daß der »Bund von Neuem besiegelt werde« – zwischen ihren Herzen »am Grabe der teuren Eltern«.

Sie trafen sich wirklich zu einer Geste der Versöhnung; zuerst am 7. Juni, dem Todestag Friedrich Wilhelms III., im Charlottenburger Mausoleum, dann am 11. Juni, dem Tag der silbernen Hochzeit von Prinz Wilhelm und Prinzessin Augusta, und wohl noch einmal am 19. Juli, dem Todestage ihrer Mutter, der Königin Luise.

Die neu empfundene brüderliche Gemeinsamkeit reichte jedoch nicht aus, die überpersönlichen, parteipolitisch bedingten Gegensätze zu tilgen, wie es sich bald wieder zeigen sollte.

Der König erfuhr – vielleicht durch Indiskretion– von geäußerster Kritik und »beschwor« seinen Bruder am 4. August 1854 geradezu: »Beim Andenken an Vater und Mutter endlich anständiger über Deinen Bruder zu reden, der sich nicht selbst zum König gemacht hat, der es aber ist und seine Pflichten und Rechte kennt. Es ist mir nicht gleichgültig, daß Du mich für einen Esel hälst. Das Aussprechen aber Deiner unbrüderlichen Gesinnung muß ich Dir aber verbieten, denn das ist zu arg und ich muß an Deinem Herzen zweifeln. Ich glaubte seit dem 19. Juli so fest und so froh daran – !!!! Fritz«

Die Korrespondenz dieses »Bruderzwistes« umfaßt mehrere hundert Stücke. Sie wurde im Preußischen Hausarchiv verwahrt und fast bis in die Mitte unseres Jahrhunderts unter Verschluß gehalten. So konnte nur Weniges in die Öffentlichkeit durchsickern; der Glanz des Königs- und späteren Kaiserhauses sollte ja auch nicht durch solchen Makel getrübt werden.

Friedrich Wilhelm IV. war am 2. August auf einem seiner in Einsamkeit und Dunkelheit unternommenen Spaziergänge im Charlottenburger Schloßpark gestolpert und hatte sich diesmal das Schienbein verletzt.

Enttäuschungen quälten ihn. Er verfaßte sein Testament »am Tage der Verklärung Christi«. Für ihn hatte wohl gerade dieses Datum einen persönlichen, seiner äußeren Umgebung verborgenen, geheimnisvollen Bezug.

»Charlottenburg, am Tage der Verklärung J: Ch:1
am 6. August 1854
Wie ich bestattet sein will.
Wenn Gott der Herr es gibt, daß ich meine irdische Laufbahn ruhig in der Heimath endige und wenn, um was ich Ihn auf Knieen und mit Inbrunst anflehe, die Königin, meine heiß und ewig geliebte Elise mich überlebt, so soll ihr dies Blatt gleich nach meinem Ableben übergehen werden. Was sie irgend daran ändert, soll befolgt werden, als stände es hier geschrieben. Ihr Befehl soll mein Befehl sein. Doch will ich einst an ihrer Seite ruhen, im selben Grabe, so nahe als möglich . . .«

Die Gestalt der Königin Elisabeth trat nicht durch Einflußnahme nach außen in Erscheinung; vielleicht ist das der Grund dafür, daß sie die Zeitgenossen nur wenig beeindruckte. Aber liegt in dem grenzenlosen Vertrauen, welches sie dem König

König Johann von Sachsen

entgegenbrachte, nicht der Fingerzeig für den Wert eines Menschen, den unser an geschichtliche Persönlichkeiten angelegter Maßstab gar nicht erfassen kann?

∗

Am 9. August 1854 starb König Friedrich August von Sachsen durch einen Unfall. Er befand sich an diesem Tag auf einer Wagenfahrt in Tirol. Das leichte Fuhrwerk stürzte in einer Wegbiegung, der König fiel heraus und wurde durch den Hufschlag eines Pferdes am Kopf tödlich getroffen. Sein Nachfolger war Prinz Johann.

»Charlottenburg 11. August 1854.
Geliebter Freund!

Ich schreibe Dir aus meinem Jammer in Deinen noch bittren Jammer, von meinem Lager aus, auf welches meine Wunde am Schienbein mich noch immer festhält. Für den gewissenhaften, für den christlichen Fürsten ist das Besteigen des Thrones immer der ernsteste Moment des Lebens. In dieser prüfungsreichen bangen Zeit gehört der Augenblick zu den bängsten Prüfungen ... Möge Gottes ... Seegen Dein schweres Amt fördern und Sein Schirm und Schild Dich und die Deinen umlagern! ...

Bewahre Deine Freundschaft und Dein Vertrauen, Geliebter Hansy!

Deinem in Liebe und Treue ewig verbundenen

Schwager, Bruder und Freund Friedrich Wilhelm R.«

Nur einen Tag später antwortete König Johann:

»Mein bester Liebster Freund!

Schon mehrmals während dieser schmerzvollen Tage war ich auf dem Punct, dir zu schreiben und dir mein Herz auszuschütten ... Den Schreck des ersten Moments, wo ich um 4 Uhr früh mit der Schreckensbotschaft geweckt wurde, kannst du dir nicht fürchterlich genug denken   Gott hat es gewollt, man muß sich Seinem heiligen Willen beugen ... Ich habe Ihm in der Stille meines Herzens die strengste Pflichterfüllung ohne alle Menschenfurcht ... angelobt ... Wenn ich dich nur bald ganz wiederhergestellt wüßte! Du solltest künftig diese nächtlichen Promenaden unterlassen. Der arme Fritz (König Friedrich August) ging auch immer ins Gebirge und nahm zuletzt ein Unglück. Nimm dich in Acht, daß es dir mit diesen Spaziergängen nicht auch so gehe.

Lebe wohl, mein liebster theurer Freund! Gott gebe uns nur friedliche Zeiten; und erfülle die Hoffnungen, die uns die letzten Nachrichten schimmern lassen.

Dein treuer Hansy.«

Die »Hoffnungen der letzten Nachrichten« bezogen sich auf die Eindämmung des Krimkrieges. Nachdem russische Truppen die Donaufürstentümer geräumt hatten, war die wichtigste

Voraussetzung zur Wahrung der Neutralität Österreichs und Preußens und damit ganz Deutschlands eingetreten.

Frankreich und England führten allerdings weiter Krieg, um die Vormachtstellung Rußlands zu erschüttern. Ihre Truppenverbände landeten im September 1854 auf der Halbinsel Krim und begannen im Oktober die Belagerung der bisher als uneinnehmbar geltenden russischen Festung Sewastopol. Die Armee Rußlands war den Türken gegenüber zunächst siegreich, aber den Alliierten gegenüber zeigte sich bald, daß ihre Ausrüstung und ihre Schußwaffen veraltet waren und darüber hinaus der Nachschub von Munition nicht funktionierte.

Rußland war in seiner Isolierung natürlich auf die neutralen Staaten nicht gut zu sprechen. Deshalb bemühte sich König Friedrich Wilhelm IV. besonders, das »alte Wohlwollen« zwischen Rußland und Österreich wiederherzustellen. Davon zeugt zum Beispiel eine eilig geschriebene Nachricht an den Prinzen Carl vom 16. November 1854: »Wie m. Brief in's auswärt. Amt gelangt ist, ist zugleich die Depesche vom 25. Oct. . . . eingegangen u. hat Minister v. Mantffl. hier soeben Vortrag darüber gehalten. Bis zu welchem Grade ihr Inhalt mich erfreut u. rührt u. mit Hoffnung erfüllt, kann ich nicht lebhaft genug ausdrücken. Ich eile um so mehr, die Copie des kaiserl. Österr. Briefes nach Petersburg zu expedieren. Es geschieht dies in der Hoffnung, daß dieser Brief auf SM den Kaiser (Zar Nikolaus I.) einen entscheidenden Eindruck machen wird. Mögen – u. das gebe Gott in Gnaden! – die Worte des jungen Kaisers (Franz Joseph) den Effect hervorbringen, den sie – ich bin's überzeugt – bestimmt sind zu machen; nämlich das alte Wohlwollen für F. J. (Franz Joseph I.) in des Kaisers (Zaren) Seele wieder anzufachen . . . Das ist, mit Gottes Hilfe: die Rettung Europas! Vale Fritz«

Immer wieder zielten Friedrich Wilhelms politische Bemühungen auf Europa! Die diplomatischen Verhandlungen mit Rußland mußten aber – ganz allgemein – im Frühjahr 1855 jäh unterbrochen werden. Am 2. März schrieb der König seinem

Bruder Carl: »Ich habe im Schmerz der Verwirrung schlimm vergessen, Dir eine Frage zu tun . . .: Ist es Dir recht, die Reise nach Petersburg mit Alexandrine zu machen? Wilhelm, der es dringend wünschte, hat das scharfe Verbot der Ärzte . . .

Dein treuer Bruder Fritz«

Zar Nikolaus I. war an diesem 2. März 1855 gestorben.

Der Preußische Staatsanzeiger verbreitete Näheres: »Schon seit einiger Zeit waren Se. Majestät von der Grippe, wie es sich jetzt erweist, recht heftig befallen . . .« Aber er nahm keine Rücksicht darauf, »bestieg bei ziemlich kaltem Wetter seinen Schlitten und fuhr in das Exerzierhaus . . . Sein Ende erfolgte im Beisein der ganzen Familie am 2. März mittags 12 Uhr 10 Minuten . . . Fast die letzten deutlichen Worte . . . waren : Dites à Fritz (Friedrich Wilhelm IV.) de rester toujours le même pour la Russie, et de ne pas oublier les paroles de Papa (Friedrich Wilhelm III.) . . . Als Privatmann im Schoße seiner Familie legte Nikolaus I. die Strenge des Zar's beiseite und war der zärtlichste Vater und Gatte . . . In seinem Leben zeigte er eine Einfachheit, wie man sie in so hohen Stellungen selten findet . . .«

Die Urteile der Zeitgenossen über Nikolaus I. waren geteilt: Die einen verehrten ihn als strengen aber gerechten Herrscher, die anderen sahen in ihm den Tyrannen. Bezeichnend für sein Wesen mag gewesen sein, daß er aus eigenem Verantwortungsgefühl heraus entscheidend in die Strafvollstreckung eingriff, zum Beispiel im Dezember 1849 durch Aufhebung des Todesurteiles für einige Revolutionäre, unter denen sich der später berühmt gewordene Dichter Fjodor Dostojewski befand.

Und erstaunlich ist, daß gerade diesem als hart gefürchteten Monarchen die Gemälde des mystischen englischen Malers John Martin gefielen, so daß dieser ihm sogar eines seiner visionären Bilder widmete.

The deluge, gemalt 1828 von John Martin,
gewidmet an Zar Nikolaus I. von Rußland

*

X. 1855–1858

Schwere Belastungen
bis zur Regentschaftsübergabe

Noch in seiner Sterbestunde hatte Zar Nikolaus den König, an das Testament Friedrich Wilhelms III., des »Vaters«, erinnert: »Verabsäume nicht, die Eintracht unter den Europäischen Mächten, so viel in Deinen Kräften steht, zu befördern; vor allem aber mögen Preußen, Rußland und Österreich sich nie voneinander trennen!«

Was war inzwischen aus der Eintracht geworden? Es mußte immer wieder um sie gerungen werden, denn sie zeigte Schwächen. Und wies der Tod von Nikolaus I. nicht auch auf das näherrückende Ende der »Heiligen Allianz« hin?

König Friedrich Wilhelm und König Johann verständigten sich gegenseitig über alle diplomatischen Schritte, die sie in der noch immer nicht überwundenen »Orientalischen Krise« unternehmen wollten. Beide hielten an dem Prinzip des »festen Zusammenhaltens auf der Basis der Neutralität« für alle Staaten des deutschen Bundes – außer Österreich – fest. »Das Ziel unsres beyderseitigen Strebens«, schrieb Johann, ist »mögliches Abwehren der Zumuthung für eine ungerechtfertigte Sache das Schwerdt zu ergreifen und Hinwirkung auf Wiederherstellung des Friedens, jeder nach seinen Kräften, ist und bleibt ein gemeinschaftliches.«

Nachdem Rußland zu Ende des Jahres 1855 durch englische und französische Truppen entscheidende Niederlagen erlitten hatte, waren einerseits Vorbereitungen für einen Friedensvertrag im Gange, andererseits entstanden in dieser für Österreich günstigen Lage – wie sich Friedrich Wilhelm IV. gegenüber König Johann ausdrückte: »österreichische östliche Kriegsgelü-

ste«, die es zu vereiteln galt, »unsre Schwäche und Uneinig-
keit ... wird im entscheidenden Augenblick – bey gewissen
westlichen Pressionen – den armen lieben Neffen (Franz Joseph) immanquable in den russischen Krieg stoßen; unsere
feste Einigkeit aber Östreich den gewünschten Vorwand bieten
zu sagen: ›Seht – ich kann nicht!‹ So und nicht anders müssen
wir manövrieren, wenn wir leben wollen.«

In seinem Bemühen um »Wiederherstellung des Friedens«
sandte Friedrich Wilhelm dann dem Flügeladjutanten Edwin v.
Manteuffel zu seinem Neffen Kaiser Franz Joseph mit Schrift-
stücken nach Wien. Er ließ ihn aber vorher in Dresden bei König Johann Station machen, um alles Wichtige noch einmal
mündlich zu besprechen: »denn ich bin durch unerhörten Ver-
rath vom Inhalte verdrehter Schriftstücke dahin gekommen,
daß ich an wichtigen ... und geheimen Dingen nichts Schriftli-
ches mehr an das k. k. Cabinett gelangen lasse.«

Das war etwas fast Unglaubliches; wer sollte Schriftstücke
aus dem Kabinett des Königs abgefangen, verändert und dann
wieder in Umlauf gesetzt haben?

In Berlin »geisterte« seit Endes des Jahres 1855 das Gerücht
über eine Geheimdienstaffäre. Ein ehemaliger Leutnant namens Techen, der am 29. Januar 1856 verhaftet wurde, sagte
aus, (nach dem Wortlaut der Denkwürdigkeiten des Geheimen
Regierungsrathes Dr. Stieber) er sei »schon seit längerer Zeit als
geheimer Agent des Ministerpäsidenten Freiherrn v. Manteuffel beschäftigt gewesen, um Berichte über ... die Häupter der
sogenannten Kreuzzeitungspartei zu liefern«. Er habe sich an
die Diener des Generals v. Gerlach und des Kabinettsrats Niebuhr gewandt, die er dazu verleitete, ihm Abschriften von Tagebüchern, Briefen und Depeschen zu machen. Als sich dann
Herr v. Manteuffel im Sommer 1855 von ihm abgewandt habe,
sei er auf die Idee gekommen, um sein Wissen weiter zu verwer-
ten, die Abschriften, die er sich weiterhin habe anfertigen lassen,
an einen Sekretär bei der französischen Gesandtschaft in Berlin
zu verkaufen.

Der wegen Landesverrats geführte Prozeß gegen Techen zog sich bis zu Ende 1856 hin. Verständlicherweise versetzte er nicht nur alle direkt Beteiligten – je nachdem – in Ärger, Aufregung oder Angst. General Leopold v. Gerlach gestand sich in einer Tagebucheintragung bereits vom 12. November 1855 ein: »Bei dem Durchlesen dieser Notizen in bezug auf den Brief-Diebstahl habe ich mir doch einige bittere Vorwürfe gemacht.« Der Kabinettsrat Markus v. Niebuhr (er war 1855 gerade geadelt worden) geriet über diesen Diebstahl ihm anvertrauter geheimer Papiere in eine derart nervöse Erregung, daß er bald aus dem Dienst ausscheiden mußte. Ganz aufgeklärt wurde diese Affäre nie.

Während noch der Prozeß um Techen lief, ereignete sich in Berlin ein »Fall«, der nur zu deutlich Auswüchse und Kontroversen innerhalb der sogenannten »höheren Gesellschaft« aufzeigte. Am 10. März 1856 fiel der Berliner Polizeipräsident Karl Ludwig v. Hinckeldey im Duell mit dem Gardeleutnant Hans v. Rochow. Hinckeldey hatte sich durch Beschlagnahme der Kreuzzeitung und Beobachtung eines adligen Clubs, in dem verbotene Glücksspiele um Geld gemacht wurden, bei Konservativen und Offizieren unbeliebt gemacht. Die meisten Berliner Bürger aber trauerten um ihn, denn sie verdankten Hinckeldey eine neue Feuerwehr, Bade- und Waschanstalten und »Speiseanstalten für Arme«.

Beide Affären mußten den König, dessen Tage ohnehin mit Regierungsgeschäften überladen waren, sehr belasten, so daß wieder seine »Nächte unruhig« waren. Wenigstens sollten seine außenpolitischen Aktivitäten etwas zur Ruhe kommen, nachdem der Krimkrieg am 30. März 1856 mit dem Frieden von Paris beendet wurde.

Ende Mai 1856 besuchte der neue Zar Alexander II. zusammen mit seiner Mutter den preußischen König, seinen Onkel. Die verwitwete Zarin wünschte sich, in Schloß Sanssouci zu wohnen. Das Königspaar schränkte sich ein und der »ritterliche Bruder« nahm äußerste Rücksicht.

Seit diesem Frühjahr hatte der König einen neuen Flügeladjutanten, den 29jährigen Prinzen Kraft zu Hohenlohe-Ingelfingen. Er erlebte den russischen Besuch bei Hofe bereits mit: »Als unser König erfuhr, daß der russische Kaiser ihm sein Ulanen-Regiment vorzuexerzieren die Absicht habe, da ließ er sich im letzten Moment entschuldigen, er sei unwohl. Ich war erschrocken und eilte zum König, nach seinem Befinden zu fragen. Aber der König lachte und sagte mir, der Kaiser huste und sei zarter Gesundheit. Er fürchte, es könne demselben schaden, wenn er ein Regiment kommandieren wolle, deshalb habe er sich krank gestellt.«

Aber die Gesundheit Friedrich Wilhelms IV. zeigte auch bereits Spuren der Überanstrengung durch die gehäuften Konflikte der letzten Jahre. Seine Ärzte verordneten ihm im Sommer eine Brunnenkur in Marienbad. Dem begleitenden Flügeladjutanten wurde aufgetragen, für die Befolgung der ärtzlichen Vorschriften zu sorgen: »Das war eine schwere Aufgabe . . . Zuweilen, wenn man abends an die Zeit erinnerte, zu Bett zu gehen, erhielt man zur Antwort, ›Ach, machen Sie sich nicht lächerlich!‹.«

Kaum erholt von Marienbad nach Berlin zurückgekehrt, kamen auf den König neue, außergewöhnliche Belastungen zu.

In der Schweiz, in Neuchâtel, unternahmen Royalisten gegen den Rat des Königs noch einmal einen Putschversuch. Er mißglückte, die »Königstreuen« gerieten in Gefangenschaft. Das löste einen Sturm der Entrüstung vor allem bei Offizieren aus, denen es um die Ehre Preußens, seiner Krone und Armee ging. Die Frage des Eingreifens preußischer Truppen zur Besetzung der republikanischen Schweiz wurde akut. Leopold v. Gerlach stimmte – mit allen konservativen Freunden um den Prinzen von Preußen – für den Kampf: »man muß, wenn einmal der Krieg beginnt, . . . sich weder vor Frankreich noch vor Österreich fürchten.« Solcher Gedanken wegen »fertigte« ihn der König »scharf ab«.

Friedrich Wilhelm IV. verzichtete schließlich endgültig auf

das preußische Hoheitsrecht über das einstige Fürstentum Neuenburg. Er verzichtete auch auf eine schon im einzelnen geplante Reise mit der Königin nach Rom; weil sich die »Neuenburger Konferenzen« bis zum April 1857 hinzogen. »Mir tut es unendlich leid für König und Königin, . . . für Sie und für mich auch«, schrieb des Königs Kabinettsrat Markus v. Niebuhr – kurz vor dem Ausbruch seiner schweren Krankheit – an Alfred v. Reumont (Beide sollten die Reisebegleiter sein): »Hier in Berlin herrscht ein allgemeines Unbehagen, das um so mehr unangenehm ist, als man einen ganz bestimmten Grund dafür nicht finden kann. Vieles drückt allerdings: Die Folgen der Überspekulation, die Silberausfuhr nach Asien, die Steuervorlage . . .«

Die Hoffnung und Vorfreude, endlich mit der Königin gemeinsam nach Italien zu reisen, wurde dem König also wieder zerschlagen. »Schwermut und Müdigkeit« kamen über ihn.

Zusätzlich zu dem besonderen Schweizer Konflikt gab es weltweite wirtschaftliche Probleme, die sich auf die preußische Wirtschaft auswirkten. Eine von Amerika und England ausgehende Finanzkrise erreichte 1857 den Kontinent. Viele neugegründete Kreditinstitute und die ihnen angeschlossenen Firmen – wurden durch Diskonterhöhungen empfindlich getroffen. Es entstanden damals für sämtliche staatlichen und privaten Investitionsvorhaben Finanzierungsschwierigkeiten.

*

Als dann im *Mai 1857* der französische Divisonsgeneral Prinz Napoléon Joseph Charles nach Berlin zu Besuch kam, zeigte der König zum erstenmal eine »bis dahin noch nie dagewesene Befangenheit«, daß seine Adjutanten »erschraken . . . Es verließ ihn nicht nur seine sonstige Grazie, sondern auch sein Gedächtnis derart, daß er (bei der Vorstellung) keinen Namen von uns allen hervorbringen konnte.«

Dringend verordneten die Ärzte dem König daraufhin wieder eine Kur in Marienbad. Er reiste Mitte Juni. In seiner Begleitung befand sich diesmal der Gelehrte Alfred v. Reumont, der Tagebuch führte. Danach »konnte man mit der Kur vollkommen zufrieden sein«. Auf der Rückfahrt ging es am 6. Juli 1857 nach Teplitz, wo sich die Königin zur gleichen Zeit erholt hatte. Von hier machte Friedrich Wilhelm IV. einen kurzen Abstecher nach Wien, um seinen Neffen Kaiser Franz Joseph zu sprechen und eine Monarchenkonferenz zur Befestigung des Friedens in Europa vorzubereiten.

»Ich werde mich stets erinnern«, schrieb Reumont, »wie der König nach der Tafel – in Teplitz – um 4 Uhr in österreichischer Uniform erschien, um die Reise anzutreten, zu welcher er nur seine militärischen Begleiter mitnahm . . . Es war schwüle Luft und man merkte, daß die Uniform ihm unbequem war.«

Von dem Treffen in Wien kehrte Friedrich Wilhelm »tief bekümmert« nach Teplitz zurück und fuhr mit der Königin gleich weiter nach Pillnitz, »um sich dort beim König Johann auszuruhen und . . . auszusprechen«. Am 13. Juli fühlte er hier »nach der Mittagsmahlzeit Übelbefinden und Schwindel. Er legte sich zu Bett und wurde bald besinnungslos. Es ward nach Berlin an Schönlein (seinen Leibarzt) telegraphiert, sofort zu kommen. Schönlein erklärte das Leiden für einen starken Blutandrang nach dem Kopfe.« Aber bereits nach vier Tagen konnte der König wieder in gewohnter Weise die Rückreise nach Berlin antreten.

Flügeladjutant Prinz Hohenlohe stand empfangsbereit auf dem Bahnhof: »Da ist er ja«, sagte der König lachend zu ihm. Aber »die Königin, welche sehr schweigsam und ängstlich gewesen war, fuhr mit dem Könige nach Sanssouci, wo diesen Abend beide Majestäten allein den Thee nahmen, zum ersten Male, daß ich dies . . . erlebte.«

Gleich am nächsten Tag, den 18. Juli 1857, mußte der König wieder sein volles Arbeitsprogramm aufnehmen. Der Flügeladjutant hatte »nach so langer Abwesenheit« sogar besonders viele Staatsbeamte zum Vortrag zu melden.

Generaladjutant v. Gerlach wunderte sich, daß die Königin

ihn zurückwies: »Sie will nicht, daß ich von Geschäften mit ihm spreche.« Deshalb schrieb er ihr »in Gedanken einen Brief, in dem ich ihr sagte, wie sie voll von den Eindrücken, die der Gesundheitszustand des Königs auf sie machte, mich ansehen müßte als einen von denen, die Sr. M. unnütze Noth, Mühe und Erregung machen und deren Nähe ihr daher unangenehm sein müßte«. Er sprach weiter mit sich selber: »Schon oft, wenn ich sah, wie das Vertrauen schwand, oder wie meine Kräfte abnahmen, oder wenn S. M. meine Art die Dinge zu sehen verwarf, (habe ich) dem Könige meine Dienste zu Füßen gelegt...« Seltsam, der General spürte deutlich, daß seine »Art die Dinge« zu sehen, den König erregte und ihn dadurch auch gesundheitlich belastete. Dennoch setzte er, wohl beeinflußt von seinem Bruder, das »System der Aufdringlichkeit« fort, wie es Ludwig sarkastisch genannt hatte.

Ende Juli 1857 gab es für das Königspaar, wie im Vorjahr, Trubel wegen eines Besuches der Zarin. Sie befand sich von Italien aus auf dem Rückweg nach Rußland und wünschte sich, in Sanssouci mit ihren Geschwistern zusammenzutreffen. So kamen noch die verwitwete Großherzogin Alexandrine von Mecklenburg-Schwerin und die Prinzessin Luise der Niederlande angereist.

Glücklicherweise erholte sich der König weiterhin, vielleicht gerade durch die Ablenkung geschwisterlichen, ungezwungenen Beisammenseins. Nach der Abreise des russischen Hofes wurde denn auch Alfred v. Reumont wieder zur Unterhaltung nach Sanssouci beordert: »Ich bezog meine gewohnte Wohnung in der Mühle (im Park von Sanssouci)... Der König erschien mir ungleich wohler, als ich ihn verlassen hatte... (Alexander v.) Humboldt, (Hans Hugo v.) Kleist-Retzow (Oberpräsident der Rheinprovinz) und (Leopold) Ranke waren (am 3. August) zu Mittag und Abend Gäste. Letzterer war mein Nachbar in der Mühle, kehrte aber am folgenden Tage nach Berlin zurück. Er wurde durch (den Bildhauer Christian Daniel) Rauch ersetzt, welcher stets ein liebenswürdiger Gesell-

schafter war ... Der König schien die Nachwehen des Krank-
heitsanfalles überwunden zu haben. Die Morgenstunden waren
den Geschäften gewidmet; nach der Tafel, welche meist auf den
kleinsten Kreis beschränkt blieb, wurden manche längere Spazierfahrten unternommen. Auch an Wasserfahrten fehlte es
nicht. Eine Dampfbootfahrt, an welcher Prinz und Prinzessin
Carl und die Fürstin Liegnitz teilnahmen, führte nach dem Wer-
der mit seiner malerisch gelegenen Kirche ... Der Thee wurde
zum Teil in den Zimmern des Schlosses oder auf der Terrasse
serviert, während ebenfalls nach Charlottenhof gewandert wurde ... Ich verweilte in Sanssouci bis zum 13. August.«

Für Friedrich Wilhelm IV. folgten im September 1857 besonders anstregende Wochen. Zunächst reiste er mit seinem Bruder
Carl, in dessen Eigenschaft als kommandierender General des
vierten Armeekorps, zu den Herbstmanövern nach Halle. Sie
begannen am 7. September mit einer großen Parade. Prinz Hohenlohe hatte den begleitenden Dienst als Flügeladjutant und
führte Tagebuch:»Der folgende Tag war Ruhetag für die Truppen. Der König weihte die historische alte, von ihm neu restau-
rierte Kirche auf dem Petersberge ein.«

Diese Kirche im preußischen Regierungsbezirk Halle gehörte zu einem im 12. Jahrhundert gegründeten Kloster, das im
16. Jahrhundert säkularisiert und danach vernächlässigt wurde.
Sie war die ehrwürdige Grabstätte der ältesten Glieder der Wet-
tiner, des Stammhauses der sächsischen Könige. Welch eine
Geste der Freundschaft also, daß König Friedrich Wilhelm IV.
die romanische Basilika restaurieren und nun im Beisein seines
besten Freundes, des Königs Johann von Sachsen, neu einwei-
hen ließ. Und dies im für ihn so schicksalsträchtigen Jahr 1857!

»Er hatte im Anschluß an die Einweihung ... eine Rede begonnen, in der er auf das Wohl der anwesenden deutschen Fürsten einen Toast ausbringen wollte. Er hatte sie alle genannt und
wollte noch den Neffen, den Großherzog (Friedrich Franz II.)
von Mecklenburg mit dabei nennen, und, wie er an diesen Namen kommt, spricht er ›Großherzog von ...‹, stockt und kann

250

das Wort Mecklenburg nicht finden. Da stellt er sein Glas hin und faßt sich mit beiden Händen an den Kopf. Die Königin flüstert ihm ›Mecklenburg‹ ins Ohr, sofort findet er den Faden seiner Rede wieder und schließt so feurig, wie er begonnen. Nachher war er aber sehr trübe gestimmt. Die Tafel wurde aufgehoben, noch ehe der Nachtisch aufgetragen war. Und König und Königin zogen sich bald zurück.«

Kaum wieder zurück in Potsdam, empfing Friedrich Wilhelm IV. am 11. September »sämtliche Mitglieder der Allianzversammlung«.

»Evangelical Alliance« war der offizielle Name dieser internationalen Vereinigung evangelischer Christen, deren dritte Versammlung 1857, auf Betreiben Bunsens, in Berlin stattfand. »Der König unterhielt sich (beim Empfang) in gewohnt liebenswürdiger Weise. Ein Geistlicher wurde so hingerissen davon, daß er zu ihm sagte: »Wenn es nicht wider den Respekt wäre, würde ich die untertänigste Bitte auszusprechen wagen, daß wir alle Ew. Majestät umarmen dürfen.« Der König lächelte und sagte: »Aber Lieber –, bedenken Sie doch meine armen Zähne!«

Immer hatte er eine spontane, humorvolle Bemerkung parat. Den Bemühungen der »Allianz« stand er im ganzen skeptisch gegenüber. Gab es doch allein in der Auffassung über das Heilige Abendmahl unüberbrückbare Gegensätze zwischen Lutheranern und Reformierten.

Als er in diesem Sommer aufgefordert wurde, Stellung zu dem Glaubensstreit zu nehmen, hatte er geantwortet: »Ich habe ein tief inneres, mit meinem Wesen verwachsenes Bekenntnis über das heilige Geheimnis der Eucharistie, welches ich niemand aufdrängen darf und will, welches aber niemand zu erschüttern vermag. Die Ausdrücke, die das römische, das griechische, das augsburgische und das reformierte Bekenntnis gewählt haben, um den Unterschied ihrer Auffassungen zu bezeichnen, sind vor meiner Logik nichts anderes als ›vergebliches, fruchtloses Zappeln‹ in den Grenzen, die Gott der Herr dem menschlichen Verstande gesteckt hat. Es sind so viele Versuche, das, was nach Gottes Ordnung unaussprechlich ist, auszusprechen, was unerforschlich sein soll, auszuforschen, was unbegreiflich ist, zu begreifen, was kraft einer göttlichen Einsetzung ein heiliges Geheimnis sein muß, auf den Weltmarkt der Erklärungen zu bringen. Ich glaube fest und gewiß und mit der rechtgläubigen Christenheit aller Zeiten, ›im heiligen Nachtmahl des Leibes und Bluts des Herrn wahrhaftig teilhaftig zu werden‹ – denn also sagt's der Herr; und daran deutle ich nicht. Wie die Operation des ›Geheimnisses‹ vor sich geht – ob durch totale oder teilweise Wandlung der Substanz? Ob von außen nach innen oder umgekehrt? Ob vom Himmel zur Erde oder umgekehrt? – weiß ich darum nicht, weil, wenn man's wissen könnte, das Geheimnis aufhören würde. Wir können und sollen es also nicht wissen. Der heilige Glaube aber hilft zuversichtlich empfangen und im Dankopfer selig verstummen.

Dabei bekenne ich furchtlos und auf die Gefahr hin, von protestantischen Eiferern für einen Teufelsbraten gehalten zu werden, daß ich weder an eine reformierte Kirche, noch an eine lutherische Kirche, noch an irgendeine besondere Kirche glaube. Ich glaube allein an ›die Kirche‹, welche ich mit der Christenheit in jedem Gottesdienst bekenne, nämlich an die eine, heilige, apostolische Kirche.«

Niemand hätte wohl dieses persönliche Glaubensbekenntnis so gut verstanden wie Melchior v. Diepenbrock. Der Kardinal verstarb bereits 1853, so daß dem König ein erhofftes »Labsal des Wiedersehens« nicht mehr vergönnt war. Um so treuer hütete er den letzten Brief seines geistlichen Freundes – mit den Sätzen: »Es ist wohl recht betrübend, daß man nach allem, was wir erlebt haben, und im Ausblick auf das, was wir noch erleben werden, die allgemeine Solidarität der gemeinsamen christlichen Interessen, gegenüber dem Umsturz, dem Atheismus und Antichristentum, nicht einsieht, nicht Pauli Wort beherzigt: Wenn nur auf alle Weise Christus gepredigt wird!«

Inzwischen waren für den September 1857 Vorbereitungen für persönliche Begegnungen der Monarchen von Rußland, Österreich und Frankreich getroffen worden, an denen gerade Friedrich Wilhelm IV. großes Interesse hatte, ohne selbst daran teilnehmen zu wollen. Zar Alexander II. machte auf seiner Europareise die erste wichtige Station in der preußischen Hauptstadt, wo er am 14. September 1857 eintraf. Er logierte im Schloß Charlottenburg, besprach sich mit seinem Onkel, nahm am ersten Tag der Herbstmanöver teil und reiste am 16. September nach Darmstadt weiter.

Hier besuchte er seinen hessischen Schwager, den Großherzog Ludwig III., und fuhr dann nach Stuttgart, um zusammen mit Kaiser Napoléon III. dem König Wilhelm I. von Württemberg zu dessen 76. Geburtstag am 27. September zu gratulieren.

Geplant war, daß der Zar auf der Rückreise bei seiner Tante, der Großherzogin Maria-Paulowna, in Weimar Station machen sollte, um hier vor allem mit Kaiser Franz Joseph zusammenzutreffen. Für Anfang Oktober war als letzte Station noch einmal Berlin vorgesehen, um Friedrich Wilhelm IV. von allen Gesprächen zu berichten.

Um die Gelegenheit der Anwesenheit Napoléons III. in Deutschland zu nutzen, verfaßte Friedrich Wilhelm IV. einen Brief für den französischen Kaiser und bat seinen Bruder Wilhelm, diesen in Baden-Baden zu übergeben. Prinz Wilhelm war ja seit 1856 Schwiegervater des regierenden Großherzogs, so machte es sich gut, daß Napoléon auf dem Weg nach Stuttgart eine Zwischenstation in Baden Baden nehmen wollte. Hier wurde der französische Kaiser am Bahnhof zuerst vom badischen Großherzog empfangen, in dessen Begleitung sich die alte, seit 1819 verwitwete Großherzogin Stephanie von Baden befand – die als Tochter des Claude Beauharnais eine Adoptivtochter Napoléons I. war, also eine Tante des Kaisers. Dann erschien auch der Prinz von Preußen, übergab dem Kaiser der Franzosen den beauftragten Brief und hatte noch eine kurze

Audienz, von der er für seinen Bruder ein Gedankenprotokoll machte:

»Napoleon: Sie kennen den Kaiser Alexander genau; er soll sehr viel milder sein als Kaiser Nikolaus.

Ich: Allerdings . . .

Napoleon: Haben Sie auch gehört, daß der Kaiser Alexander eine Zusammenkunft mit dem Kaiser von Österreich haben wird?

Ich: Ich hätte allerdings davon gehört . . . jedenfalls (werde) diese nach der Stuttgarter gleichviel von sich sprechen machen.

Napoleon: Ah! Certainement . . . zu allen Zeiten ist es gut, wenn man sich persönlich kennt und spricht und darum bedaure ich, den König (Friedrich Wilhelm IV.) nicht zu sehen . . .«

In diesen für den europäischen Frieden so bedeutungsvollen Tagen des September 1857 sandte König Johann einen langen Brief an seinen königlichen Freund in Sanssouci, in dem er seine »Ansicht über die gegenwärtige politische Lage« zum Ausdruck brachte:

»Das Kaiserliche Frankreich hat offenbar ein Übergewicht in den Angelegenheiten Europa's bekommen, mit dem es hauptsächlich auf Österreich drücken zu wollen scheint. England ist auf lange Zeit durch die Indischen Angelegenheiten für Europa so gut wie paralysirt. Rußland schließt sich aus Haß gegen Österreich der Französischen Politik an oder tritt ihr doch nicht entgegen.

In Italien hält Napoleon III. Sardinien wie einen Hund an der Kette, um es im beliebigen Moment auf Österreich loszulassen, und hat überdies Rom mit seinen Truppen besetzt. Und auch in Teutschland bemüht man sich von Paris aus, Fürsten und Einzelne für seine Interessen zu gewinnen.

Diese gefährdete Stellung Österreichs ist aber für alle Teutschen Staaten eine große Gefahr; denn wenn Österreich fallen oder bedeutend geschwächt werden könnte, so würden gewiß auch die anderen Teutschen Staaten an die Reihe kommen. Es

254

würde aber einer solchen Gefahr ruhig entgegengesehen werden können, wenn nur der Teutsche Bund, wenn namentlich nur die beiden Teutschen Großstaaten Garantien eines festen Zusammenhaltes böten. Daß dies aber nicht der Fall ist, wer möchte es läugnen. Seit den schlimmen Jahren 1848–50 waltete ein Geist des Mißtrauens zwischen Österreich und Preußen, der sich in kleinen wie in großen Gelegenheiten kund gibt, und die Verwickelungen der letzten Jahre haben die vorhandene Spannung nur vermehrt . . . Hier nun räume ich zunächst ein, daß die zweideutige Politik Österreichs in der neuesten Zeit, namentlich in der Orientalischen Krisis, eine wesentliche Schuld an jenem Übel trägt. Gleichwohl kann ich auch Preußen in diesem Bezug nicht von Schuld freisprechen. Es gibt in Preußen eine zahlreiche Partey, ich möchte sie die Stockpreußische nennen, die ihre Mitglieder in den höchsten Beamtenclassen zählt. Diese Partey, die bis zu einem gewissen Punct ihr Echo in den sogenannten Gothaern findet, strebt ohne weitere Rücksicht nach einer Machtvergrößerung Preußens. Am liebsten würde sie Österreich aus Teutschland hinauswerfen und das übrige Teutschland unter Preußischem Scepter vereinigen . . . Daß dir dergleichen Ansichten fremd sind, weiß niemand besser als ich. Nichts desto weniger ist es dem Einfluß jener Partey gelungen, . . . im übrigen Teutschland den Glauben (zu) erregen, jene Ansichten seyen die des Preußischen Cabinets . . . Ich schließe diese Zeilen mit der Bitte um Verzeihung wegen meines Freimuths und zugleich mit der sich wohl von selbst zu verstehenden Bemerkung, daß dieser Aufsatz nur für dich und nicht für deine Diener geschrieben ist.«

Dieser Brief deutet an, daß die Weltöffentlichkeit damals von den Kolonialkriegen Englands in Indien beeindruckt war, mehr noch von dem Ringen von Österreich und Preußen um die Vormachtstellung in Europa. Als Monarch eines relativ kleinen deutschen Landes mußte er das Übergewicht der »Stockpreußen« mit Sorgen sehen.

Nach der Zusammenkunft Alexanders II. mit Napoleon III.

in Stuttgart reiste der Zar nach Weimar, um hier wie verabredet mit Kaiser Franz Joseph von Österreich zusammenzutreffen. Eine Weimarer Hofdame berichtete davon: »Die beiden Monarchen trafen am 1. Oktober ein; Kaiser Alexander wohnte bei seiner Tante (der Großherzogin-Witwe Maria Paulowna), Kaiser Franz Joseph im Stadtschloß. Seit dem Krimkrieg hatte Feindschaft zwischen ihnen geherrscht. . . . Hier nun sollte der Groll begraben werden. Die Herrscher reichten sich die Hände und zeigten sich dem Publikum im Theater bei der Vorstellung des ›Tannhäuser‹.«

Auf der Rückfahrt nacht St. Petersburg machte der Zar dann noch einmal einige Tage Station in Sanssouci. König Friedrich Wilhelm IV. hatte seinen Freund Johann von Sachsen dazu eingeladen. Allerdings findet sich kein Hinweis, wie ihre Begegnung verlaufen ist. Jedenfalls besuchten König Johann und Zar Alexander am 5. Oktober den Prinzen Carl in Glienicke – laut Eintrag im Gästebuch. Am Abend dieses Tages wurde zur Erheiterung der Gäste und zum Abschluß des Besuches noch das Lustspiel »Die Dienstboten« im Theater des Neuen Palais in Potsdam aufgeführt. »Der König hatte dabei gelacht, wie man ihn so herzlich zu lachen gewöhnt war.«

Am folgenden Tage, dem 6. Oktober 1857, erlitt er einen schweren Schlaganfall, der seinen Tod befürchten ließ.

Generaladjutant Leopold v. Gerlach war noch am Vormittag in Begleitung Friedrich Wilhelms IV. gewesen, der vorhatte, mit dem Zaren in der Eisenbahn ein Stück des Weges in Richtung Schlesien zu fahren: »Auf der Plattform des Berliner Bahnhofes . . . kommt der König auf mich zu und sagt, er fühle sich sehr unwohl, so daß er die ganze Reise nach Schlesien aufgeben möchte, und bald darauf faßte S. M. wirklich diesen Entschluß, nimmt vom Kaiser und Kaiserin Abschied . . ., zieht sich um und fährt . . . zurück . . . Wir fahren schnell nach Potsdam und ich mit (dem Regiments-Arzt) Weiß nach Sanssouci. Die Königin kommt mit ihren Schimmeln entgegen . . . Im Laufe des Tages nimmt das Übel (des Königs) zu . . . Lähmung der Zunge, aber kein Fieber; Erbrechen, Schlaf ohne Erquickung; kalte Umschläge auf den Kopf...«

»9. Oktober. Gestern gingen die Nachrichten über das Befinden S. M. hin und her. Um 9½ Uhr abends tritt (Hofmarschall Graf) Keller in meine Stube: ›Kommen Sie, es geht zu Ende‹ ...

Es wird ein Aderlaß um 11½ Uhr angeordnet; das Blut fließt, es tritt eine Erleichterung ein ... Der Prinz von Preußen wird geholt, vor ihm noch kommt der Prinz Carl ...

12. Oktober. Die Nacht war bei S. M. nicht so gut, wie man erwartet hatte. Tod oder Leben, ... schiebt dies alles doch die Entscheidung ob die Königliche Übertragung oder die Regentschaft eintreten soll, weiter hinaus ...

15. Oktober. Ganz stiller Geburtstag ... Also wieder keine Besserung.

19. Oktober ... Heute früh schickte ich Manteuffel Ludwigs (meines Bruders) ausführlichen Brief, den wir, wie die Dinge jetzt stehen, als unser Programm ansehen können; das ›wir‹ heißt Ludwig, Bismarck, Dohna, ich und eigentlich auch Edwin Manteuffel ...«

Die Brüder Gerlach versuchten weiter und jetzt sogar in verstärktem Maß mit ihrem »Programm« die politischen Geschicke Preußens mitzubestimmen. Sie sprachen sich für eine baldige Übernahme der Regentschaft durch den Prinzen von Preußen aus. Es sollte aber zunächst anders kommen.

Am 23. Oktober 1857 wurde dem Prinzen Wilhelm die Stellvertretung des Monarchen in der obersten Leitung der Staatsgeschäfte auf drei Monate übertragen.

Prinz Hohenlohe berichtete über diesen, für die Regierungszeit Friedrich Wilhelms IV. so bedeutungsvollen, ja so tragischen Tag: »Es war daher nötig, daß in Gegenwart von Zeugen Unterhaltungen mit dem Könige gepflogen wurden, aus denen sie ersehen konnten, daß er einen bestimmten klaren Willen habe. Die unvergleichliche Königin unterzog sich diesem schwierigen Amte, in Gegenwart von Zeugen mit dem Könige vorher eine Art Vorstellungsunterhaltung abzuhalten. Die Zeugen waren: Der Oberstkämmerer Feldmarschall Graf zu Dohna, der Ministerpräsident v. Manteuffel und der Hausminister v. Massow. Vor ihnen unterschrieb dann der König die Kabinetts-Ordre, mittels welcher der Prinz von Preußen als sein Stellvertreter die Königlichen Geschäfte auf drei Monate führen sollte, und ein ärztliches Gutachten beglaubigte die Dispositionsfähigkeit des Königs. Der König hat sich die Kabinetts-Ordre mehrere Male vorlesen lassen, ehe er sie unterschrieb . . . Drei Monate später erstaunte man, wie gut er sie verstanden hatte.«

Diese »Stellvertretung« sollte sich noch dreimal, im ganzen also über ein Jahr hin fortsetzen.

Von Monat zu Monat drängten die Brüder Gerlach und ihre »Parteifreunde« den Prinzen von Preußen, nicht mehr bloß die Stellvertretung, sondern die Regentschaft zu übernehmen, weil sie ihm endlich selbstverantwortliche Vollmachten zuerteilen würde. Aber Prinz Wilhelm blieb zunächst »fest auf den drei Monaten stehen«. Leopold v. Gerlach hielt fast minutiös in seinem Tagebuch die vielen Überlegungen fest, die von Ministern und Hofchargen über dieses Thema gemacht wurden. Ludwig v. Gerlach brachte seine eindeutige Meinung in der Kreuzzeitung zum Ausdruck und erregte hierdurch, ungewollt, den Unwillen des Prinzen von Preußen. So mußte General Gerlach resigniert feststellen: »Der Prinz (hat) einen Artikel in der Kreuzzeitung, in dem von Mitregentschaft die Rede ist, sehr übel genommen.›Wenn man solche Pläne hätte, so müsse er dagegen protestieren, eine solche geteilte Herrschaft wolle er nicht‹ . . . die nächste Folge dieses Mißtrauens ist, daß ich noch mehr zurückgetreten werde!«

Leopold befand sich nun in keiner guten Lage zwischen dem Mißtrauen des Königs und, das war neu, dem des Prinzen von Preußen.

Ab Mitte November 1857 hatte wieder Prinz Hohenlohe den Dienst als Flügeladjutant und hielt die täglichen Ereignisse fest: »Mittlerweile war rauhe Witterung eingetreten, Sanssouci war für den Winteraufenthalt nicht geeignet. Das Hoflager war in Charlottenburg genommen . . . Der König konnte jetzt nur wenig sprechen und meist war das, was er sagte, das Gegenteil von dem, was er sagen wollte. Erriet man, was er meinte, so war er sehr vergnügt und erzählte in seiner Weise weiter; wenn man aber nicht erraten konnte, was er bezeichnen wollte, dann versuchte er zwei- bis dreimal zu umschreiben und konnte dann plötzlich in Verzweiflung geraten . . . Er machte lange und weite Promenaden, . . . dabei beschränkte sich der König nicht auf den Schloßgarten . . . Er ging bis in den Grunewald, . . . ja, bis zum Schloß Bellevue oder bis Moabit. Da war kein Haus, das nicht irgendeine Erinnerung in ihm wach rief . . .

Der Winter trat früh ein und war streng und anhaltend. Eine Zeitlang konnte man von Tag zu Tag verzeichnen, daß der König weiter ging, mehr sprach, über einen größeren Wortschatz verfügte, heiterer wurde, seltener in Verzweiflung geriet . . . Mit dem Fortschreiten der Besserung wurden auch einzelne Menschen abends zum Thee eingeladen . . . Am wohltuendsten waren dem Könige ruhige alte Bekannte, die entweder interessante Kunstsachen zeigten – wie der Baurat Stuler – oder aus ganz alter Zeit Erinnerungen auffrischten.«

Da die Königin den Generaladjutanten Gerlach möglichst von ihrem Gemahl fernhielt, so ließ er sich von anderen Neuigkeiten erzählen: »5. Dezember . . . Der König macht jetzt offenbar schnelle Fortschritte . . . Mit den Schildwachen spricht er viel und das geht ganz gut. Er freut sich, wenn es ihm gelungen ist, und sagt: ›Das erzählen die Leute weiter und widerlegen die, welche sagen der Kerl ist verrückt, indem sie versichern, ich sei vernünftig‹ . . . Schöning (der Geheime Kämmerer) sagt dem Könige, nachdem er von den Schildwachen gesprochen: ›Euer Majestät haben aber auch mit Herrn von Humboldt ganz gut gesprochen‹, (darauf die Antwort) ›Das ist keine Kunst, mit dem kann man sprechen, was man will.‹« Ein anderes Mal hielt Gerlach fest, daß sich der König nach wie vor um die Landschaftsgestaltung in und um Berlin und Potsdam kümmerte:

»Zum König gerufen, wo Lenné war, der ihm einen Plan zur Verschönerung des Grunewald, d. h. der Spandauer Forst vorlegte.« Besonders beeindruckend aber ist eine Äußerung Friedrich Wilhlems IV. selber über seine Krankheit, die auch der General wiedergab: »Der König schildert seinen Zustand, als wenn eine finstere Decke ihm vor dem Verstande liege, durch welche nur einzelne Blitze wie durch Ritzen durchleuchten.«

Leopold v. Gerlach grübelte jetzt über den Sinn der Krankheit seines Monarchen und über »die Natur des göttlichen Welt-Regimentes« nach: »Gott will Wesen mit freiem Willen begabt regieren ... Christus wollte ein Reich Gottes auf Erden gründen, was aber Jerusalem nicht wollte ... Und Gott wendet auf unsere Bitte die angedrohten Plagen im Einzelnen und im Ganzen von den Menschen ab, wenn sie Buße tun und ihn darum anrufen ..., nur so ist die Kraft des Gebetes zu erklären.« Betete also sein König zu wenig, war er zu unbußfertig? Sein Bruder Ludwig bejahte das ganz kalt: »Des Königs Krankheit ist das Übel aus Gottes Hand: so muß es jeder ansehen, und so sieht es jeder an.«

»Jeder«, das war auch Varnhagen von Ense: »Dieser Ausgang des hoffärtigen, auf höhere Gottesgnade pochenden, geistesbeweglichen und aller seiner Vorteile frohen Königs hat etwas Tiefererschütterndes. Keine härtere Strafe, keine schmachvollere konnte für seine Torheiten und Härten ausgedacht werden.«

Welch überhebliche, egozentrische Auffassungen vom Wesen des Gebetes und Gottes Gericht! – Die verborgen gehaltenen, niedergeschriebenen Gebete Friedrich Wilhelms bezeugen, daß er in wirklicher Demut um Gottes Ratschlüsse rang und sich im Aufblick zu Gottes unerforschlicher Allmacht nur zu sehr der eigenen Schwachheit bewußt war. Von Hoffart keine Spur!

*

Am 6. Januar 1858 wurde der Prinz von Preußen zum zweiten Mal mit einer dreimonatigen Stellvertretung des Königs beauftragt. Zu den ersten Besucherinnen des Königspaares im neuen Jahr gehörte Auguste v. Massow, die Gemahlin des Hausministers Ludwig v. Massow: »Ich wurde von den Majestäten zum Thee geladen und sah zum ersten Male den König seit seiner Krankheit wieder, was mich tief bewegte; er war sehr freundlich, aber viel stiller als sonst, sprach indeß meist ganz verständig und verständlich, verwechselte nur zuweilen die Worte . . ., daß er kalt statt warm sagte . . . Ich wurde nun wieder oft zu den Majestäten geladen und ist mir ein Abend unvergeßlich geblieben, wo der König sagte: ›Sie können sich nicht vorstellen, wie schrecklich es ist, wenn man seine Gedanken nicht aussprechen kann.‹ Es hatte etwas wunderbar Tragisches, daß diesem geistvollen Mann . . . gerade das Wort und die Fähigkeit der Mitteilung genommen wurde.«

Auguste v. Massows Mann stammte aus einer jener alten märkischen Familien, die dem preußischen Königshaus schon seit Generationen dienten. Sein Großvater Valentin war Staatsminister unter Friedrich dem Großen, sein Vater, der sogenannte »Obermarschall«, Hofmarschall und »Intendant der Königlichen Schlösser« unter Friedrich Wilhelm III. Er selber, Ludwig, wuchs deshalb in der Nähe und in Freundschaft zu den Söhnen des Königs auf. 1823 wurde er Hofmarschall des damaligen Kronprinzen Friedrich Wilhelm, und weil er dieses Amt der finanziellen und organisatorischen Verwaltung besonders erfolgreich ausführte, übernahm ihn Friedrich Wilhelm III. 1835 als eigenen Oberhofmarschall. Ab 1840 verwaltete Ludwig v. Massow dann den »Hof« Friedrich Wilhelms IV. – der ihn 1854 zu seinem Hausminister und 1856 zum Staatsminister erhob. Massow, der nur ein Jahr älter als der König war, erkrankte 1857 an einem Nierenleiden. Friedrich Wilhelm IV. schrieb ihm damals aus Sanssouci am 29. September 1857, also kurz vor seinem schweren Schlaganfall: »Theuerster Massow – Es thut mir herzlich leid, daß Unwohlseyn Sie hindert hierher-

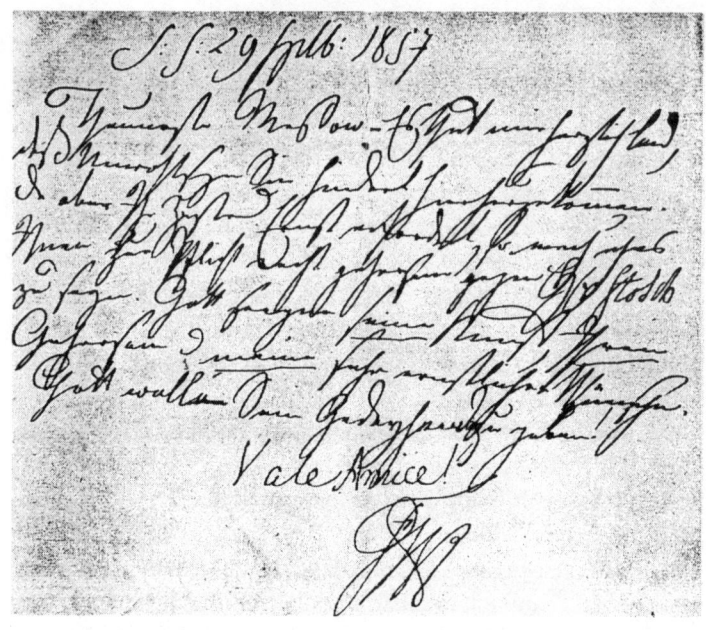

Zeilen des Königs an seinen kranken Hausminister
»Theuerster Massow«

zukommen. Da aber Ihr Zustand Ernst erfordert, so mach ich es
Ihnen zur Pflicht recht gehorsam gegen H. v. Stosch (den Arzt)
zu seyn. Gott seegne seine Kunst, Ihren Gehorsam und meine
sehr ernstlichen Wünsche. Gott wolle Sein Gedeyhen dazu geben! Vale Amice! Fr. W.«

An öffentlichen Feierlichkeiten konnte Friedrich Wilhelm
IV. nicht mehr teilnehmen. Auch nicht an denen zum Berliner
Einzug des in London vermählten Paares Prinz Friedrich Wilhelm von Preußen und Prinzessin Viktoria von Großbritannien
am 8. Februar 1858. Es blieb bei nur einzelnen Besuchern, über
die er sich freute und an deren Gesprächen er Anteil nahm.
Ranke kam und erklärte die »arabische Inschrift am Kaiser-

mantel ... vom Kaiser Lothar«, oder, der Begründer der »Inneren Mission« Johann Hinrich Wichern sprach mit ihm »über Kirchenprojekte und über Dombau«.

Weil für Friedrich Wilhelm IV. von jeher Musik ein »Labsal« war, wurde der Berliner Domchor ins Charlottenburger Schloß beordert, um »am Abend einige Gesänge vorzutragen«, wie die Prinzessin Marie berichtete.

Den Generaladjutanten v. Gerlach allerdings hielt die Königin möglichst fern: »Sie fürchtet meine Unterredungen mit dem König und sucht sie zu hindern, wie sie das immer getan hat«, beklagte sich Gerlach.

*

Für den Sommer 1858 schlugen die Ärzte eine Erholungsreise nach Tegernsee vor; sie wurde nach der 4. Stellvertretungs-Ordre angetreten. Alfred v. Reumont, das »Taschenlexicon« des Königs – wie dieser scherzhaft genannt wurde –, und Prinz Hohenlohe als Flügeladjutant begleiteten das Königspaar: »Die Herrschaften reisten mittels Extrazuges. Die Tagereisen wurden nur kurz bemessen ... Nachtquartiere waren Leipzig, Bamberg, Nürnberg, Augsburg, München ... Der größte Teil des Gepäcks wurde auf dem Zuge gelassen. Nur was man für einen Tag gebrauchte, nahm man in die Wohnung (oder das Hotel) mit. Das war aber immer nicht wenig, denn man mußte in Gegenwart der Majestäten immer in dem gebührenden Anzug erscheinen. Auch nahmen die Dienerschaften der Majestäten alles mit, was dieselben täglich zu gebrauchen gewöhnt waren, abends beim Thee fehlten die kleinen Strohteller nicht einmal, auf denen dann immer die Teller, Tassen und Bestecke Platz fanden, und die an keinem anderen Hofe und in keiner anderen Haushaltung gesehen worden sind ... Es war sehr unterhaltend und lehrreich, mit den Herrschaften zu reisen. Sie sahen alles, was sehenswürdig war. Auf den Tischen des Salonwagens lagen alle Karten ausgebreitet, mit deren Hilfe man jeden

Berg, und jede Burg zu Seiten der Bahn . . . schnell zu erfahren im Stande war. Die besten Beschreibungen, historische Darstellungen usw. lagen ebenfalls zur Hand. Die Majestäten erwarteten aber auch, daß wir uns fortwährend unterrichteten und ihnen auf Fragen Auskunft geben konnten. Wer dann nicht Bescheid wußte, wurde besonders von der Königin schelmisch geneckt: ›Ei! Sie reisen ohne Nutzen!.‹«

Am 20. Juli traf Reumont in Tegernsee ein: »Meine Wohnung war in dem dicht neben dem Schlosse gelegenen Pfarrhause, wo ich (den Architekten) Stüler zum Nachbar hatte . . . Ich ging um 8 Uhr (abends) ins Schloß, um mich vorzustellen. Man versammelte sich eben zum Thee in den schönen Räumen des ersten Geschosses . . . Der König kam mir entgegen, begrüßte mich herzlich und sagte völlig zusammenhängend, er freue sich, daß ich gekommen sei, er habe Schweres durchgemacht, fühle sich aber besser . . . Frühstück und Mittagsmahl nahm der König nur in Gesellschaft der Königin ein; Abends nahm das Gefolge am Theetisch teil, wobei Prinz Carl niemals fehlte.«

(Hohenlohe) »Prinz Carl war ein älterer Stiefbruder unserer Königin. Beide liebten sich sehr, obgleich sie sehr verschieden waren . . . Er war ein eifriger Feind Preußens, und ein großer Freund unseres Königs . . . Er hatte gern pikante und elegante Gesellschaft, aber er fühlte sich wohl in der Bauernkleidung.«

(Weiter Reumont) »Die Umgebung des Königs hatte sich mit Papierblättern und Bleistift versehen, um dann, wenn ein Name schwer verstanden wurde, denselben aufzuschreiben . . . Bei der Vorlegung von Ansichten oder von Kunstblättern, namentlich architektonischen, ging alles am besten vonstatten; die Anschauung belebte den König sichtbar und gab seinem Ausdruck größere Sicherheit, wozu auch die ihm gebliebene Lebendigkeit der Erinnerung beitrug . . . Die alte Lust am Zeichnen mit der Feder hat sich nicht wieder eingestellt . . . Wenn nur das Wetter es erlaubte, machte der König schon am frühen Morgen Spaziergänge durch die nähere Umgebung, wobei er sich auch durch gelegentliche Regengüsse nicht stören ließ. Gegen Mittag wurde dann meist noch ein längerer Spaziergang gemacht, welchem nachmittags Ausflüge zu Wagen folgten.«

Ende Juli kam Königin Marie von Bayern zu Besuch. Sie war eine auf den Tag genau 30 Jahre jüngere Nichte und Patentochter Friedrich Wilhelms IV. »Mit dem kranken König verstand Königin Marie am besten zu verkehren. Sie erzählte ihm von allen möglichen kleinen Dingen, und er verstand sie immer. Wenn er nervös und ungeduldig ward, dann packte sie ihn, statt ihn mit Worten zu besänftigen, fest unter dem Arm und lief mit ihm spazieren.«

In diesen Wochen entschied sich der König für einen Nachfolger seines bisherigen Leibarztes Johann Lukas Schönlein, der wegen seines »anspruchsvollen Betragens« bei allen Mißfallen erregt hatte. Auf Anforderung kam der Regimentsarzt der fünften Ulanen, ein Dr. Böger, nach Tegernsee und sollte bis zum Tode des Monarchen sein »Arzt, Wärter, Berater und Tröster in einer Person« bleiben. Dr. Böger schlug für den kommenden Winter dringend einen Aufenthalt in Italien vor. »So wurde denn beschlossen, zunächst nach Sanssouci zurückzukehren, ... da dort manches zu ordnen blieb.«

Die Rückfahrt von Tegernsee aus gestaltete sich wieder in Etappen. Eine der Stationen war Bamberg. Von hier berichtete Reumont über eine der für den assoziativ veranlagten Friedrich Wilhelm IV. nun so typisch gewordenen Verständigungsschwierigkeiten: »Der König war wohl und in guter Stimmung, ... der majestätische Dom ... machte sichtlichen Eindruck auf ihn. Abends beim Thee, als von dem Monument Heinrichs II. und der Kaiserin Kunigunde die Rede war, gedachte der König der Dichtung Zacharias Werners. Die Hindeutung auf dieselbe war nur halb verständlich, aber er stimmte lebendig zu, als ich die Worte der Widmung recitierte,

Was ich von dir gedichtet
hat anders zwar berichtet
der heilige Bericht.«

Zacharias Werner hatte 1815 ein romantisches Schauspiel »Kunigunde die Heilige« verfaßt, das sich auf Kaiser Heinrich II. und vor allem die Kaiserin Kunigunde bezog, deren Grabmäler im Bamberger Dom von Tilmann Riemenschneider geschaffen worden waren.

Am 2. September 1858 traf die königliche Reisegesellschaft wieder in Sanssouci ein, »um welches herum die prächtigste Vegetation noch all ihren Reichtum zur Schau stellte«.

Gleich meldete sich General v. Gerlach zur Stelle, mußte aber betrübt in sein Tagebuch eintragen: »2. September. – Ich bin heute zum Thee verbeten.«

Alfred v. Reumont aber blieb weiterhin zur Unterhaltung in Sanssouci: »Der König war im Ganzen körperlich rüstig und beweglich, ... machte täglich ... Spaziergänge ... und Nachmittagsfahrten ... Er verfolgte mit großer Teilnahme die Fortschritte des Baus der neuen Orangerie, dieses, nach seinen eigenen Zeichnungen angelegten Prachtwerkes ... Damals war der Mittelbau ... vollendet worden, und man kam eben mit der Einrichtung des Raffaelsaales zustande, in welchem die großenteils aus der Zeit des Königs Friedrich Wilhelms III. stammenden Copien der bedeutendsten Werke des Urbinaten vereinigt wurden ... Friedrich Wilhelm IV. hatte ... diese Copien ... vermehrt, und so lag – als das Berliner Kronzprinzenpalais mit der Einrichtung noch aus der Zeit der Königin Luise zur Benutzung durch den künftigen Thronfolger Prinz Friedrich Wilhelm und Prinzessin Viktoria umgestaltet werden mußte – der Gedanke nahe, diese Bilder zu einer Galerie ... zu vervollständigen.«

*

Die noch immer anstehende Frage nach der für den Prinzen von Preußen »besseren« Form der Regierungsübernahme, ob durch persönliche Vollmacht des Königs oder als Regentschaft mit Zustimmung des Parlamentes, erregte 1858 weiter die

266

»Hofkamarilla«, insbesondere den General Leopold v. Gerlach, der viele Seiten seines Tagebuches damit füllte. Endlich kam die Entscheidung: »21. September. Heute früh sagte mir (Hofmarschall Graf) Keller, in dem gestrigen Conseil der Minister sei die Regentschaft beschlossen worden.«

Wie aber, diese Frage bewegte viele, würde der kranke König hierauf reagieren? Alfred v. Reumont hatte ein feines Gespür: »Die Königin war zu der festen Ansicht gelangt, daß der König durch die ihm zu machende Eröffnung nicht auf eine ihn gefährdende Weise betrübt werden würde. Denn er hatte ein tief in seiner Seele liegendes Bewußtsein des Unvermögens, welches eben den Hauptgrund seiner Betrübnis bildete.«

Der für Friedrich Wilhelm IV. überaus tragische Tag, der 7. Oktober 1858, an dem er die Regierunsgewalt seinem Bruder Wilhelm übertragen mußte – obschon weiterhin »König von Gottes Gnaden« bleibend – wurde von den Herren seiner Begleitung natürlich unterschiedlich erlebt und mitempfunden.

General v. Gerlach spielt noch am Vormittag mit seinem Monarchen Billard: »Ich gewann ihm zwei Partien ab, obgleich er entschieden besser spielt als Ich.« Dann; »etwa 12½ Uhr, wird Graf Keller zur Königin gerufen, ich gehe mit, die Königin läßt uns beide warten ... Keller sagt mir, der König hätte unterzeichnet. Ich schreibe es an Massow. Die Königin in Tränen. Der König sagte kein Wort ...«

Alfred v. Reumont begleitete den König, kurz nachdem er den Erlaß der Regentschaftsübergabe unterzeichnet hatte, durch den Park von Sanssouci zur Orangerie und dort in den Raffaelsaal, »ich merkte keine Veränderung in seiner Stimmung. Bei dem darauf folgenden Spaziergange aber ... erschien er mir ungewöhnlich niedergeschlagen und unklar.«

Der Prinz von Preußen schrieb noch am 7. Oktober an den Ministerpräsidenten v. Manteuffel: »Hier ist das hochwichtige Papier und der rührende Brief der Königin!! Alles ist ruhig und erwünscht vonstatten gegangen. Gott sei gelobt, er wolle weiter helfen! Den Wunsch der Königin, die Sache heute noch geheimzuhalten, erfülle ich natürlich und ersuche Sie daher, außer den nötigen weiteren Vorbereitungen zu den morgigen zu zeichnenden Piecen niemand davon zu sprechen, bis die Majestäten morgen um 10 Uhr Berlin wieder verlassen haben. Nach zehn Uhr werde ich Sie dann bei mir erwarten. Mit tiefer Bewegung Ihr Prinz von Preußen.«

Öffentlich bekanntgegeben wurde die vollzogene Regentschaftsübergabe dann am 9. Oktober 1858 und einen Tag danach bereits die letzten Vorbereitungen für den Winteraufenthalt in Italien getroffen. Alfred v. Reumont blieb weiterhin der tägliche Begleiter des Königs: »10. Oktober. Es war ein Sonntag, vor der Tafel statteten König und Königin der neuen Orangerie noch einen längeren Besuch ab, mit mehreren ihrer hohen Verwandten, die zum Abschiednehmen gekommen waren; Großherzogin Alexandrine (von Mecklenburg-Schwerin), Prinz und Prinzessin Friedrich der Niederlande, die Prinzen Albrecht (jüngster Bruder) und Friedrich (Vetter, Sohn der Schwester Königin Luise's), mit denen man dann in das Paradiesgärtlein hinabging.« – Dieses »Paradeisgärt'l ist eine »der lieblichsten Anlagen in den nächsten Umgebungen von Sanssouci ... mit einer über zwölf Stufen führenden Marmorkaskade«, entstanden »nach den phantastischen Vorstellungen des Königs«. –

»11. Oktober. Der Montag sollte der letzte Tag in Sanssouci sein. Der König ging noch einmal nach der Orangerie, wo er sich auf den gepolsterten Sitz in der Mitte des Raffaelsaales niederließ. Ich war bei ihm. Längere Zeit blieb er da sitzen, still und in sich gekehrt – wer weiß, was in seiner Seele vorging!«

*

XI. 1858/59

Die Reise nach Rom

Prinz Kraft zu Hohenlohe-Ingelfingen und Alfred v. Reumont

Dem Flügeladjutanten Prinz Kraft zu Hohenlohe-Ingelfingen und dem Gelehrten Alfred v. Reumont, beide verständnisvolle und Tagebuch führende Begleiter des preußischen Königspaares auf ihrer Reise nach Rom, verdanken wir die Möglichkeit, die Lebensgeschichte Friedrich Wilhelms IV. – besonders in den letzten Jahren und Monaten – ganz unmittelbar mitzuerleben.

»12. Oktober 1858. Gegen Mittag fand die Abfahrt statt. Der Prinzregent fuhr von Potsdam mit zum Anhaltischen Bahnhofe

269

(in Berlin), wo Feldmarschall Wrangel, der Ministerpräsident und Andere zum Abschiednehmen versammelt waren. Der König war auf's tiefste bewegt ...«

Die zunächst mit der Eisenbahn vorgenommene Reise ging über die Stationen Leipzig, Bamberg, Augsburg: »15. Oktober. Des König (63.) Geburtstag ... Königin (Marie) von Bayern traf ein, welche gleichfalls ihren Geburtstag feierte (den 33sten). Um halb zwei Uhr nachmittags Weiterfahrt. In München war König Ludwig auf dem Bahnhof.«

Der 72jährige, schon seit 1848 nicht mehr regierende Ludwig I. – ein Halbbruder von Königin Elisabeth – mag sich in dieser Stunde der Begegnung mit den nach Rom Reisenden an einige seiner vielen Distichen erinnert haben:

>»Aus dem Taumel erwachet der Mensch, fühlt Roma von Neuem,
>
>Kehrt zu Kunst und Natur, kehrt zu sich selbsten zurück.   –
>
>Zufluchtsort verlorener Größe! am besten verschmerzet
>
>Auf den Trümmern sie sich von der Regentin der Welt.«

– – –

Die Fahrt verlief dann über Brixen und Bozen nach Meran. Hier war ein etwa vierwöchentlicher Aufenthalt geplant, um dann so rechtzeitig weiterzureisen, daß der König das Weihnachtsfest in Rom feiern konnte.

»19. Oktober: ... Für den König war in Obermais das Schloß Rottenstein wohnlich und angenehm eingerichtet. Und da während der ersten Tage Balcon und Fenster vom Morgen zum Abend geöffnet bleiben konnten, die prächtige Sonne einzulassen, und den Blick über das malerische Land zu gewähren, so machte den Aufenthalt zu Anfang einen wohltuenden Eindruck, und der König verhehlte nicht, daß er sich behaglich fühlte.«

Der Generaladjutant Leopold v. Gerlach war sogar bis hierhin mitgereist, blieb aber nur bis zum 16. November in Meran, um dann zurückzukehren. Am 2. November schrieb er recht deprimiert ins Tagebuch: »Was ist es traurig, den König in der Fremde zu wissen . . . Wenn der Herr im Wälschen Lande unter Römischen Katholiken stirbt!«

*

Unterdessen begann in Preußen die sogenannte »Neue Ära«. Die Erinnerungen der Gemahlin des Hausministers Ludwig v. Massow enthalten interessante Einzelheiten: »Am 3. November erhielt mein Mann abends einen Brief vom Prinzen von Preußen, worin derselbe ihm mitteilte, daß er das Ministerium entlassen habe und ein neues bilden wolle, in welchem der Fürst von Hohenzollern, welcher kürzlich sein Ländchen an Preußen abgetreten hatte, das Präsidium übernehmen solle. Der Prinz stellte es meinem Mann frei, ob er Mitglied des Staatsministeriums auch in seiner neuen Gestaltung bleiben wollte . . . Zugleich sandte der Prinz sein Programm mit der Aufschrift: ›Zum Verständnis von Vergangenheit, Gegenwart und Zukunft.‹ . . . Es fiel auf, daß der Brief S. K. Hoheit an meinen Mann mit den Worten anfing: ›Der bisherige Ministerpräsident v. Manteuffel wird Ihnen mitteilen . . .‹

In Wirklichkeit las der Minister zuerst in einem Plakat an der Straße, daß er entlassen sei, die darauf bezügliche Kabinettsordre kam erst später in seine Hände . . . Außer Brillanten zum Schwarzen Adlerorden gab der Prinz dem scheidenden Staatsmann den Grafentitel. Hiergegen erklärte Herr v. Manteuffel ausdrücklich, daß er . . . nicht gewillt sei, den Titel anzunehmen. Worauf der Regent erwiderte: ›Dann bleibt mir nichts übrig, als in die Zeitung setzen zu lassen, daß ich Sie zum Grafen gemacht habe.‹ Darauf sagte Herr v. Manteuffel: ›Mir bleibt nichts übrig, als in die Zeitung setzen zu lassen, daß ich den Grafentitel nicht führen werde.‹ Ich weiß diese Einzelheiten aus dem Munde des Ministers selbst.

Am Tage nach Empfang des prinzlichen Schreibens hatte mein Mann eine Audienz beim Prinzregenten und erklärte ihm, daß er nicht in ein Ministerium eintreten könne, in welches auch Auerswald berufen sei … Er erklärte zugleich, daß er das Hausministerium, welches ihm der König Friedrich Wilhelm IV. anvertraut hatte, weiterführen würde, bis Seine Majestät es ihm abnähme; er werde dem König … selbst darüber berichten.«

Diese Erinnerungen an die Entlassung Manteuffels stimmen merkwürdigerweise nicht mit dem »Bild« überein, das ein überlieferter Brief des Prinzen Wilhelm zeichnet. Die Frage nach der historischen Wahrheit des Ereignisses muß hier unbeantwortet bleiben.

Der Prinzregent schrieb an den Freiherrn Otto v. Manteuffel: »Berlin, 3. November. Bei Empfang dieser Zeilen weiß ich, daß Sie deren Inhalt ahnen. Der Entschluß, den ich gefaßt habe, und den Ihnen die Einlage anzeigt, ist mir durch die Offenheit und Loyalität erleichtert, mit welcher Sie mir seit Einsetzung der Regentschaft zu verschiedenen Malen Ihre Demission angetragen haben. Indem ich sie nunmehr annehme, bin ich Ihrer Worte eingedenk gewesen, daß es vielleicht besser wäre, wenn ich mich mit neuen und frischeren Kräften umgebe. Ich habe es getan! Für Ihre zehnjährige Innehabung der höchsten und wichtigsten Staatsämter folgt Ihnen der Dank Ihres jetzt so schwer heimgesuchten Königs und meine Anerkennung und mein Dank für Ihre Stellung zu mir im verflossenen Jahre. Die Erhebung in den Grafenstand, die Berufung auf Lebenszeit – nach Stiftung eines Majorats auf Lebenszeit – in das Herrenhaus und die Rangstellung einer obersten Hofcharge werden die öffentlichen Zeichen der königlichen Gnade sein, die Ihnen die offizielle Order nach fester Konstituierung des neuen Ministeriums verkünden wird.«

Historische Tatsache ist, daß Manteuffel nicht »gegraft« wurde.

Über das am 5. November neu besetzte Staatsministerium äußerte sich auch die weltgewandte Herzogin von Sagan, die eine Tochter der Herzogin Dorothee von Curland, geborene v. Medem, war und dem Fürsten Tayllerand zur Zeit des Wiener

Kongresses und später in Paris den Haushalt geführt hatte: »11. November, Sagan. Bevor man ein Urteil über das neue preußische Ministerium fällt, muß man es bei der Arbeit beobachtet haben ... Man sagt, daß der Fürst von Hohenzollern nur seinen Namen dem Ministerium gibt, daß aber Herr von Auerswald die Seele und der Leader sein wird. Man wundert sich nur, daß man ihn zum Finanzminister ernannt hat, obgleich er doch sein Vermögen und das seiner Frau aufgezehrt hat.« Die Herzogin war allerdings nicht genau über die Stellung Rudolf v. Auerswalds unterrichtet, denn der ehemalige Ministerpräsident (vom 25. Juni bis 7. September 1848) wurde jetzt Minister »ohne Portefeuille«, das heißt, er hatte keine »Mappe«, kein Ressort, war aber gleichwohl Mitglied des Ministerrats. Er gehörte zur Opposition des Ministeriums Manteuffel und galt als langjähriger Freund des Prinzen von Preußen.

*

Ende November 1858 brach die königliche Reisegesellschaft von Meran auf, um zunächst über Verona und Mantua nach Florenz zu fahren. In Verona: »verabschiedete sich das bisherige Gefolge und wir (beiden Flügeladjutanten, Hermann v. Tresckow und Prinz Kraft zu Hohenlohe-Ingelfingen) übernahmen den Dienst. Es fand sich hier der Erzherzog Maximilian mit der Erzherzogin Charlotte zur Begrüßung unseres Königspaares ein und begleiteten es im Extrazuge bis nach Mantua. Der Erzherzog, der als Kaiser von Mexico (1867) ein so tragisches Ende nehmen sollte, war damals gewissermaßen Vizekönig im Lombardisch-Venezianischen Königreich, wo er nach des alten Radetzky Tode (am 5. Januar 1858) die Sympathien der Bevölkerung für Österreich gewinnen sollte.«
»In Mantua fing die Reise zu Wagen an, die uns vier Tagereisen nach Florenz ... führen sollte ... Wir waren, von den Majestäten angefangen, bis zum letzten Diener herab, 81 Personen, und wurden auf 19 Wagen untergebracht. Sowohl die Gesund-

273

heit des Königs erheischte es, als auch die Geldfrage machte es vorteilhafter, daß der Königliche Hof auf eine Abwesenheit von mehr als einem halben Jahre alles mitnahm, was zur Haushaltung nötig war. Da sah man nicht nur Kämmerier und Kassier, wie Bediente, Kammerdiener und Lakaien, sondern auch die Köche, Küchendiener, Silberwäscherinnen, Garderobier, Schneider und Schneiderinnen, Wagenmeister und Hausknechte. Der König mußte sie doch bezahlen, denn er konnte sie während der Reise nicht entlassen. Die Rechnung hat sich bewährt, denn nach einer siebenmonatlichen Abwesenheit von Sanssouci stellte sich heraus, daß trotz der Reisen und Geschenke usw., die der König gemacht hatte, der Haushalt weniger Geld gekostet hat, als sonst der gewöhnliche Aufenthalt in Sanssouci. In Florenz blieben wir fast vier Wochen.«

Hier hatte Alfred v. Reumont alles vorbereitet: »Am Nachmittag des 23. November, an einem hellen sonnigen Tage, ... trafen König und Königin in offenem Wagen in der toscanischen Hauptstadt ein ... und stiegen im Hotel de la Ville ab. (Am nächsten Tage) abends kam ich zum Thee, und der König wollte mir mitteilen, daß er den Namen (einer bestimmten) Villa nicht wieder vernommen habe, die er im Herbst 1828 besuchte ... Ich nannte alle die mir bekannten Villen. Aber der König sagte bei jedem Namen: Nein! und wandte sich nach dem vergeblichen Hin- und Herraten an seine neben ihm sitzende Gemahlin mit der Frage: ›Wie heißt die Dame, welche Du in – nun kam die Schwierigkeit des Nennens des Ortsnamens, welcher die Bezeichnung ›Stadt mit den Canälen‹, also Venedig, abhalf – gekannt hast?‹ Die Königin erwiderte: ›Meinst Du die Gräfin Marin?‹ ›Nein, nein,‹ fiel der König ein, ›die Dame, deren Namen mit dem der Villa Ähnlichkeit hat.‹ Nun war mir die Sache sogleich klar und ich sagte: ›Eure Majestät meinen die Villa Albizzi!‹ Diese Villa hatte mit dem Besitzer auch den Namen gewechselt. Der König aber war in seinem Ideengang auf den Namen der Gräfin Isabella Albrizzi gekommen, der ihm durch den Gleichklang den Weg zu der Nennung des von ihm gesuchten

274

Namens gewiesen hatte ... Hier in Florenz hatte er von seiner Wohnung aus den Strom mit seinen Brücken ... vor sich ... Alte Erinnerungen wurden bei ihm lebendig ... Beim Vorüberfahren hat er oft der Königin die Bauwerke namhaft gemacht und sie an frühere Mitteilungen in Briefen und Lektüre erinnert ... Bei dem schönsten Wetter fuhr man nach Fiesole hinauf ... Die Aussicht von dem kleinen Platz vor der Kirche des heiligen Franziscus aus entzückte den König über alle Maßen. Die Basilika von San Miniato, ... Monte Oliveto, ... die großherzoglichen Villen Petraja und Castello, ... alles das wurde besucht. Der evangelische Friedhof (in Florenz) verdankt diesem Besuch sein schönes Marmorkreuz ...

Am 17. Dezember, einem glänzend schönen und warmen Tage, wurde eine Fahrt nach Pisa unternommen. Sie war eine der lohnendsten, die überhaupt während dieses italienischen Aufenthaltes gemacht wurden ... Am Montag, den 20. Dezember fand die Abreise von Florenz statt. Bald nach Mittag war Siena auf der Eisenbahn erreicht. Hier empfing der Erbgroßherzog Ferdinand (IV. von Toscana, der mit Prinzessin Anna, einer Tochter König Johanns von Sachsen, verheiratet war) seine hohen Verwandten.«

»In Siena übernachteten wir im großherzoglichen Schlosse ... Das Thermometer war auf mehrere Grade unter Null gesunken und frischer Schnee bedeckte die Straßen und Dächer ... Am Abend saß man in den weiten, unheimlichen, selten bewohnten und gänzlich ausgefrorenen Räumen (des Schlosses) mit kalten Füßen, in hoffähiger, dünner Toilette ... Die Königin klapperte vor Frost. Der König fühlte sich unwohl und ging zu Bett. Die Königin wollte nicht unhöflich gegen den Erbgroßherzog sein und blieb länger.

Die Fahrt von Siena nach Radicofani (am Morgen des 21. Dezember mit Extrapost) sollte nur vier Stunden dauern. Man gab uns vier Carabinieri Bedeckung gegen die Räuber mit ... Aus den vier Stunden wurden aber viel mehr. Schon auf dem Straßenpflaster von Siena stürzten viele Pferde. Dem

Schneefall war Frost gefolgt. Glatteis bedeckte die Straßen . . .
Statt in der berühmten italienischen Karriere bewegten wir uns
im langsamsten Schritt. Alle Augenblicke stürzte ein Pferd,
blieb ein Wagen zurück. Ich sah den Wagen zurückbleiben, in
dem Geheimer Kämmerier Schöning mit Legationsrat Sasse
fuhr. Das wäre ein Fang für die Räuber gewesen, denn Schöning hatte die Reisekasse bei sich! . . . Der König und die Königin kamen noch vor Einbruch der Dunkelheit in Radicofani an.
Ehe aber der letzte der neunzehn Wagen eingetroffen war, hatte
sich völlige Dunkelheit eingestellt . . . Die letzten waren die
Hofdamen und die Kasse! Im Gasthaus von Radicofani gab es
nur zwei Zimmer in jedem Stock. Eins erhielt der König, eins
die Königin, die beiden anderen Prinzessin Alexandrine (die
Nichte des Königspaares) nebst Damen. Alles übrige lagerte
mehr oder weniger.

Es fand sich da eine Art Halle, die durch eine nicht ganz bis
an die Decke reichende Wand in zwei Teile geteilt war. Man
bestimmte den einen Teil für die Herren, den andern für die Damen. Aber ehe an Ruhe gedacht werden konnte, mußte in der
Hälfte ›für Herren‹ gegessen werden . . . Als die Herren und
Damen sich behufs der Nachtruhe trennten, betrachteten wir
(Adjutanten) die nebeneinander bereiteten Nachtlager . . . und
merkten, daß unser Raum oben in Verbindung mit dem der Damen war und daß man voneinander jeden Seufzer hören würde
und hatten beschlossen, nicht zu seufzen! Um aber den Damen
dasselbe begreiflich zu machen, ehe sie sich zur Ruhe legten,
hing sich (Leibarzt) Böger ein weißes Bettuch um, setzte einen
Zylinder auf, nahm ein Licht in die Hand und bestieg eine Leiter, um oben über der Trennungswand den Damen als Gespenst
zu erscheinen! Diese lachten sehr und wußten nun, daß sie sich
behufs der Nachtruhe nicht entkleiden durften.«

Die Weiterfahrt beschrieb Reumont: »Der letzte Reisetag – am
23. Dezember – war ein kurzer, die Fahrt über den Monte Ci-
mino bot keine Schwierigkeiten dar, und als man dessen Süd-

276

seite erreichte und die Wagen in die römische Campagna hin-
abzurollen begannen, entzückte der großartig prächtige Blick
auf die glänzende Kette der Berge . . . Der König war während der ganzen Fahrt in der besten Stimmung gewesen. Je
näher er Rom kam, um so mehr schien ihm, den volkstümli-
chen Ausdruck zu gebrauchen, das Herz aufzugehen. Von
dem Tore (Porta del Popolo) an bezeichnete er der Königin
einen nach dem anderen der zahlreichen Paläste . . ., so lebendig war seine Erinnerung, so hatte sein Ausdruck sich mo-
mentan gebessert.«

Ja, Friedrich Wilhelm fühlte sich hier »als sey ich zu
Haus«, wie er 1828 der damals in Berlin zurückgebliebenen
Kronprinzessin schrieb, und jetzt durfte er ihr endlich »das
ewige Rom« zeigen!

Hohenlohe hatte in Rom zunächst dafür zu sorgen, daß
alles mit der Unterkunft gut klappte: »Unsere Fahrt ging den
Corso entlang bis zum Capitol, auf dessen Höhe der Palazzo
Caffarelli, das preußische Gesandtschaftshotel, lag. Zu dem
Palazzo gehörten einige Häuser auf der Hinterfront, darunter
die Casa Tarpeia, die mit drei Stockwerken auf den historischen Tarpejischen Felsen aufgebaut ist. Somit gehörte der
höchste Berg mit der schönsten Rundsicht, mit den ältesten
historischen Erinnerungen Roms, der preußischen Regierung!«

Das war höchst merkwürdig. Friedrich Wilhelm IV. hatte
diese »schönste Wohnung der Welt« – wie sie Schinkel
nannte – tatsächlich 1854 von den Caffarellis erwerben können – denen Kaiser Karl V. im 16. Jahrhundert den ganzen
südlichen Teil des kapitolinischen Hügels geschenkt hatte.

»Der erste Stock (des Palazzo Caffarelli) mit dem pracht-
vollen Saale war in Verfall und unbewohnbar. Unsere Regierung hatte noch kein Geld flüssig machen können, ihn herzustellen. Der zweite Stock enthielt die Wohnung des Gesandten. Es war zur Zeit der Gesandtschaftsposten unbesetzt. Die
Majestäten wurden also in der Wohnung des Gesandten ein-

logiert. Außerdem fanden daselbst Prinzessin Alexandrine, die Hofdamen, (der Hofmarschall Georg v.) Meyerinck und der (Arzt) Dr. Böger Unterkunft.«

Alexandrine hieß die damals 16jährige Tochter des jüngsten Bruders von Friedrich Wilhelm IV., des Prinzen Albrecht. Er war es, der 1830, als in Brüssel die Revolution ausbrach, seine Hochzeit mit der Tochter des holländischen Königs, Marianne, verschieben mußte. Diese Ehe wurde 1849 wieder geschieden. Seither nahm sich Königin Elisabeth in mütterlicher Fürsorge der Prinzessin »Adinchen« an.

Das Weihnachtsfest 1858 konnte wunschgemäß in Rom gefeiert werden:»Der König begrüßte freudig von den Fenstern seiner Wohnung den Capitolsturm und den Palatin, Aventin und Tiber und stieg nach Mittag auf das Forum hinab, das er bis zum Titusbogen und zur Plattform vor dem Tempel der Venus und Roma durchschritt ... Dann führte eine Fahrt nach St. Peter, nach Porta San Pancrazio, ... nach Porta Portese, von wo es über die Tiberbrücke zurückging; die schönste Fahrt bei herrlichen Sonnenblicken des späten Nachmittags, wobei Himmel und Land und Bauten den König mit wahrem Entzücken erfüllten.

Am Abende war Weihnachtsbescheerung, wobei schon manche italienische Erinnungsgaben, so für den König eine prachtvolle, der Antike nachgeahmte Schale von dem bis dahin sehr seltenen roten Marmor, ... die Tische füllten.«

Die beiden Flügeladjutanten logierten in der Casa Tarpeia. Prinz Hohenlohe genoß offensichtlich diesen römischen Aufenthalt:»Wenn ich mich des morgens in meinem Schlafzimmer am Fenster rasierte, sah ich weit über alle Dächer Roms hinweg in die Fenster des Papstes, in den Vatican, und in diesen Fenstern glänzte der Spiegel der aufgehenden Sonne. Und wenn ich dann in unseren gemeinschaftlichen großen Saal trat, um den Morgenkaffee zu trinken, blickte ich über die Trümmer der Kaiserpaläste hinweg, hinter denen sich die dunkelblaurote Schattenseite des Albaner Gebirges erhob, und über dieser schwebte

278

die durch die Dünste der Campagna glutrot gefärbte Kugel der Morgensonne. Am Fenster aber pickten vier Tauben genau von derselben Farbe und Zeichnung, wie die berühmten vier kapitolinischen Tauben auf der Mosaikplatte, und ich lud sie ein und fütterte sie, bis sie so frech waren, ohne Einladung in die Stube und auf den Frühstückstisch zu flattern, zum großen Ärger von Tresckow, der sie nicht liebte, besonders, wenn sie ihm durch die Butter marschierten. –

Da wir nie vor elf Uhr morgens zum Könige gerufen wurden, so konnten wir, selbst wenn wir den Dienst hatten, früh . . . noch einen kurzen Morgenspaziergang machen . . . Wenn ich den Dienst hatte, dann war ich von elf Uhr an den König gebunden . . . Oft mußte der Adjutant vom Dienst um diese Zeit dem König was vorlesen. Wenn punkt zwölf Uhr die große schwarze Kugel an der Stange der Akademie herunterglitt, und ein Kanonenschuß von der Engelsburg auf dieses Zeichen das Signal gab, daß alle Glocken der 365 Kirchen Roms Mittag läuten mußten, . . . dann unternahm der König eine mit Promenade verbundene Ausfahrt, bei der irgendeine Sehenswürdigkeit in Augenschein genommen wurde und kehrte nach Sonnenuntergang zurück. Mittags aßen die Majestäten um vier oder fünf Uhr allein . . . Nach dem Essen wurde, je nach dem Befinden des Königs, der Adjutant gerufen, um ihm etwas vorzulesen, oder der König spielte einige Partieen Billard, eine nach dem Essen für ihn von den Ärzten gern gesehene Beschäftigung . . . Es kam vor, daß er ein oder zwei Partieen ganz brillant spielte und gewann. Dann war er sehr guter Laune. Dann kam es vor, daß er zielte, und ehe er zustieß, den rechten Arm sinken ließ und mit dem Queue in die Luft stieß. Erschreckt rief er dann: ›Was war denn das?‹ und versuchte wieder, mit gleich traurigem Erfolg . . . und war verzweifelt über seine Krankheit . . . Eines Tages, beim Erwachen, war des Königs rechte Hand gelähmt, aber dafür war er vollkommen Herr der Sprache und verstand alles, wie in gesunden Tagen. Wieder hoffte man, daß der König ganz gesund werden könne. Aber die

279

Ärzte benahmen uns die Hoffnung. Sie erklärten die Erscheinung dadurch, daß sich das Blutkörperchen im Gehirn verschoben habe, das bisher die, die Sprache leitenden Nerven behindere und nun auf den benachbarten Nervenquell drücke, der die Hand leite. Bald werde der alte Zustand wieder eintreten. Und sie hatten recht.«

Die in Rom lebenden Deutschen nahmen natürlich an dem Aufenthalt des preußischen Königspaares Anteil. Wilhelm Henzen, der damalige erste Sekretär am Archäologischen Institut beispielsweise berichtete an den Archäologieprofessor Eduard Gerhard in Berlin: »Rom, 4. Januar. Wir haben jetzt endlich klares, kaltes Winterwetter bei dem die Majestäten täglich weite Spazierfahrten in die Campagna machen. Reumont und Stüler sind die steten Führer ... Auch die Fürstin Liegnitz ist jetzt hier.«

Es kam also Besuch nach Rom in die Casa Tarpeia. Die Witwe Friedrich Wilhelms III., Fürstin Auguste Liegnitz, war in ihrer einfühlsamen Art ein besonders gern gesehener Gast. Auch der Bruder von »Adinchen«, Prinz Albrecht, erschien. Er wurde von seinem Adjutanten Valentin v. Massow begleitet. Valentin erhielt hier aus Berlin einen am 17. Januar 1859 geschriebenen Brief seines Vaters Ludwig: »Die Nachrichten vom Befinden Sr. Maj. des Königs lauten in letzten Tagen von allen Seiten so gut, ... sollten denn wohl Hoffnungen zu einer völligen Genesung, welche auch gestatteten die Zügel der Regierung wieder zu ergreifen, vorhanden sein? Ach, wollte Gott uns diese Gnade erweisen!«

Aus Rom wiederum berichtete Wilhelm Henzen nach Berlin: »15. Februar. Dem König geht es so viel besser, daß er auch Studien (Ateliers) und Museen besucht. Steinhäusers Atelier war das erste, in das er kam ... Wir hoffen sehr, daß dessen schöner Kandelaber nach Berlin kommt ... Soeben (erhielt ich) die Nachricht, daß der König den Kandelaber heute früh gekauft hat.«

Den großen, von Engeln umringten Kerzenhalter erwarb

Friedrich Wilhelm IV. als Osterleuchter für die Potsdamer Friedenskirche. Carl Steinhäuser, der das Bildhaueratelier Thor-
waldsens übernommen hatte, schuf unter anderem die unvollendet gebliebene Gruppe »Goethe und Psyche« nach Entwürfen von Bettina v. Arnim.

Bettina – die 1854 schon einen ersten Schlaganfall erlitten
hatte und seither gelähmt war und sich nach und nach immer
schlechter bewegen und sprechen konnte – starb jetzt, am
20. Januar 1859, nach fast fünfjähriger Krankheit. Niemand
hätte gewagt, sie »geisteskrank« zu nennen.

*

Außer Bildhauern wurden auch Maler besucht, wie beispielsweise der Nazarener Overbeck, der seit 1810 mit kurzem Zwi-
schenaufenthalt in Assisi – in Rom lebte. 1828 hatte er – auf der
damals zu Ehren Friedrich Wilhelms veranstalteten Kunstaus-
stellung – das Bild »Italia und Germania« gezeigt. Jetzt 1859
schuf er im Auftrage des Papstes Entwürfe für Gobelins.

Und natürlich zeigte Friedrich Wilhelm »für die großartigen
Schönheiten der Architektur der antiken Welt wie der classi-
schen Epoche der Renaissance fortwährend warmes Gefühl«.
Mit Stüler als Architekt und Reumont als Historiker mögen die
Besichtigungen besonders anregend gewesen sein. »Gern ließ
der König die wunderbare Größe des Innern der leuchtenden
Peterskuppel auf sich wirken . . . Auf der durch Papst Puis IX.
wiederhergestellten Via Appia ist er meilenweit hinausgefahren,
hat an der Via Latina die neu ausgegrabene Basilika von Santo
Stefano besucht, an der Labicana das Grabmal der Helena . . . Es war ein schöner Nachmittag, als er von den Trümmern (der Villa der Gordianer) aus, um welche herum die üppigste Grasvegetation die Milde des südlichen Himmels
bezeugte, bis zu dem Stadttor zurückwanderte.«

Wenn es Friedrich Wilhelm IV. nicht so gut ging, machte die
Königin kurze Ausfahrten ohne ihn, begleitet von Reumont, der

so ihren ersten Besuch beim Papst miterlebte: »Am 3. Februar sah die Königin Pius IX. in der Vatikanischen Bibliothek, nur von drei Personen des Gefolges begleitet. Sie war bewegt, wie es nicht anders sein konnte, aber die freie Haltung und das ganze Wesen des Papstes verscheuchte augenblicklich jede Befangenheit.« Er versicherte ihr, daß er tiefes Mitgefühl mit der Krankheit ihres Gemahles habe und jederzeit bereit sei, wenn es dem Könige besser gehe, ihn zu empfangen.

Deshalb ließ es sich eines Tages der evangelische Prinz Kraft zu Hohenlohe nicht nehmen – mit einem pfiffigen Seitenhieb auf den katholischen Gelehrten Reumont – seine verwandtschaftlichen Beziehungen zum Prinzen Gustav Hohenlohe-Schillingsfürst, der zur nächsten Umgebung des Papstes gehörte, spielen zu lassen: »Unser Besichtigungsturnus führte uns nach dem Lateran. Als wir vor der Kathedrale aussteigen wollten, ward ich durch einen Lakaien an den Wagen des Königspaares gerufen, und die Königin sagte mir, ohne auszusteigen, etwas ängstlich: ›Jetzt mit einem Male fühlt sich der König aufgelegt, den Papst zu sehen, wird das möglich sein?‹ Ich erwiderte, das gehe sehr gut, wenn die Allerhöchsten Herrschaften sich noch eine halbe Stunde im Lateran verweilen und mir Zeit lassen wollten, sie beim Papst anzumelden. Reumont, der auf dem Rücksitz als Cicerone saß, bot sich an, nach dem Vatikan vorauszufahren. Ich sagte ihm aber ein bißchen höhnisch, er habe nicht, wie ich, jederzeit Zutritt beim Papst, er möge nur beim Könige bleiben. Die Königin versprach, in einer halben Stunde nachzukommen. Ich setzte mich nun in einen königlichen Wagen und jagte ... durch die Straßen Roms ... und eilte die mehrere hundert Stufen zu meinem Vetter (Gustav Adolf Hohenlohe) hinauf. Dieser lag am italienischen Fieber zu Bett. Er ließ aber gleich einen Kollegen holen ... und sagte zu ihm, worum es sich handelte. Der ging zum Papst und kam mit dem Bescheide zurück, der Papst werde sofort in seinen reservierten Garten gehen. Die beiden geistlichen Herren erzählten sich die Antwort des Papstes auf Italienisch, in der Meinung, ich verstehe sie nicht. So hörte ich denn, daß der Heilige Vater gerade ein Mittagsschläfchen gemacht, als der Cameriere anklopfte. ›Was ist?‹ hat er gerufen. – ›Der König von Preußen.‹ – ›Par diavolo (Potz Teufel) ist er schon unten?‹ – ›Nein, noch im Lateran.‹ – ›Gott sei gesegnet, ich habe Zeit, mich anzuziehen!‹ – Und die beiden klerikalen Flügeladjutanten lachten herzlich, daß der Heilige Vater den Teufel angerufen. – Ich eilte mit dem Bescheid die Treppe hinab und kam die endlosen Treppen und Korridore gerade zur rechten Zeit, um an der Pforte des päpstlichen Gartens die preußische Wagenkolonne zu empfangen mit der Meldung: ›Seine Heiligkeit der Papst werden gleich die Ehre haben, Euere Majestäten im Garten zu begrüßen.‹ – Das Königspaar war noch nicht einmal im Garten auf und ab gegangen, als der Papst im fleckenlosen weißen Gewande aus seiner Tür herauskam, und es fand eine sehr herzliche Begrüßung statt. Darauf spazierte der Papst mit den Majestäten in dem breiten Mittelgange des Gartens auf und ab. Die Unterhaltung wurde französisch geführt. Das ziemlich zahlreiche Gefolge . . . folgte in einer taktvollen Entfernung, also verstanden wir natürlich kein Wort – (Hinterher) Im Braccio nuovo (der Statuengalerie des Vatikans) sahen König und Königin gar keine Statuen an, sondern setzten sich hin und sprachen nur vom Aussehen und der Liebenswürdigkeit des Papstes. Der König fragte die Königin etwas schüchtern: ›Habe ich irgend etwas Unrichtiges gesagt?‹ Da lachte die Königin hell auf und sagte: ›Nein, mein Lieber, Du hast immer sehr richtig gesprochen. Nur einmal versprachst Du Dich und sagtest zum Papste statt Votre Sainteté Vortre Majesté, und das verwirrte ihn, und er sagte gleich darauf zu mir ›Votre Sainteté‹.«

Nachdem der berühmte römische Karneval beendet war, den Prinz Hohenlohe begeistert mitmachte, beschrieb er weiter einen 14tägigen Aufenthalt in Neapel: »Als wir in Gaeta ankamen, . . . ich ausgestiegen war, . . . sah ich durch den Torweg (unseres Hotels) – welch ein Ausblick! . . . Der Hof des

Hotels führte direkt in den Garten, den eine Terrasse bedeckte. Von dem vorderen Rande hatte man freie Aussicht auf die wunderbar schöne Küste des Golfs ... Da standen schon der König und die Königin ... und bewunderten das Schauspiel ... ›Was sagen Sie dazu?‹ fragte mich die Königin. ›Majestät‹, sagte ich, ›ich glaube, ich habe einmal als Kind so etwas geträumt!‹ – ›Ja‹, sagte sie, ›ich sagte eben, ich wisse nicht, ob ich wache oder träume –‹«

Hohenlohe erinnerte sich weiter: »Unser König lebte in Neapel ebenso wie in Rom. Täglich wurden Ausfahrten und Spaziergänge unternommen ... Da wurde auch Pompeji besucht ... Die Majestäten sollten einer Fortsetzung der Ausgrabungen beiwohnen ... Ein andermal die Besteigung des Vesuvs ... Es wurden Träger genommen, welche den König und die Königin trugen, während alle anderen zu Fuß gingen ... Der Rückweg (schon bei Dunkelheit) führte an einem Abgrund vorbei, dem gegenüber die glühende Lava in kolossaler Breite hinabstürzte ...

Lieblicher fiel eine Ausfahrt nach Sorrent aus, ... es begleitete die Wagen ein zerlumpter, aber sehr hübscher Knabe mit schönen, listigen Augen ... und sang im Laufen unter Begleitung einer Guitarre nationale Lieder mit äußerst melodischer Stimme.«

So friedlich alles in Neapel auch schien, andernorts in Italien zeigten sich doch schon Vorboten des Krieges. Hohenlohe, der mitverantwortlich für den reibungslosen Ablauf der Reise des Königs war, mußte sich Sorgen machen: »Österreich vermehrte seine Armee in Italien, Frankreich und Sardinien rüsteten. ... Auch wenn Preußen neutral blieb, konnte die Rückkehr des Königs auf dem Landwege durch einen Krieg in Frage gestellt werden.«

Es wurde deshalb nach Berlin telegraphiert, ob und wann für den Notfall ein Kriegsschiff zur Verfügung stehe. Die Antwort lautete: erst ab Juni. Darauf wurde nach St. Petersburg telegraphiert. Und das Glück wollte es, daß in Palermo gerade ein russisches Kriegsschiff vor Anker lag, das der Zar seinem Onkel sofort zur Verfügung stellen ließ.

Nach einer kurzen, aber um so abenteuerlicheren Probefahrt, die in der Absicht vorgenommen wurde, zu testen wie dem König eine Seereise bekommen würde, brachte die »Rurik« die preußische Reisegesellschaft zunächst einmal von Palermo nach Civita vecchia: »Man konnte keinen angenehmeren Aufenthalt denken, als auf dem Verdeck des Schiffes. Aber, das Meer war doch nicht ohne Bewegung, . . . die den Inhalt manches reizbaren Magens gefährdete. Die Königin verließ den Teetisch bezeiten . . . Die Gräfin Dönhoff tat bald desgleichen. Aber da der König aushielt und sehr gut aufgelegt war, so blieb die übrige Gesellschaft bei ihm. Da war es aber recht spaßhaft zu sehen, wie mancher ein immer längeres Gesicht machte und dann unter irgendeinem Vorwande den Tisch verließ . . . Der König rief jedem mit Jubel ein ›Gute Nacht‹ nach. Gräfin Hacke, tapfer und munter, saß hinter der Teemaschine und schenkte ein. ›Darf ich Ihnen noch eine Tasse Tee einschenken, Herr Hofprediger?‹ – ›Ja‹, sagte der brave Haym, und im vollen Kanzelton fügte er hinzu: ›Ich bitte noch um eine Tasse Tee, aber eine – ganz – dünne‹, mit dem Wort ›dünne‹ stand er auf wie ein Gespenst und schritt langsam und feierlich der Kajütentreppe zu. Die Tasse . . . blieb unberührt.«

In Rom stand der auf dem Landweg vorausgeeilte Reumont zur Begrüßung parat. Er begleitete die Majestäten noch die letzten Tage vom 20. bis 30. April, in die das Osterfest fiel.

War es »Zufall« im wahren Sinne des Wortes, daß Friedrich Wilhelms mit Elisabeth gemeinsam unternommene, seit vielen Jahren ersehnte Reise nach Rom in die Zeitspanne zwischen Weihnachten und Ostern fiel? Erfüllte sich nicht mehr als nur ein Wunsch?

»Am Karfreitag, 23. April, wohnte die Königin in St. Peter dem Miserere (des Kirchenmusikers) Zingarelli und der eigentümlichen Zeremonie der Berührung der Büßenden mit dem Stabe des Cardinal-Großpönitentiars bei . . . Am Nachmittag

des Osterfestes fuhren König und Königin noch einmal hinaus,
... den herrlichen Anblick von Campagna und Bergen bei sinkender Sonne zu genießen. Dann begaben sie sich nach dem Petersplatz ... zum Anschauen der Illumination der Peterskuppel ... Endlich ging's noch nach dem Monte Pincio, die Wirkung der Beleuchtung aus der Ferne zu sehen ... Am folgenden Abende wohnten die Majestäten in der auf Piazza del Popolo errichteten Tribüne dem auf dem Pincio veranstalteten Feuerwerk bei. Es war wie am vorhergehenden Tage der prachtvollste Nachthimmel. Unter den zahlreichen hohen Gästen befand sich die Königin Marie Christine von Spanien (eine Tochter König Franz I. von Sizilien) ... Der König sah sie nach einem Menschenalter wieder. Er war lebendig und auf's günstigste angeregt; er reichte der Königin den Arm, sie an die Brüstung der Tribüne zu führen, um das Feuerwerk zu sehen; sie war erstaunt über seine Haltung und seine Anrede und sagte zu mir: ›Aber der König ist nicht krank!‹ Freilich hielt solch günstige Stimmung nicht lange vor.«

Inzwischen hatte sich die unruhige, politische Situation Italiens zugespitzt. Am 27. April 1859 wurde die großherzogliche Regierung der Toscana gestürzt; der italienische Unabhängigkeitskrieg begann. König Viktor Emanuel von Sardinien verbündete sich mit Napoleon III., um gegen Österreich zu kämpfen. In dieser für Europa kritischen Lage befahl der Prinzregent von Preußen die Kriegsbereitschaft sämtlicher neun Armeekorps.

An die ursprünglich geplante Rückreise des Königs über Florenz konnte längst nicht mehr gedacht werden; die »Rurik« stand im Hafen von Ancona zur Überfahrt nach Triest bereit.

Den 30. April, den letzten in Rom verlebten Tag, erlebte Alfred v. Reumont »bewegten Herzens« mit, ehe er sich dann vom König und der Königin verabschiedete: »Am Nachmittag fand noch eine Begegnung zwischen dem Papste und König und Königin statt, in der Vatikanischen Bibliothek ... Der König war sichtlich traurig gestimmt, Pius IX. führte die Conversation.«

Niemand konnte damals wissen, daß auch Pius IX. die weltliche Krone aus den Händen legen mußte; 1870 wollte und sollte sich das Römische Volk dem Königreich Italien unter Victor Emanuel anschließen.

Der Papst, am 30. April 1859 wohl ähnlich gestimmt wie Friedrich Wilhelm IV., machte ihm ein Geschenk von großem immateriellen Wert; er lud ihn ein, am Abend nochmals das Vatikanische Museum zu besuchen.

Als dann der König und die Königin – nun endgültig zum letzten Mal – in den Braccio nuovo eintraten, waren die schon vom Dunkel der Nacht umhüllten Kunstwerke durch die Flammen brennender Fackeln wundervoll erhellt und wie zum Leben erweckt. So sah Friedrich Wilhelm auch jenes Bild wieder, auf das seine inneren Augen gerichtet waren, als er 1854 in Sanssouci sein Testament niederschrieb: Raffaels letztes, kurz vor seinem Tod gemaltes und unvollendet gebliebendes Werk »Verklärung Christi« – eine Vision vom Licht.

*

Die Rückreise des preußischen Königspaares verlief im ganzen reibungslos. Nach der Überfahrt mit dem russischen Kriegsschiff »Rurik« von Ancona nach Triest wurde hier einen Tag ausgeruht. Hohenlohe bewunderte es, wie geschickt die Königin es unternahm, »den König von den Veränderungen zu unterrichten, die während seiner Abwesenheit von Berlin vor sich gegangen waren. Die Entlassung des Ministeriums Manteuffel regte den König nicht so sehr auf, wie es die Königin gefürchtet hatte. Der König sagte nur von seinen früheren Ministern ›Haben sie etwas getan, was denn?‹ Von den neuen Ministern ließ er sich jeden einzelnen nennen. Daß der Fürst von Hohenzollern die Stellung als Ministerpräsident angenommen, freute ihn sehr. Von Schleinitz als Minister des Auswärtigen meinte er, ›das wird nicht gehen‹, von Schwerin, ›der kann's nicht, das haben wir ja gesehen‹. Gegen die anderen hatte er nichts einzuwenden. Weiter wurde dem König der im Laufe des Winters erfolgte Tod des Oberstkämmerers Grafen zu Dohna, des alten Humboldt und des Grafen Arnim mitgeteilt. Diese Verluste bewegten den König bis zu Tränen, und er vergaß darüber die Ministerwechsel. – Die Reise nach Wien ward in kleinen Tagesreisen fortgesetzt ... In Wien blieb er zwei Tage. Am 13. Mai setzte der König die Rückreise nach Berlin fort. Ich konnte ihn leider nicht begleiten, denn ich war in der Nacht vor der Abreise lebensgefährlich an der roten Ruhr erkrankt.«

Nach 8 Monaten wieder in Berlin eingetroffen, wurden die preußischen Majestäten »von sämtlichen Prinzen und Prinzessinnen, den General – und Flügeladjutanten und dem Feldmarschall Wrangel auf dem Bahnhof empfangen«, wie Prinzession Marie ihrem Gemahl zu berichten wußte: »Da der königliche Waggon nicht ganz bis an den Salon herankommen konnte, ... eilten wir Prinzessinnen dem Könige entgegen, welcher zuerst ausstieg. Ich umarmte ihn. Er sagte mit großer Herzlichkeit ›Liebe gute‹ und sich an den Kopf greifend ›ach, ich bin so dämlich‹ ... Ich richtete dem König Deine Grüße aus, worauf er mich frug, ›Wo ist denn jetzt Carl?‹ Eine Frage, die der König gewiß auch in gesunden Tagen gemacht hätte.«

Konnte man nicht wirklich hoffen, daß Friedrich Wilhelm gesund werden und die Regierung wieder übernehmen könne? Waren ihm in Italien nicht »Herz – und Zunge – aufgegangen«?

Königin Elisabeth zog am 19. Mai 1859 mit ihrem kranken Gemahl, wohl wenig hoffnungsvoll, doch gestärkt und getröstet durch die Reise nach Rom, wieder in Sanssouci ein.

*

XII. 1859–1861

Letzte Sommer und Winter in Sanssouci

Entwurf Friedrich Wilhelms zum Berliner Dom

Der Generaladjutant Leopold v. Gerlach erwartete seinen Monarchen in Schloß Sanssouci:

»20. Mai 1859. Der König wollte heute, als er mich den Morgen wieder hineinkommen ließ, wissen, warum die Minister entlassen wären ... Seit fast einem Jahr hatte ich den alten, innerlich geistig gesunden Zustand des armen Herrn durch alle Verdunklung hindurch nicht so klar herausgefühlt, wie heute.«
Begann der General seinen »armen Herrn« allmählich besser zu verstehen als früher?

Es schien diesen Sommer, als habe sich der König in Italien

wirklich erholt. Auch Prinz Hohenlohe hatte die ihn in Wien überfallene Krankheit überwunden und konnte wieder seinen Dienst in persönlicher Begleitung und Fürsorge um Friedrich Wilhelm IV. beginnen: »Er beschäftigte sich noch viel mit Architektur. Es waren zwei Lieblingsbauten, die ihn in Anspruch nahmen. Das eine war die neue Orangerie von Sanssouci. Fast täglich ging er dorthin, freute sich der Fortschritte und bestimmte die weitere Ausführung . . . Das zweite Projekt war der Neubau des Berliner Domes. Schon in Rom hatte der König immer die Zeichnungen des Doms vor sich liegen; dort und hier machte er täglich selbst Änderungen an den Zeichnungen und besprach sie mit den Architekten . . . Der König wollte einen Kuppeldom bauen, nach Art der römischen Peterskirche.«

Im Juli besuchte die Herzogin von Sagan das Königspaar in Sanssouci. Sie fügte ihren Eindrücken einen kurzen, treffenden Kommentar der politischen Lage hinzu: »19. Juli – es hat mich sehr ergriffen, den König wiederzusehen. Trotz seiner Schwächen, die nicht geheilt werden können, habe ich ihn doch viel weniger unklar, erregt, erschlafft gefunden, als ich glaubte. Er weiß genau, was sein Zustand Peinliches hat . . . Italien bleibt brennend. Europa bleibt mißtrauisch.«

Anfang August 1859 erlitt Friedrich Wilhelm einen neuen, schweren Schlaganfall. Prinz Hohenlohe hatte gerade Adjutantendienst: »Sonntag, den 8. August, ging der König zur Friedenskirche zu Fuß herunter. Er war merkwürdig frisch. Wenn er einen Soldaten sah, etwa an einem Posten vorbeiging, rückte er sich unbewußt zusammen, schritt stramm und elegant und grüßte militärisch. Die bekannten Damen grüßte er mit gewohnter, galanter Verbeugung . . . Nach der Kirche, vor dem Mittagessen, ruhte der König in einem kühlen Saale von Sanssouci, um die ärgste Mittagshitze zu vermeiden.

Am Abend wurde der Tee an den Ufern des Sees bei der Meierei, in der Nähe des Marmor-Palais, eingenommen. Die Ärzte waren, weil der König sich sehr wohl befand, nach Berlin beurlaubt . . . Wir saßen eine halbe Stunde im Freien am Teetisch, als mit einem Male das Aussehen des Königs sich veränderte. Er wurde blaß und rot. Ich stieß Graf Keller an, der neben mir saß ... Die Königin, gerade ... im Gespräch, durch unsere Blicke aufmerksam gemacht, sah den neben ihr sitzenden Gemahl an: ›Liebchen, ist Dir unwohl?‹ fragte sie zärtlich besorgt. ›Ja, sehr‹, sagte der König. Sofort ward die Tafel aufgehoben. Man ließ die Wagen anspannen und fuhr nach Sanssouci zurück. Die mit dem letzten Zuge aus Berlin zurückkehrenden Ärzte (Dr. Cammerer und Dr. Böger) schritten noch um elf Uhr zu einem Aderlaß, denn bereits war die Besinnungslosigkeit bei dem Könige eingetreten, und dann schlief er ruhig.«

»Auch heute noch ... steht die Sache so, daß jede Stunde den Tod bringen kann«, trug General Gerlach am 10. August in sein Tagebuch ein. Und am 12. August: »Massow ist auf die Nachricht von dem vielleicht nahen Tode des Königs mit seiner Frau von (seinem Gut) Steinhöffel gekommen ... Auch er ist in einem höchst gefährlichen Gesundheitszustande.«

Der Hausminister hatte seiner Frau erklärt, »er würde sich nicht abhalten lassen, nach Sanssouci zu reisen, weil für den Fall des Ablebens unseres königlichen Herrn er der einzige sei, der alle darauf bezüglichen Bestimmungen kenne«. Und so notierte es Auguste v. Massow in ihren als Manuskript veröffentlichten Erinnerungen: »Es gestaltete sich alles ganz anders, ... denn der König erholte sich einigermaßen und meines Mannes Krankheit machte so schnelle Fortschritte, daß er den 2. September starb.«

Friedrich Wilhelm IV. konnte in diesen Herbsttagen sogar wieder »zum ersten Male auf der Terrasse« von Sanssouci auf und ab gehen. Er fragte Gerlach: »ob nichts Neues aus Italien wäre. Als er wieder an die Luft kam und die freie Gegend sah, faltete er dankbar die Hände.«

»Unsägliche« Traurigkeit aber spricht aus den erhalten gebliebenen Briefen der Königin an Frau v. Massow: »19. September, Sanssouci. – Ich meine, ich hätte Ihnen nie genug gesagt, wie dankbar ich Ihrem Gemahl war, daß er aus Liebe zum

291

König auf seiner Stelle ausharrte ... Mein armer König weiß noch nicht, daß er ihn verloren ... Er ist matt, sehr matt, nach einigen Tagen empfundener Besserung kam eine Aufregung, die nun Gottlob ganz gehoben ist, aber einer großen Abspannung Platz gemacht hat. Er betet viel, er kennt seinen Zustand und weiß, wo Hilfe zu finden ist. Das ist ein unaussprechlicher Trost und hilft tragen, was so unsäglich schwer zu tragen ist.«

An des Königs Geburtstag, dem 15. Oktober 1859, schrieb sie: ». . . ein unglücklicher Tag, wenn ich auch dem Herrn danken konnte, daß wir ihn noch zusammen zubrachten. Aber dem Könige selbst durfte ich ja nicht sagen, was mein Herz bewegte. Er hatte keine Ahnung von dem Tage und ging unbewußt von einem schweren Jahr in das andere.«

Selbst an ihrem eigenen Geburtstag vertraute Elisabeth ihre Gedanken Auguste v. Massow an: »13. November. – Es ist eine so furchtbare Krankheit, sie kommt wie der Dieb in der Nacht. – Seit ... Tagen ist mein armer Kranker einige Stunden auf und wir laufen in meinem Zimmer zusammen. Das ist ihm lieb. Schlaf und Appetit sehr gut, doch der Geist ist noch sehr umnebelt, und das ist uns eine schwerste Prüfung, doch lassen einzelne Worte und Zeichen auf die Möglichkeit einer Besserung schließen und geben den Beweis, daß es in seinem Innern klar ist, was er im Stande ist, auszudrücken. Was mag er dabei leiden! – An eine Zukunft darf ich nicht viel denken und tue es doch mehr, als ich sollte. Die Winterexistenz im lieben Sanssouci gestaltet sich viel besser, wie wir hoffen durften, freilich haben wir noch keine Winterkälte gehabt.«

Königin Elisabeth, die fühlte, daß ihrem Gemahl das »Innere« – trotz seines körperlichen Verfalls – »klar« geblieben war, sie wollte mit ihm zusammen in Sanssouci, seinem Lieblingsaufenthalt, ausharren – bis zu seinem letzten Atemzug. So blieb das Königspaar bis zum Winter 1860 bis 1861 in dem ursprünglich nur für warme Jahreszeiten erbauten und eingerichteten heitern Rokokoschloß Friedrichs des Großen.

*

Den Kurswechsel der »Neuen Ära« unter der Regentschaft seines Bruders konnte Friedrich Wilhelm IV. nicht mehr wahrnehmen. Wie hätte ihn in gesunden Tagen der Rücktritt des Kriegsministers Bonin erregt, um den es 1854 einen ihn so tief verletzenden Briefwechsel gegeben hatte. Bonin sah sich jetzt 1859 durch Reformpläne des Prinzregenten hinsichtlich der Heeresorganisation zur Demission veranlaßt. Generalleutnant Albrecht v. Roon wurde sein Nachfolger. Mit ihm verstärkten sich die militärischen Aktivitäten, um in Zukunft die politischen Rivalitäten zwischen Österreich und Preußen mit Waffengewalt siegreich zu entscheiden.

Prinz Hohenlohe erfüllte indes in Sanssouci weiter seinen gewiß nicht leichten Dienst: »Als die Dunkelheit früher einsetzte, . . . las der Adjutant dem Könige von 18 bis 19 Uhr vor. . . . Wir wurden bald auf die Märchen von Andersen beschränkt, die er schon in seinen gesunden Tagen sehr hübsch gefunden hatte. Er kannte sie alle und freute sich, sie wieder zu hören, wie wenn er alte Bekannte begrüßte.«

Ein weiterer Schlaganfall lähmte die ganze linke Seite des Körpers. Die Pflege des Königs wurde immer schwieriger, ein »riesenstarker Leibjäger« hob den Monarchen oft allein in den Rollstuhl.

Am schwersten hatte es aber die Königin in ihrer fast ununterbrochenen, selbstlosen Pflege des Königs. Prinz Hohenlohe erzählte in seinen Erinnerungen von ihr – in denen seine tiefe Verehrung zum Ausdruck kommt: »Eines Morgens kam Dr. Böger in Tränen aus dem Krankenzimmer . . . : ›Diese Frau ist keine Frau, sondern ein Engel.‹ Auch die Arbeiter im Garten von Sanssouci hingen mit Liebe und Vertrauen an ihr. Eines Tages kam ein Arbeiter aus dem Garten zu Böger und sagte: ›Sind Sie der Doktor vom König?‹ – Böger nickte – ›Na, ist jut. Ick habe een schlimmes Ooje, det wollte ick Ihnen man zeijen. Ick halte zwar nischt von die Doktorsch, denn se können alle nischt.

Aber Mudder schickt mer.‹ Er war 78 Jahre alt; Böger wunderte sich, daß er noch eine Mutter habe. ›Na, so blau‹, sagte der Mann, ›ick meene unsere Olle, unser aller Mudder von da drüben. Übrigens, wenn se wat können, denn kurieren Se mir man erst unsern Ollen. Ick sage Ihnen, et is nischt, wenn der nich uff de Beene is. Et war zu scheene, wenn der so mang uns rumbummelte. Wat der immer for Nicken im Kopp hatte.‹ – Nachher fragte die Königin, ob ein Arbeiter bei Böger gewesen sei.«

Der gelähmte König erholte sich so weit, daß ihn der Flügeladjutant mit dem Rollstuhl auf der Terrasse von Sanssouci und sogar im Park spazierenfahren konnte. Deshalb kam Prinz Hohenlohe die Idee, ihm einen Pferdewagen »wie bei Ludwig XVIII. von Frankreich gesehen« konstruieren zu lassen. »Der Wagenfabrikant Neuss, mein alter Bekannter von der Wiener Feldtelegraphie (seit 1857 in Berlin), . . . war ein erfinderischer Kopf. Er baute binnen dreizehn Tagen ein Gefährt, in dem der eine Sitz ein Rollstuhl war, auf dem der König aus dem Wagen heraus- und in ihn hineingerollt werden konnte, sobald man eine unter dem Wagen einzuschiebende, bewegliche Rampe herausgezogen hatte. Der andere Sitz war ein Klappsitz, durch dessen Herunterklappen der Rollstuhl festgestellt ward. Dieser andere Sitz war für die Königin bestimmt. Als der Wagen fertig war, wurde der König früh beim Aufstehen gleich in den passenden Rollstuhl gesetzt, und dadurch wurde ihm das beschwerliche Umsetzen erspart, wenn er ausfahren wollte. – So nahm das Leben des Kranken wieder eine große Regelmäßigkeit an.«

*

1860 wurde ein Jahr des Abschiednehmens.

Im Frühjahr kam Alfred v. Reumont nach Sanssouci: »Der Einzug König Victor Emanuels in Florenz am 16. April 1860 setzte meinem . . . Aufenthalt daselbst ein Ziel . . . Am 12. Mai war ich in Sanssouci – mit welchen Gefühlen, brauche ich nicht

Terrasse von Schloß Sanssouci um 1860

zu sagen ... Der König saß in dem Säulenhemicyclus auf der
Nordseite des Schlosses in einem Rollstuhl, halb nach der Linken vornüber gesunken, im Gesicht gerötet, mit glanzlosem
Auge. Ich trat an ihn heran und nannte meinen Namen; er
reichte mir die Hand, aber im ersten Augenblick war ich unge-
wiß, ob er mich erkannt habe. Nach einer Pause aber vernahm
ich die Worte: ›Rom – schlimm ergangen‹, und so gewahrte ich,
daß das Gedächtnis in ihm lebendig geblieben war. Lange hielt
er meine Hand fest ... Nur die Anschauung äußerer Objekte
brachte noch lebendigeren Eindruck hervor und schien den wie
schlummernden inneren Sinn zu wecken. Eines Tages verweilte
ich längere Zeit in dem sogenannten Vortragszimmer des
Schlosses, wo ein Teil der aus Rom angelangten Kunstwerke
provisorisch aufgestellt war. Der Rollstuhl hielt vor dem Bild
›Augustin mit Monica‹ ... Der König blickte zu dem schönen
Gemälde empor und ein heller Strahl des Erkennens und Emp-
findens schien ihn zu durchzittern ... An einem andern Tag
blieb ich über zwei Stunden neben dem Könige auf der Terras-

295

se ... Es war ein wunderbar schöner, sonniger Nachmittag ... Der König schien sich der Luft und des ihn umgebenden Glanzes zu erfreuen, wie ihn überhaupt die Terrasse mit dem Blick nach der Friedenskirche am liebsten war, aber wie wenig ließ sich doch auf die Eindrücke in seinem Innern schließen!«

Der Generaladjutant Leopold v. Gerlach wurde von Monat zu Monat deprimierter: »4. Juli 1860. – Hier in Sanssouci ist alles trübe und trauriger als je, obschon ich diesem Monat nach alter Weise Besuche bevorstehen. Heute kommt die Königin (Marie) von Bayern, morgen der König (Maximilian II.), die Hessen-Darmstädtischen Herrschaften und zuletzt noch die Kaiserin von Rußland.«

Flügeladjutant Prinz Hohenlohe aber behielt seine liebenswürdige Fassung. Selbst in den bewegendsten Augenblicken blieb er ruhig und beobachtete auch den Besuch der Zarin noch mit leisem Humor: »Vom 27. Juli bis 3. August 1860 kam die Kaiserin von Rußland, um den kranken Bruder noch einmal zu sehen ... Das erregte zunächst großen Schrecken, (denn sie war sehr verwöhnt). Es kam jedoch nicht die Kaiserin von Rußland, sondern nur die besorgte, liebende Schwester. Sic lehnte alles ab, was der Kaiserin zukam, schränkte sich ein, kam nur, wenn sie merkte, daß es der Königin angenehm war, ging gleich wieder, wenn sie merkte, daß sie störte ... Das erste Wiedersehen mit dem kranken Könige war allerdings sehr betrübend. Die Kaiserin war von Jugend auf seine Lieblingsschwester gewesen. Sie trat an seinen Rollstuhl, selbst halb blind, und begrüßte ihn. Der König hing den Kopf nach links, schloß die Augen, hielt die rechte Hand hin und brachte kein Wort hervor, aber Tränen quollen aus seinen geschlossenen Augen. Die Kaiserin mit ihrem schwachen Gesicht konnte die Tränen nicht sehen, sondern hatte den Eindruck, als ob der König nur mechanisch die Hand herausstreckte und gar nicht wisse, was vorgehe. Sie redete ihn wiederholt an, fragte ihn: ›Fritz, kennst du mich?‹ Als aber durchaus keine Antwort erfolgte, zerfloß sie in Tränen und entfernte sich. Kaum war sie fort, als der König sich aufrichtete und sagte: ›Wohin? Fort? Teuerste, Beste?‹ Die Kaiserin hatte nicht Fassung genug, um den König noch an demselben Abend wiederzusehen.

Am folgenden Morgen, noch ehe die Mittagshitze eintrat, fuhren wir, Dr. Cammerer und ich den König im Rollstuhl die Terrasse herunter. Mit einem Male wurde der König unruhig, deutete mit der Hand nach den Neuen Kammern zu (wo die Zarin mit ihrem Gefolge logierte). Ich sagte ihm, dort wohne ja die Kaiserin, und er winkte mit dem Kopfe, deutete immer dorthin. Ich fragte, ob er sie besuchen wolle. ›Das ist es‹, sagte er deutlich. Wir fuhren ihn also dorthin. die Kaiserin öffnete die Gartentür, (ihre Schwester) die Großherzogin (Alexandrine) von Mecklenburg war bei ihr. Ich meldete der Kaiserin, der König habe verlangt, zu ihr gefahren zu werden. Sie kam sehr bewegt auf ihn zu und begrüßte ihn. Wieder verhinderte die innere Bewegung des Königs, auch nur eine Silbe hervorzubringen. Die Kaiserin sprach ihn mehrfach an, die Großherzogin auch, endlich verloren beide Schwestern die Haltung und brachen in Tränen aus ... Ich sagte dem Könige, es sei zu warm hier, ob er erlaube, ihn wieder ins Freie zu fahren. Da antwortete der König ganz verständlich: ›Es ist sehr schön hier bei diesen Damen.‹ Soviel hatte er seit einem halben Jahr nicht zusammenhängend gesprochen. Leider hörte die Kaiserin nichts davon über ihrem eigenen Schluchzen ... Am Nachmittag kam die Kaiserin zum Könige. Als sie ihn ansprach, richtete sich der König auf und sagte laut und deutlich: ›Charlotte‹ – Da war die Kaiserin glücklich. Sie setzte sich zu ihm, wurde immer vertrauter, erzählte von der Kinderzeit, und der König nickte und lachte und drückte ihr die Hand ... Die Kaiserin war bald so vertraut mit seiner Art und Weise zu sein und sich zu verständigen, daß er sich sehr wohl bei ihr fühlte. Seitdem konnte die Kaiserin sogar die Königin in der Pflege des Königs ablösen, und sie kam öfters, fragte die Königin: ›Kann ich was nützen, kann ich Dir helfen? Willst Du etwas ruhen?‹ Und die Königin ließ sie oft

Die Lieblingsschwester des Königs, Charlotte,
Zarin Alexandra Feodorowna

vertrauensvoll mit ihm allein. Ja, die Kaiserin ging so weit, die
Königlichen Prinzen in ihrem Betragen mit dem Kranken zu in-
struieren . . . So hörte ich die Zarin einmal zu einem sagen, der
da meinte, der König erkenne ihn nicht: ›Versteht sich, wenn
Du dastehst wie ein Stock! Dann kann Dich der König nicht
erkennen. Sprich zu ihm, erzähle ihm etwas Hübsches, lache mit
ihm, dann wird er Dich erkennen.‹

»3. August – Von dem Könige nahm die Kaiserin heute noch
Abschied«: General Gerlach »war dieses fürstliche Getreibe«
schrecklich. Als es im September in Sanssouci endlich wieder
stiller geworden war, begleitete er den König an seinem eigenen
71. Geburtstag, dem 17. September 1860, zum »Bayrischen
Haus« – einem von Friedrich Wilhelm IV. einst für die Königin
im ländlichen Stil erbauten Jagdhaus im Wildpark –: »wo mir
die Königin die Photographie des Königs schenkte . . . Am
Abend hat er gesagt: »Es ist sehr gnädig von Euch, daß Ihr bei
mir armen Kerl bleibt.«

Die Krankheit Friedrich Wilhelms IV. war nach wie vor
Schwankungen unterworfen, und niemand konnte sicher sein,
ob sein Schweigen Teilnahmslosigkeit war oder nur die Un-

möglichkeit, auszudrücken, was sich in seiner Seele verstehend und fühlend verbarg.

»Es kam vor«, schrieb Hohenlohe in seinen Erinnerungen, »daß der König wochenlang kein Wort sprach. Da äußerte (der Arzt) Böger die Vermutung, der König höre gar nicht und verstehe nicht, was vorgelesen werde. Ich sagte ihm, ich wolle gleich den Versuch machen. Böger kam zum Vorlesen mit, und ich las dasselbe, was ich den Tag zuvor gelesen. Da richtete sich der König auf und sagte plötzlich ganz zusammenhängend: ›Aha! Das haben wir schon einmal gehabt!‹ Ich bat den König um Verzeihung, ich hätte mich in dem Zeichen geirrt, das ich im Buche gemacht. Er aber sagte: ›Es war ganz hübsch, noch einmal.‹ Und ich mußte in der Tat dasselbe Märchen noch einmal lesen . . . Die Königin war aber sehr erfreut, zu wissen, daß er auch verstehen müsse, was sie ihm sagte.«

»Am 1. November 1860 starb in St. Petersburg die Kaiserin von Rußland . . . Während die Königin noch mit sich zu Rate ging, ob und wie sie diesen Verlust dem Könige mitteilen sollte, . . . lag der König wieder besinnungslos. – Dieses Mal war der Schlaganfall genau mit dem sehr früh eingetretenen Winter zusammengetroffen. Noch einmal traten ärztliche Hilfe und sorgfältige Pflege rettend ein.«

Wieder konnte der kranke Monarch nach einiger Zeit im Rollstuhl gefahen werden. Gerlach notierte: »17. Dezember. – Heute fuhr ich noch mit dem Könige und der Königin und dem Prinzen Carl nach dem Raphael-Saal (in der Orangerie). Vielleicht nach dem, wie der König heute und gestern war, das letzte Mal.«

»Nach dem, wie der König heute und gestern war?« Auch der Seelsorger Friedrich Wilhelms IV., Domprediger Snethlage, erlebte das Phänomen unerwarteten Wachseins in dem wie schlummernd wirkenden Kranken: »Wenn einer ein Wort aus dem Munde des Königs hervorlocken konnte, so war es die Königin. ›Du hast den ganzen Morgen noch kein Wort

gesprochen‹, sagte sie einmal zu ihm, ›bist Du müde, traurig?‹ –
›Nein, stille bin ich‹, sagte er deutlich und vernehmlich ...

Auf einer der Ausfahrten nach dem Bayrischen Hause, der
König hatte mehrere Stunden fast teilnahmslos dagesessen,
(geschah es, daß) die Königin noch einmal (vor der Abfahrt)
zum Könige ging, um von ihm Abschied zu nehmen. ›Hast Du
denn kein Wort, kein Zeichen für mich?‹ fragte sie ihn bewegt.
Er antwortete nicht, wiewohl er ebenso bewegt schien. Auf die
wiederholte Frage keine Antwort. Schon will die Königin betrübt sich wegwenden. Da war es, als ob er alle seine Kräfte
noch einmal zusammennähme, die Muskeln seines Gesichtes
bewegten sich, er erhob sich vom Stuhle und laut und voll und
deutlich rief er: ›Meine theure, heißgeliebte Frau!‹ – Es war fast
sein letztes, deutlich und voll ausgesprochenes Wort.«

*

Am Weihnachtsmorgen des Jahres 1860 ging es Friedrich Wilhelm IV. noch relativ gut: »Vormittags hatte sich der König auffallend wohl befunden. Er war im Rollstuhl in seinen anderen
Salon gefahren worden, die Königin ging neben ihm, seine
rechte Hand haltend und kam einem Tisch etwas nahe. Da
blickte der König auf und sagte: ›Nimm Dich in acht, Du wirst
Dich stoßen.‹ – Sie war hocherfreut ...«

Doch am Abend war er dann wesentlich geschwächt. Flügeladjutant Hohenlohe wurde abgelöst und trat erst am Morgen
des 29. Dezember wieder seinen Dienst in Sanssouci an: »Sobald ich hörte, daß Ihre Majestät die Königin das Krankenzimmer einen Augenblick verlassen hatte, begab ich mich an das
Bett des leidenden Monarchen. Ich fand ihn wie in einer Art
von Halbschlummer.

Am 30. Dezember abends gab der König noch ein deutliches
Zeichen von Bewußtsein und Teilnahme. Beide Majestäten
pflegten sonst am letzten Tag des Jahres das heilige Abendmahl
zu nehmen. Die Königin hatte beschlossen, die heilige Hand-

lung auch in diesem Jahr nicht zu versäumen und wollte am 31. früh neun Uhr in der Friedenskirche kommunizieren. Sie hatte den Hofprediger Strauss zur Vorbereitung zu sich befohlen. Als er ihr gemeldet wurde, wollte sie den König verlassen und sagte ihm den Grund, und daß es das erste Mal sein werde, daß sie ohne ihn zum Abendmahl gehe.

Da langte er nach ihrer Hand, zog sie an sich und wollte sie längere Zeit nicht loslassen, während ihm Tränen unter den geschlossenen Augenlidern vortraten –«

*

Am Nachmittag des 31. Dezember 1860 sagte der Arzt Dr. Böger: »Der König stirbt.« Es war nun die Pflicht des Flügeladjutanten, den Regenten zu benachrichtigen. Noch zog sich der Todeskampf hin. Prinz Hohenlohe erlebte die letzten Stunden Friedrich Wilhelms IV. aus nächster Nähe mit: »Vornehmlich hielt ich mich im Sterbezimmer auf. Der König lag auf dem Rücken, die Augen waren geschlossen ... Neben dem Bett des Königs kniete die Königin, indem sie seine rechte Hand in der ihrigen hielt, ... sie schluchzte nicht, ... ihre Tränen flossen, ... ihre Stimme, wenn sie sprechen mußte, war klar ... aber ganz unendlich klein ... und dabei doch so wohltönend ...

Nach Mitternacht kam der Kammerherr der Königin. – Nach ein Uhr sammelten sich die Adjutanten ... und die Damen (des Gefolges) ... Jeder kam tief bewegt, ... feierliche Stille blieb, welche im Verein mit der mondhellen Nacht und der silbergleichen Schneedecke auf der Terrasse von Sanssouci und der gewaltigen Kälte, als der fühlbaren Versinnlichung unerbitterlicher Naturkräfte, die Nacht zu einer heiligen Nacht machte, in welcher jeder die unmittelbare Nähe des allmächtigen Gottes erkannte.

Gegen vier Uhr morgens – eilte der Regent ins Krankenzimmer, gefolgt vom Prinzen Friedrich Wilhelm ... Kein

Wort ward gesprochen . . . Bald kamen die anderen Brüder des Königs . . .

So kam der erste Tag des neuen Jahres 1861.

Der Potsdamer Morgennebel fror zu einem kurzen Schneefall, bis die Sonne sich Bahn brach und blutigrot und schrecklich schön zu den Fenstern des Sterbezimmers hereinschien . . .

Der Kampf machte eine Pause. Der König schlief!

. . .

Um vier Uhr (nachmittags) wurden alle versammelten Gefolge in der Galerie gespeist, in der es so eng war, daß man sich kaum umdrehen konnte . . . Nach diesem Diner fiel ich fast um, begab mich in das Zimmer des Flügeladjutanten vom Dienst, legte mich hin und befahl meinem Diener, mich um einhalb zwölf Uhr (nachts) zu wecken. –

. . .

Mitternacht: Ich konnte noch einmal das lebende Antlitz des verehrten Mannes und Königs sehen, dem ich das Glück hatte, so nahe zu stehen, und der mich mit seinem Zauber der Liebenswürdigkeit so ganz gefesselt hatte.

Er lag auf dem Rücken, das Haupt nach rechts geneigt, den Ausdruck des fürchterlichen Kampfes in den Zügen. Die Königin kniete neben ihm, den Kopf gegen den König gelehnt, das Gesicht nach dem Zimmer zu gewendet, wie eine Heilige, die ihn beschützt.

Eine geraume Zeit trat keine Veränderung in dieser Lage ein.

. . .

Plötzlich machte der König eine Bewegung, als ob er sich aufrichten wollte, bog dann aber den Kopf krampfhaft gegen die Kissen zurück. Die Königin sah ihn an. Seine Züge nahmen den Ausdruck der Verklärung, der inneren Seligkeit an . . . ein Lächeln flog über sein Gesicht, noch ein Aufseufzen, und er sank zusammen – Der König war nicht mehr!

. . .

Der Regent brach mit einem unterdrückten Schrei zusammen.

302

Er war König! – Dann erhob er sich auf die Knie, und alle knieten nieder. Snethlage sprach mit lauter, kräftiger Stimme ein kurzes, schönes Gebet. –

Als dieses beendet war, erhoben sich alle. Ich war in diesem Augenblick der einzige, der nach der Uhr sah. Es war 12 Uhr vierzig Minuten. Danach wurde der Todestag unzweifelhaft auf den zweiten Januar 1861 fallend festgestellt.

Die Königin war auch aufgestanden. Sie ging auf den neuen König zu ... Dann reichte sie der Königlichen Familie, Snethlage, den Ärzten, Kammerdienern und Leibjägern die Hand, ... suchte uns alle, jeden einzelnen auf, dankte ... ohne ein Wort ..., dann sagte sie laut: ›Nun geht alle hin und küßt ihm noch einmal die Hand.‹

Und so taten alle, einer nach dem anderen, knieend, und sahen noch einmal die Züge des teuern Königs.

Er lag da – mit einem Ausdruck der Güte, des Wohlwollens, des inneren Seelenfriedens. –

So hatte sich durch die Worte der Königin eine Trauercour unvorbereitet entwickelt, von einer Feierlichkeit und Würde, wie sie kein Zeremonienmeister ausdenken kann.«

Die jung verheiratete Prinzessin Viktoria von Preußen schrieb damals noch am 2. Januar 1861 ihrer Mutter Queen Viktoria nach England: »Um ein Uhr morgens stand ich auf, zog mich an und hörte, daß der König nur noch wenige Minuten zu leben habe ... Ich fuhr nach Sanssouci ... und betrat das Zimmer, in dem der tote König lag ... Es war so schön, auf die ruhige, friedvolle Gestalt zu blicken ... jeden Moment erwartete ich, ihn sich bewegen oder atmen zu sehen –, sein Mund und seine Augen waren geschlossen, sie trugen einen süßen und glücklichen Ausdruck –, seine Hände lagen auf der Decke. Ich küßte sie beide zum letzten Mal – ... ich konnte mich kaum zu der Überzeugung bringen, daß dies nun wirklich der Tod war, vor dem ich so oft angstvoll geschaudert hatte – hier war nichts Schreckliches oder Furchtbares –, nur himmlische Ruhe und himmlischer Friede ... Ich fürchte den Tod nicht mehr.«

General Leopold v. Gerlach hatte sich im Hintergrund auf-
gehalten und abgewartet, bis die zahlreiche Trauergesellschaft
das Schloß wieder verließ: »Als das Cabinett des Königs allmählich leer geworden war, ging ich noch einmal hinein.« –
Der älteste Sohn des verstorbenen Hausministers Massow,
der als Adjutant des jungen Prinzen Albrecht von Preußen
diese traurigen Wintertage in Sanssouci miterlebt hatte, und
seiner Stiefmutter bereits in der Nacht vom 1. zum 2. Januar
von allem berichtet hatte, schrieb ihr – auch – am 11. Januar
1861 nach Steinhöffel von Gerlachs Tod: »Unser lieber General Gerlach ist heimgegangen, so plötzlich seinem Könige
gefolgt ... Beim Begräbnis (am 7. Januar), wo er so fest mit
Wrangel das Reichspanier trug, hatte er schon die ersten An-
fänge der Kopfrose. Er antwortete (dem Arzt Dr.) Böger, der
ihm zu folgen verbieten wollte, ›Und wenn ich auf dem Platze
bleibe, ich gehe, Sie können tun was Sie wollen, Sie halten
mich nicht!‹«

*

Das Testament Friedrich Wilhelms IV. – niedergeschrieben
»am Tage der Verklärung J. Ch.« am 6. August 1854 – ent-
hielt die seltene und bedeutungsvolle Bestimmung: »Mein
Herz soll in ein verhältnismäßig großes Herz aus märkischem
Granit gelegt und am Eingange der Gruft im Mausoleum zu
Charlottenburg – folglich zu den Füßen meiner königlichen
Eltern – in den Fußboden eingemauert und von ihm bedeckt
werden.«

»Bedeutungsvoll«, weil das in Berlin-Charlottenburg be-
stattete Herz des Königs in den Jahren der Teilung Deutschlands, von 1945 bis 1990, im »Westen«, sein in Potsdam bei-
gesetzter Körper hingegen im »Osten« seines einstigen Reiches lag; also in zweifacher Hinsicht getrennt und doch
gefügt.

Das Testament Friedrich Wilhelms IV. enthielt – seinen

*»Pantokrator – Herrscher des Universums«, byzantinisches
Mosaik in der Friedenskirche*

Leichnam betreffend – die weitere Destimmung. »Meine Ruhestätte soll die Friedenskirche sein und zwar vor den Stufen, die
zum heiligen Tisch führen, so, daß einst die Königin zu meiner
Rechten ruht.

... Gerade über meiner Ruhestätte, flach ohne Erhöhung
über das Pflaster der Kirche, soll ein Oblongum in weißem Marmor – ähnlich der beiden Platten im Mausoleum zu Charlottenburg – angebracht werden, auf welchem in Metall, oben das
Monogramm Christi, dann die Inschrift stehen soll:

Hier ruht in Gott seinem Heilande, in Hoffnung einer seeli-
gen Auferstehung und eines gnädigen Gerichtes, allein begründet auf das Verdienst Jesu Christi unseres Allerheiligsten Erlö-
sers und Einigen Lebens: weyland u.s.w. u.s.w.«

305

Nun wurde die Inschrift ergänzt:

Weiland S. Majestät
Koenig
Friedrich Wilhelm IV.
Geboren den 15ten October 1795
Gestorben den 2ten Januar 1861
im 21sten Jahre seiner
glorreichen Regierung

Dieser oft verkannte und viel verschmähte preußische König hinterließ uns mit seiner Grabstätte in der Potsdamer Friedenskirche unter dem byzantinischen Mosaikbild des »Panthokrators«, des Göttlichen Herrschers des Universums, ein Zeugnis seines »tief inneren Glaubens«: Er glaubte als Lehnsträger Gottes an die ihm am 7. Juni 1840 verliehene und am 2. Januar 1861 zurückgenommene unsichtbare »Krone von Gottes Gnaden«; deren mittelalterliche, sichtbare Gestalt aus dem 10. Jahrhundert den im Grunde für jede Regierung gültigen Satz eingraviert trägt:

PER ME REGENS REGNANT

*

Bildverzeichnis

Bilder aus Fotoarchiv Rothkirch, jeweils Ausschnitte:

Zum Geleit

Kronprinz Friedrich Wilhelm von Preußen
  Büste von Ch. D. Rauch

I. 1795–1810
Die königl. Familie in Paretz am 15. X. 1805
  Stich n. H. Dähling
Tod der Königin Luise
  Stich n. H. Dähling

II. 1811–1824
Marianne Przn. von Preußen, Tante »Minnetrost«
  Stich o. A.
Der Kronprinz im Freiheitskrieg 1813/14
  Gem. v. K. Steuben
Quadriga vom Brandenburger Tor
  Original v. J. G. Schadow
Zug der Prinzen beim Kostümfest Lalla Rukk
  gez. v. W. Hensel
Kronprinzessin Elisabeth
  Lith. n. Zeichnung v. F. Krüger

III. 1824–1839
Turmkabinett im Berliner Schloß
  Einrichtung von Schinkel
Blick vom Berl. Schloß auf Lustgarten und Museum
  gest. v. A. Carse
Sarkophag der Königin Luise im Charlottenburger Mausoleum
  1815 von C. D. Rauch
Entwurf für Schloß Charlottenhof
  Zeichng. des Kronprinzen
»Sulamith und Maria« als Zeichnung zu d. Gem. »Italia und Germania«
  1812 v. J. F. Overbeck
Preisverteilung beim Fest der »Weißen Rose«
  gez. v. W. Schirmer, lith. v. Hosemann

IV. 1840–1846
König Friedrich Wilhelm IV.
  gest. v. E. Mandel
Sterbelager König Friedrich Wilhelms III.
  Stich n. Gem. v. J. Schoppe
Huldigungsfeier 1840 in Berlin
  zeitgen. Lith.
Der Kölner Dom vor 1842
  zeitgen. Lith.
Burg Stolzenfels am Rhein

Aquarell 1847 v. G. Scheuren
Kirche Wang im Riesengebirge
  zeitgen. Lith.
Bettina v. Arnim
  zeitgen. Zeichnung
Prinz Wilhelm, der »Prinz von Preußen«
  Lith. n. F. Krüger

V. 1847
Königin Elisabeth
  Gem. v. W. Wach
Friedrich Wilhelm IV.
  Daguerrotypie

VI. 1848
Aufbahrung der Märzgefallenen
  unvoll. Gem. v. A. Menzel 1848

VII. 1848
Leopold v. Gerlach
  Fotografie
Ludwig v. Gerlach
  Zeichng. o. A.
14. Juni 1848 Plünderung des Berl. Zeughauses
  zeitgen. Lith.
Die Friedenskirche im Park von Sanssouci
  Aquarell v. F. v. Arnim 1851
Der König im Charlottenburger Schloßpark
  1856 Lith. n. Gem. v. G. Brusse
Peter Joseph Lenné
  Büste v. Ch. D.Rauch
Pr. Expedition auf der Cheops-Pyramide
  n. Gem. v. G. Frey
Papst Pius IX.
  zeitgen. Stich

VIII. 1849–1850
Der König nach dem Attentat vom 22. 5. 1850
  gez. v. F. Otto
Berliner Schloß mit Kapellenkuppel
  gez. v. A. Payne

IX. 1851–1855
Das Denkmal Friedrichs des Großen Unter den Linden
  gest. v. A. Carse
Prinz Carl von Preußen als Herrenmeister des Johanniterordens
  zeitgen. Lith.
König Johann von Sachsen
  zeigen. Fotografie
»The deluge«, Gemälde 1828
  v. J. Martin

X. 1855–1858
Brief des Königs an L. v. Massow
   29. September 1857

XI. 1858/59
Prinz Kraft zu Hohenlohe-Ingelfingen
   zeitgen. Fotografie
Alfred v. Reumont
   zeitgen. Fotografie

XII. 1859–1861
Entwurf zum Berliner Dom
   Zeichng. Friedrich Wilhelms IV.
Terrasse von Schloß Sanssouci um 1860
   zeitgen. Lith.
Zarin Alexandra Feodorowna
   gez. v. F. Krüger um 1850
Byzantinisches Mosaik in der Potsdamer Friedenskirche
   Original aus S. Cypriano in Murano, Anfang 12. Jh.

Quellenlage

Friedrich Wilhelm IV. begründete das »Preußische Hausarchiv« unter anderem als Sammelstelle möglichst allen schriftlichen Nachlasses von Angehörigen des Preußischen Königshauses. Hier wurden auch seine eigenen Briefe, Zeichnungen etc. verwahrt.

Nachdem im 2. Weltkrieg die Archivalien des »Hausarchivs« (bis dahin in einem Haus in Berlin-Charlottenburg deponiert) in das Geheime Staatsarchiv in Berlin-Dahlem überführt werden mußten, und nachdem auch dieses Archiv-Gebäude durch Kriegseinwirkungen beschädigt und die Bestände teils ausgelagert waren, ist heute die ehemalige Depositur Friedrich Wilhelms IV. zerstreut.

Reste und einzelne Neuerwerbungen – oder Rückerwerbungen – befinden sich im Geheimen Staatsarchiv Preußischer Kulturbesitz in Berlin-Dahlem (GSTAPK), ein wohl umfangreicheres Konvolut im Geheimen Staatsarchiv (DDR) in Merseburg, einzelne Stücke erscheinen im Autographenhandel (und werden von dort verkauft), Teile werden (teils von jeher) in Privatbesitz verwahrt.

Die Autorin hielt sich an die wenigen Originale Friedrich Wilhelms IV. im GSTAPK und an Privatbriefe, und vor allem an die bereits vor der Zerstreuung gedruckten Briefe, Reden etc. (in verschiedenen Veröffentlichungen).

Der handschriftliche private Nachlaß der Brüder Gerlach (zumeist gedruckt, doch auch noch Ungedrucktes) wurde nach 1945 in Erlangen deponiert.

Als weitere Quellen zur Lebensgeschichte Friedrich Wilhelms IV. dienten Lebenserinnerungen aus dem 19. Jahrhundert und zeitgenössische Berichte. In das folgende Quellenverzeichnis sind diejenigen Titel aufgenommen, denen Zitate und besondere Informationen entnommen wurden.

Im Nachweis der Zitate werden die Quellen verkürzt angegeben.

Quellenverzeichnis

Aquarelle und Zeichnungen der dt. Romantik: Jensen, Köln 1978
Arnim, Bettine v.: Dieses Buch gehört dem König. Nachdr. Frankfurt 1982
Arnim, Maxe v. (Hrsgb. Werner): Maxe von Arnim, Tochter Bettinas. 1937

Benz, Richard: Die deutsche Romantik. Leipzig 1937
Bernstorff, Gfin Elise v.: Ein Bild aus der Zeit v. 1789–1835. Bln 1897
Bilder aus der dt. Revolution 1848/49. Ausstellung d. dt. Parlamentarischen
  Gesellschaft in Bonn 1989
Bismarck, Otto Fürst v.: Gedanken und Erinnerungen. Berlin 1905
Bissing, W. Frhr. v.: Königin Elisabeth von Preußen. Berlin 1974
Blicke in das Herz . . . Friedrich Wilhelms des Vierten. Neusalz 1861
Börsch-Supan, Eva: Ludwig Persius. Das Tagebuch des Architekten Friedrich
  Wilhelms IV. 1840–1845. München 1980
Briefwechsel FW IV. mit Bunsen s. Ranke
Briefwechsel FW IV. mit J. von Sachsen s. Sachsen
Briefwechsel d. Kgin Luise mit ihrem Gemahl FW III., Leipzig (1929)
Bülow, Gabriele v. (Hrsgb. Sydow). Berlin 1919
Bunsen s. Nippold
Bußmann, Walter: Fr. W. IV. König von Preußen. Colloqium 1987

Carus s. Kern
Colloquium s. FW IV. in seiner Zeit
Corti, Conte Egon Cäsar: Ludwig I. von Bayern. München 1977/79

Dehio, Ludwig: Fr. W. IV. von Preußen. Ein Baukünstler der Romantik. Mün-
  chen 1961
Delbrück, Friedrich: Die Jugend des Königs FW IV. und des Kaisers W I. in.
  Monumenta Germ. paedagogica. Berlin 1907
Deutsche Geschichte, Fragen an die: Histor. Ausstellung im Reichstagsge-
  bäude in Berlin. Bonn 1977
Diepenbrock s. Jungnitz
Dino s. Radziwill
Dohme, Robert: Burg Stolzenfels. Ein Führer aus d. Jahre 1850. Mainz 1986
Droysen, Zoe: Wang im Riesengebirge. Erlangen 1956
Duckwitz, Arnold: Denkwürdigkeiten aus meinem öffentl. Leben von 1841
  –1860. Bremen 1860
Duff, David: Eugénie und Napoleon III. Köln 1971

Eichendorff, Joseph v.: Die Wiederherstellung des Schlosses der dt. Ordensrit-
  ter zu Marienburg. Königsberg 1844
Elisabeth, Königin von Preußen: Briefe in Privatbesitz
Elisabeth Kgn. s. Bissing

Fest: Zauber der Weißen Rose, Beschreibung. Berlin 1829
Flashar, H.: F. Mendelssohn-Bartholdys Vertonung antiker Dramen. Sdr.
Fontane, Th.: Wanderungen d. d. M. B., Bd III., 1967
Frenzel, Karl: Die Berliner Märztage u. a. Erinnerungen. Leipzig 1912
Friedrich Wilhelm III.: Vom Leben und Sterben der Königin Luise. (Hrsgb.
  Meisner) Berlin 1926

311

Friedrich Wilhelm IV.: Briefe. GSTAPK und Privatbesitz
Friedrich Wilhelm IV.: Gebete und Bekenntnisse. Neudruck Berlin 1964
Friedrich Wilhelm IV.: Reden und Trinksprüche. Leipzig 1855. Stuttgart 1861
Friedrich Wilhelm IV. in seiner Zeit. Colloquium der Histor. Kommission zu
    Berlin. Berlin 1987

Gagern, Leben des Freiherrn Max v. (Hrsg. L. v. Pastor) München 1912
Gallwitz, Klaus (Hrsgb.): Die Nazarener in Rom. Ausstg. München 1981
    Gedenkbuch s. Sommer
Geiger, Ludwig: Bettine v. Arnim und F. W. IV. Frankfurt 1902
Genast, Eduard: Aus Weimars klass. u. nachklass. Zeit. Stuttgart (1903)
Gerlach, Leopold v.: Denkwürdigkeiten aus dem Leben . . . Berlin 1891/92
Gerlach, Leopold v.: Nachlaß im Gerlach-Archiv in Erlangen
Gerlach, Ernst Ludwig v.: Aufzeichnungen aus seinem Leben und Wirken
    1795–1877. Schwerin 1903
Gerlach, Ernst Ludwig v.: Von der Revolution zum Norddeutschen Bund – Po-
    litik und Ideengut der preußischen Hochkonservativen 1848–1866. (Aus
    dem Nachlaß herausgegeben von H. Diwald) Bd. 1 u. 2 Göttingen 1970
Gerlach, Ernst Ludwig v.: Tagebücher im Gerlach-Archiv in Erlangen
Geyer, A.: Friedrich Wilhelm IV. als Architekt, in Zeitschr. Deutscher Architek-
    ten und Ingenieure. Berlin, Januar 1923
Gothaisches genealogisches Taschenbuch nebst diplomatisch-statistischem
    Jahrbuche auf das Jahr: 1858, 1859, 1860, 1861
Grimm, A. Th. v.: Alexandra Feodorowna Kaiserin von Rußland. Leipzig 1866

Haake, P.: Joh. Pet. Friedr. Ancillon und Kronprinz Fr. W. IV. von Preußen.
    München 1920
Habermann, Paul u. Gisela: Fürstin von Liegnitz. Berlin 1988
Häberlin, gen. Belani: Bauten d. 19. Jh. im Park v. Sanssouci. Potsdam 1855 u.
    1973
Haenchen, Karl: Revolutionsbriefe 1848. Ungedrucktes aus dem Nachlaß Kg.
    Fr. W. IV. von Preußen. Leipzig 1930
Hansemann, David: Festschrift. Aachen 1964
Hartig, Paul: Auf d. Suche n. d. besten Staat. Stuttgart 1985
Hassel, Paul: Joseph Maria v. Radowitz. Berlin 1905
Henzen, Wilhelm und das Institut auf dem Kapitol. Aus Henzens Briefen an
    Eduard Gerhard. (Hrsgb. Kolbe) Mainz 1984
Herre, Franz: Freiherr vom Stein. München 1973
Herre, Franz: Kaiser Franz Joseph von Österreich. Köln 1978
Herre, Franz: Wilhelm I. Der letzte Preuße. Köln 1980
Hesse-Goemann, Gerd: Die Krankheit Fr. W. IV. von Preußen. Eine pathogra-
    phische Skizze. In Festschr. f. W. Leibbrand. Mannheim 1967
Hoetzsch, O. v. (Hrsgb.): P. v. Meyendorf . . . Polit. u. priv. Briefwechsel
    1826–1863. Berlin 1923
Hohenlohe-Ingelfingen, Prinz Kraft zu: Aus meinem Leben, Berlin 1897
Hülskamp, F. und Molitor, W.: Papst Pius IX. in seinem Leben und Wirken.
    Münster 1875
Hürlimann, M. und Rave, P.: Die Residenzstadt Potsdam. Berlin 1933
Huldigungsfeierlichkeiten in Berlin am 15. Okt. 1840: Berlin 1840
Humboldt, A. v.: . . . u. d. pr. Königshaus, Briefe. Leipzig 1928
Humboldt, W. v.: Im Verkehr m. s. Freunden. Auslese s. Briefe. Berlin (o. J.)
Huppertz, A.: Der Kölner Dom. Köln 1961

312

Jessen, Hans: Die Deutsche Revolution 1848/49 in Augenzeugenberichten. Düsseldorf 1968
Jungnitz, J.: Beziehungen des Kardinals Melchior v. Diepenbrock zu König Fr. W. IV. Breslau 1903

Kern, H.: Carl Gustav Carus. Berlin 1942
Kirchner, W.: Bankier für Preußen. Christian Rother u. d. Königlich Preußische Seehandlung. Berlin 1987
Klöden, K. F.: Lebens- und Regierungsgeschichte Friedrich Wilhelms III. Königs von Preußen. Berlin 1840
Kraus, Hans-Christof: Das preußische Königtum und Fr. W. IV. aus der Sicht Ernst Ludwig v. Gerlachs. Colloquium Berlin 1987
Kroll, Frank-Lothar: Politische Romantik und romantische Politik bei Fr. W. IV. Colloquium Berlin 1987
Kugler, B. v.: Deutschlands größter Held. Dresden 1893

Lepsius, Bernhard: Das Haus Lepsius. Berlin 1933
Lewalter, Ernst: Friedrich Wilhelm IV. Das Schicksal eines Geistes. Berlin 1938
Liederbuch: Als der Großvater die Großmutter nahm. Leipzig 1895
Liegnitz, Fürstin s. Habermann
Lincoln, W. B.: Nikolaus I. von Rußland. München 1978
Lowenthal-Hensel: Preuß. Bildnisse d. 19. Jh. – W. Hensel: Katalog Berlin 1981
Ludwig von Bayern: Gedichte des Königs. München 1829
Ludwig von Bayern s. Corti
Luise Kgin von Preußen: Briefe u. Aufzeichnungen. München 1985

Manteuffel, Edwin s. Schmitz
Marcks, Erich: Kaiser Wilhelm I. Leipzig 1900
Marmorsaal u. bl. Zimmer, Innenräume pr. Schlösser. Börsch-Supan. Berlin 1976
Massow-Stiehl: Erinnerungen aus einem langen Leben. Berlin 1892
Meinecke, Fr.: Radowitz und die dt. Revolution. Berlin 1913
Meinhardt, Günther: Eduard v. Simson. Bonn 1981
Meisner s. Friedrich Wilhelm III.
Menzel s. Tschudi
Meyendorf s. Hoetzsch

Nazarener in Rom: Ein dt. Künstlerbund der Romantik. Ausstg. München 1981
Nikolaus I. s. Lincoln
Nipperdey, Thomas: Deutsche Geschichte 1800–1866. München 1983
Nippold, Fr. (Hrsgb.): Christian Carl Josias Frhr. v. Bunsen. Leipzig 1868–71
Noak, Fr.: Deutsches Leben in Rom 1700–1900. Berlin 1907
Nowack, Alfons: Ungedruckte Briefe von und an Kardinal Diepenbrock. Breslau 1931

Orden Pour le mérite für Wissenschaften und Künste. Ausstlg. Frankfurt 1977

Pagel, Karl (Hrsgb.): Der Alte Kaiser. Briefe u. Aufzeichnungen. Leipzig 1924
Pastor, L. v.: Leben des Frhrn. Max v. Gagern 1810–1889. München 1912
Persius s. Börsch-Supan

Petersdorff, H. v.: König Friedrich Wilhelm IV. Stuttgart 1900
Petzholdt, J.: Aus dem Nachlaß d. Kgs. Johann v. Sachsen. Dresden 1880
Pius IX. s. Hülskamp
Ponsonby, Sir Frederick: Briefe der Kaiserin Friedrich. Berlin (1905)
Prinz Carl s. Rothkirch
Prittwitz, K. L. v.: Berlin 1848. Berlin 1985
Pückler-Muskau, Hermann Fürst v.: Aus Mehemed Alis Reich. 1840. Nachdr.
  Zürich 1985

Radowitz, J. v.: Deutschland und Fr. W. IV. Hamburg 1848
Radowitz, J. v.: Nachgelassene Briefe u. Aufzeichnungen. Berlin 1922
Radowitz s. Hassel
Radziwill, Fstn. A. (Hrsgb.): Aus der Chronik der Herzogin von Dino, späteren
  Herzogin von Talleyrand und Sagan. Berlin (1900)
Ranke, Leopold v.: Aus dem Briefwechsel Fr. W. IV. mit Bunsen. Leipzig 1873
Ranke, Leopold v.: Neue Briefe. Hamburg 1949
Rassow, Peter: Der Konflikt Fr. W. IV. mit dem Pz von Preußen im Jahre 1854.
  Akademie d. Wissensch. u. d. Literatur Mainz 1961
Reden, Friederike Grfn v. (Hrsgb. E. Fstn. Reuß): Ein Lebensbild nach Briefen
  und Tagebüchern. Berlin 1897
Reumont, Alfred v.: Aus König Friedrich Wilhelms IV. gesunden und kranken
  Tagen. Leipzig 1885
Richter, Günter: F. W. IV. u. d. Revolution von 1848, in Colloquium ... 1987
Rochwo, C. v. und Motte-Fouqué, M. de la: Vom Leben am preußischen Hofe
  1815–1852. Berlin 1908
Rother s. Kirchner
Rothkirch, M. Gfn: Prinz Carl von Preußen. Osnabrück 1981

Sachsen, Friedrich August II. König von (Hrsgb. Schladebach). Dresden 1854
Sachsen, Johann Georg Hzg (Hrsgb.): Briefwechsel zwischen König Johann
  von Sachsen und den Königen F. W. IV. und W. I. von Preußen. Leipzig
  1911
Sagan s. Radziwill
Sayn-Wittgenstein, Franz Pz zu: Die Wittgenstein. München 1979

Schasler, Max: Berlins Kunstschätze. Berlin 1856
Schinkel, K. Fr.: Berlin, Bauten u. Entwürfe (Nachdr.) Berlin 1973
Schleiden, Rudolph: Erinnerungen eines Schleswig-Holsteiners. Wiesbaden
  1891
Schlözer, Kurd v.: Petersburger Briefe 1857–1862. Berlin 1921
Schmettau, Hermann v.: F. W. IV. König von Preußen. Berlin 1861
Schmitz, E.: Edwin v. Manteuffel als Quelle zur Geschichte F. W. IV. Histor.
  Bibliothek Bd. 45. München 1921
Schneider, Louis: Aus meinem Leben. Berlin (1890)
Schorn, A. v.: Das nachklassische Weimar. Weimar 1912
Schweinitz, General v.: Denkwürdigkeiten des ... Berlin 1927

Seehandlung s. Kirchner
Siemens, Werner v.: Lebenserinnerungen. München 1956
Simson, B. E. v.: Eduard v. Simson. Erinnerungen aus s. Leben. Leipzig 1900
Sommer, Andreas: Gedenkbuch, enthaltend die Geschichte und Beschreibung
  des Friedrich-Denkmals in Berlin. Berlin 1852

Spiker, S. H.: Berlin u. s. Umgebungen im 19. Jh. 1833. Nachdr. Berlin 1979
Sternberg, A. v.: Erinnerungsblätter aus d. Biedermeierzeit. Potsdam 1919
Stieber (Hrsgb. L. Auerbach): Denkwürdigkeiten des Geheimen Regierungsrathes Dr. Stieber. Berlin 1884
Stolberg-Wernigerode, Otto Gf v.: Anton Graf zu Stolberg-Wernigerode ein Freund und Ratgeber König Fr. W.'s IV. München 1926

Taak, Merete van: Zar Alexander I. Tübingen 1983
Tschudi, H. v.: Aus Menzels jungen Jahren. Berlin 1906

Varnhagen von Ense, Karl August (Hrsgb. L. Assing): Tagebücher. Berlin 1861 bis 1870
Vogel, Friedrich: Die Krankheit Fr. W.'s IV. Colloquium Berlin 1987
Voss, Gfn v.: 69 Jahre am Pr. Hofe. Leipzig 1887

Waagen, G. F.: Kleine Schriften. Stuttgart 1875
Wagener, Hermann: Die Politik Fr. W's IV. Berlin 1883
Westphalen, Ludger Graf v.: Aus dem Leben des Grafen Clemens August von Westphalen zu Fürstenberg. Münster 1982
Wichmann, Herman: Gesammelte Aufsätze. Leipzig 1887
Wichmann, Wilhelm: Denkwürdigkeiten aus dem ersten deutschen Parlament. Hannover 1890
Wilhelm I. Ks, Briefe a. s. Schw. Alexandrine. (Hrsg. Schultze) Berlin 1927
Wilhelm I. s. Pagel und s. Marcks
Willis, G. M.: Ernst August König von Hannover. Hannover 1961
Württemberg (Hrsgb. Gfn Podewils): Traum der Jugend goldner Stern. Aus den Aufzeichnungen der Königin Olga von Württemberg. Pfullingen 1955

Nachweis der Zitate

317

319

Personenregister

327

328